상위 **5%**를 위한

중학 영문법

뽀개기

중학 영문법 뽀개기 Level 2

지은이 김대영·박수진
펴낸이 임상진
펴낸곳 (주)넥서스

출판신고 1992년 4월 3일 제311-2002-2호 ㉿
10880 경기도 파주시 지목로 5
Tel (02)330-5500 Fax (02)330-5555

ISBN 978-89-93164-27-5 53740

www.nexusEDU.kr
NEXUS Edu는 넥서스의 초·중·고 학습물 전문 브랜드입니다.

상위 5%를 위한

중학 영문법

뽀개기

2
LEVEL

김다영, 박수진 지음

Grammar

NEXUS Edu

중학 영문법
뽀개기 시리즈를 내면서

여러분의 긴 시간과 노력에도 불구하고 항상 넘기 어려운 산처럼 느껴지는 것이 영어일 것입니다. 영어는 우리말과 다른 언어 규칙을 가지고 있기 때문에 단어와 숙어만을 나열한다고 해서 상대방과 영어로 정확한 의사소통을 할 수 있는 것은 아닙니다. 이렇게 우리말과 전혀 다른 언어 구조 형식을 가진 영어를 짧은 시간에 가장 쉽게 파악할 수 있는 길을 찾아야 하는데 이 해결책이 '영문법'입니다.

영문법 학습이 산과 같은 부담감으로 다가올 수도 있지만, 영문법 학습은 건물의 기초 공사처럼 영어에 있어 필수적인 부분이 아닐 수 없습니다. 단순히 문법 문제 몇 개 더 맞히기 위해서 문법을 공부하는 것은 아닙니다. 정확한 해석, 원활한 의사소통, 적절한 어휘 구사 등 영어의 어느 한 부분도 영문법을 빼놓고는 말할 수 없습니다. 부실한 뼈대 때문에 골다공증에 걸린 듯 헤매고 있는 우리의 영어에 튼튼한 뼈대를 구축하는 일이 무엇보다 중요합니다.

〈중학 영문법 뽀개기 시리즈〉는 기존의 중학 영문법 시리즈들이 대부분 한자어식 설명을 방대하게 나열하기만 해서 오히려 학습자의 학습 의욕을 떨어뜨렸던 것과는 달리 딱딱하고 어렵게만 느껴졌던 영문법을 좀 더 쉽고 재미있게 학습할 수 있도록 구성되었습니다. 문장, 구문, 품사, 기본 개념에 대한 전체적인 맥락을 잡고, 다양한 문제를 통해 좀 더 세밀한 학습을 함으로써 학교 내신뿐만 아니라 앞으로 만나게 될 다양한 시험 형태에 대비할 수 있는 교재입니다. 단순히 영문법을 나열하고 설명하는 것에 그치지 않고 수많은 문제를 통해 학습자로 하여금 원리를 파악할 수 있도록 한 것이 〈중학 영문법 뽀개기 시리즈〉의 특징이라고 할 수 있습니다.

영문법 학습의 혁명과도 같은 〈중학 영문법 뽀개기 시리즈〉의 출간을 계기로, 이 책을 접하는 모든 이들의 영어 뼈대가 보다 튼튼해지길 바랍니다.

끝으로 원고를 교정, 검토, 편집해 주신 분들께도 지면을 빌려 감사드립니다.

저자 김대영, 박수진

이 책의 특징

내신 시험에 완벽하게 대비할 수 있습니다.

교과서에 나오는 핵심 문법을 빠짐없이 정리하고 학교 시험에서 출제되는 문제를 철저히 분석해 내신 시험에 완벽하게 대비할 수 있도록 했습니다.

고등 영문법의 기초를 세워줍니다.

〈중학 영문법 뽀개기 시리즈〉를 통해서 중학 영문법을 마스터할 수 있을 뿐만 아니라 고등 영문법의 기초를 확립할 수 있습니다.

단순한 문법 교재가 아닙니다.

학습한 문법 내용을 어휘, 독해와 회화에 적용하여 학생들이 문법만을 학습하는 것이 아니라 전반적인 영어 실력을 향상 시킬 수 있도록 한 교재입니다.

지루하게만 느껴졌던 문법을
쉽고 재미있게 학습할 수 있습니다.

학생들이 어렵고 딱딱하다고 느낄 수도 있는 문법을 간단한 설명과 예문 위주로 쉽게 풀어써 보다 이해하기 쉽고 재미있게 느낄 수 있도록 구성했습니다. 충분한 학습을 통해서 내신 만점만이 아니라, 토플이나 텝스 등과 같은 테스트에서도 고득점을 성취할 수 있는 토대를 마련할 수 있습니다.

이 책의 구성

🐝 ## Words Pre-Test

각 Chapter를 학습하기 전에 그 Chapter에 나오는 주요 어휘를 알고 있는지 점검할 수 있는 Words Test 부분을 마련해 문법뿐만 아니라 어휘 학습의 기회를 제공합니다.

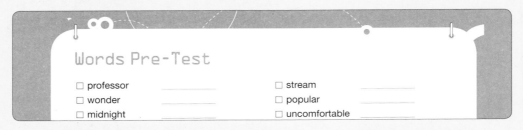

🐝 ## 문법 Point

각 학년의 핵심 문법 사항을 각 Unit당 2~4개로 간략하게 정리해 학생들이 한눈에 볼 수 있고 각 사항에 2~3개의 예문을 제공하여 쉽게 이해할 수 있도록 구성했습니다.

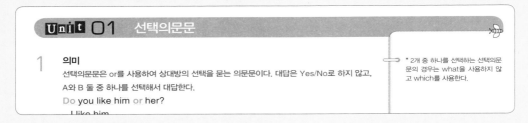

🐝 ## Check-up

각 Unit에서 학습한 내용의 개념과 규칙 등을 간단하게 확인할 수 있는 문제를 제공해 학생들이 각 Unit의 문법 사항을 바로 확인하고 적용할 수 있도록 구성했습니다.

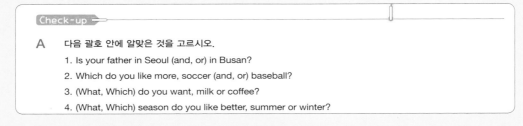

개념확인문제

Unit 2개 또는 3개가 끝날 때마다 개념확인문제를 넣어 학습한 내용을 중간 확인할 수 있는 단계를 마련했습니다.

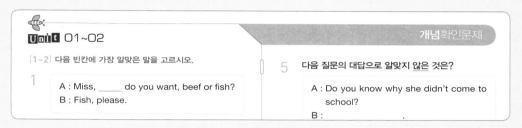

Review Test

해당 Chapter에서 배운 내용을 총 정리하는 내신 스타일의 문제로 내신에 완벽하게 대비할 수 있습니다.

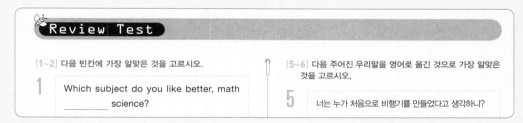

Reading & Grammar in Conversation

학습한 문법 사항을 독해와 회화를 통해서 다시 한 번 더 복습할 수 있는 장치를 제공합니다.

실전모의고사 1, 2, 3회

학습한 문법의 전체 내용을 점검할 수 있는 실전모의고사 수록

이 책의 차례

Warm-Up

문장의 구조

Grammar

The future belongs to those who believe in the beauty of their dream.

미래는 자기 꿈의 아름다움의 가치를 믿는 사람들의 것이다.

★ ★ ★

루즈벨트 대통령의 영부인 Eleanor Roosevelt

1 문장의 구성요소

영어의 단어는 그 쓰임에 따라 8개의 품사로 나뉘며, 영어는 일반적으로 5개의 문형으로 나뉜다. 즉, 8개의 부품으로 5가지의 조립품을 만든다고 생각하면 된다.

1) 8품사

구분	의미	예
명사	사람이나, 사물, 장소 등을 나타내는 말	Tom, bench, Korea, boy, …
대명사	명사를 대신하는 말	she, they, it, him, these, …
동사	동작이나 상태를 설명하는 말	is, walk, ring, exercise, go, look, …
형용사	명사의 상태, 크기, 수 등을 나타내는 말	good, thick, round, red, …
부사	형용사, 동사 등을 수식하는 말로 방법, 시간, 장소 등을 나타내는 말	fast, early, always, hard, very, …
전치사	명사 앞에서 다른 말과의 관계를 나타내는 말	about, on, in, with, …
접속사	단어와 구, 문장들을 연결하는 말	and, but, if, so, because, …
감탄사	기쁨, 슬픔, 놀라움 등의 감정을 나타내는 말	oh, oops, bravo, …

Love is a wonderful thing. (명사)
These are my favorite books. (대명사)
The audience clapped their hands. (동사)
The cake smells delicious. (형용사)
The test is very difficult. (부사)
The movie is about Napoleon. (전치사)
He is young but wise. (접속사)
Oops, I did it again. (감탄사)

2) 5가지 문형

형식	구조	주부		술부			
		주어(S)	동사(V)	간접목적어(IO)	직접목적어(DO)	주격보어(SC)	목적격보어(OC)
1형식	S+V (V: 완전자동사)	She	cried.				
2형식	S+V+C (V: 불완전자동사)	She	was			a teacher.	
3형식	S+V+O (V: 완전타동사)	She	loved	her child.			
4형식	S+V+IO+DO (V: 수여동사)	She	gave	him	a present.		
5형식	S+V+O+OC (V: 불완전타동사)	She	found	the book			funny.

2 5가지 문형

영어의 문장을 구성하는 4개의 기본 요소는 주어, 동사, 보어, 목적어로, 이 4가지 요소가 조립되어 5가지 문형으로 표현된다. 부사, 부사구, 부사절과 전치사구는 문장의 형식을 구분하는 데 영향을 끼치지 않는다.

1) 1형식 (S+V)

1형식은 주어와 동사만으로 의미 전달이 가능하기 때문에 보어나 목적어를 필요로 하지 않으며, 1형식에 쓰인 동사를 완전자동사라고 한다. 부사, 부사구, 부사절, 전치사구 같은 수식어가 추가될 수 있다.

한국어	주어 / 동사	새가 / 노래한다.
영어	주어 / 동사	A bird / sings.

She suddenly disappeared.
　S　　　부사　　　　V

She studied very well.
　S　　　V　　　부사구

My house stands near the church.
　　S　　　　V　　　　전치사구

2) 2형식 (S+V+C)

2형식은 주어와 동사만으로는 의미 전달이 어려워 주어를 보충하는 말이 오며, 2형식에 쓰인 동사를 불완전자동사라고 부른다. 이 때 주어를 보충하는 말을 주격보어라고 하는데, 주격보어에는 주어를 가리키는 말이나 주어의 상태를 나타내는 말이 온다.

한국어	주어 / 동사	그는 / 아프다.
영어	주어 / 동사 / 주격보어	He / is / sick.

구분	어휘	보어의 형태
be동사, 상태동사	be, remain, stay, keep, lie, sit, stand	형용사, 명사
become형 동사	get, grow, turn, go, run, make	형용사, 명사
지각동사	look, sound, smell, taste, feel	형용사, like (of)+명사
	seem, appear	to부정사+형용사, 명사

You look wonderful tonight.
　S　　V　　　C　　부사

She turned pale at the news.
　S　　V　　C　　전치사구

He became a doctor when he was twenty-four.
　S　　V　　　C　　　　　부사절

3) 3형식 (S+V+O)

3형식은 2형식과 마찬가지로 주어와 동사만으로는 의미 전달이 어려워서 동사의 영향을 받는 대상이 와야 한다. 이것을 목적어라고 하는데, 목적어는 주어와는 다른 대상으로 '~을/를'을 붙여 해석한다. 뒤에 목적어가 하나만 오는 동사를 완전타동사라 한다.

한국어	주어 / 목적어 / 동사	그는 / 그의 책을 / 찾았다.
영어	주어 / 동사 / 목적어	He / found / his book.

The students helped an old person on the street.
    S   V   O   전치사구

He loved her while they went to the same school.
 S V O   부사절

My wife and I really enjoyed our vacation in Florida.
    S   V   O   전치사구

---

* 자동사로 혼동하기 쉬운 타동사

discuss, marry, enter, cover, follow, approach, resemble, consider, attend 등

The child remsembles his father. (○)
The child resembles with his father. (×)
He will consider your suggestion. (○)
He will consider about your suggestion. (×)

---

4) 4형식 (S+V+IO+DO)

4형식은 3형식과 비슷하지만 목적어가 1개가 아니라 2개가 오는 경우로, '~에게'로 해석되는 것은 간접목적어, '~을/를'로 해석되는 것은 직접목적어라고 한다. 두 개의 목적어를 갖는 동사를 수여동사라고 부른다.

한국어	주어 / 목적어 / 목적어 / 동사	나는 / 그녀에게 / 책을 / 주었다.
영어	주어 / 동사 / 목적어 / 목적어	I / gave / her / a book.

He showed me his family picture in his house.
 S   V   IO   DO   전치사구

Can you give me an interesting book tomorrow?
    S V IO   DO   부사

My father bought me a sweater as a birthday gift.
    S   V   IO   DO   전치사구

5) 5형식 (S+V+O+OC)

5형식은 주어와 동사, 목적어와 목적격보어가 차례로 오는 구조로, 우리말로는 주어와 동사가 2개 있는 것처럼 해석된다. 주어와 목적어는 다른 대상이 되어야 하고, 주어, 동사, 목적어로는 의미 전달이 불명확해서 목적어 다음에 보충하는 말이 오는데, 이 보충하는 말을 목적격보어라고 하며 목적격보어는 목적어를 가리키는 말이나 목적어의 상태를 나타내는 말이다.

한국어	주어 / 목적어 / 목적보어 / 동사	그는 / 그녀가 / 예쁘다는 것을 / 발견했다.
영어	주어 / 동사 / 목적어 / 목적보어	He / found / her / beautiful.

동사 어휘	목적격보어의 형태
make, elect, call, name 등	명사, 형용사
사역/명령의 의미 : tell, order, command, force, cause 등 소망/기대의 의미 : want, wish, expect 등 충고/부탁, 설득/권유의 의미 : advise, ask, persuade 등 허락/금지의 의미 : allow, forbid 등	to부정사
사역동사 : have, let, bid, make, help	원형부정사
지각동사 : see, watch, hear, listen, feel 등	원형부정사, 분사
have	과거분사

He always makes his wife happy.
S   부사   V   O   OC

She had her hair cut yesterday.
S   V   O   OC   부사

We elected him a chairman of our class.
S   V   O   OC   전치사구

My father told me to cut the lawn after school.
S   V   O   OC   전치사구

The guard wouldn't let us come into the building.
S   V   O   OC   전치사구

He heard somebody screaming in the middle of the night.
S   V   O   OC   전치사구

A   다음 문장의 형식을 구분하시오.

1   How did he do it?   _____

2   My brother plays tennis after school.   _____

3   The sun gives us warmth and light.   _____

4   It rained all day yesterday.   _____

5   He and I went to the park yesterday.   _____

6   We left the windows open.   _____

7   She asked him some questions.   _____

8   I like him simply because he is honest.   _____

9   The gentleman on the sofa is my father.   _____

10   There lived an old woman in the woods.   _____

B   다음 짝지은 문장의 형식을 비교해서 몇 형식인지 쓰시오.

1   ⓐ She swims well.   _____
     ⓑ She looks well.   _____

2   ⓐ The sun is shining.   _____
     ⓑ The sun is bright.   _____

3   ⓐ She left her son a lot of money.   _____
     ⓑ You had better leave the baby standing.   _____

4   ⓐ I found the book easy.   _____
     ⓑ I found the book easily.   _____

5   ⓐ The boy couldn't stand that noise.   _____
     ⓑ My house stands on the hill.   _____

6   ⓐ She made me a yellow skirt.   _____
     ⓑ She made a yellow skirt for me.   _____

C 다음 밑줄 친 단어의 품사를 〈보기〉에서 고르시오.

> **보기**
>
> 명사   형용사   동사   부사   전치사   접속사

1 She sometimes <u>watered</u> her garden.

2 He left the door <u>open</u>.

3 I don't like her <u>much</u>.

4 There is no <u>furniture</u> in his room.

5 You don't have <u>much</u> luck.

6 Let's <u>open</u> the window.

7 I always <u>dress</u> in black.

8 She didn't <u>like</u> the man.

9 <u>Tommy</u> gave me a candy.

10 I will stay at home <u>until</u> 10 o'clock.

11 Would you like to drink a glass of <u>water</u>?

12 I didn't know the news <u>until</u> I entered his office.

D 다음 밑줄 친 부분을 바르게 고치시오.

1 This chicken soup tastes <u>well</u>.

2 She drives her car <u>careful</u>.

3 They are going to <u>discuss about</u> the matter.

4 The old lady had her luggage <u>carrying</u> by her son.

5 The host <u>greeted to</u> every person at the door.

6 He made his daughter <u>to become</u> a great chemist.

Chapter 1

다양한 문장의 형태 살펴보기

Grammar

Words Pre-Test

- ☐ professor _____
- ☐ wonder _____
- ☐ midnight _____
- ☐ attend _____
- ☐ astronaut _____
- ☐ insect _____
- ☐ advise _____
- ☐ customer _____
- ☐ introduce _____
- ☐ crawl _____
- ☐ relax _____

- ☐ stream _____
- ☐ popular _____
- ☐ uncomfortable _____
- ☐ reason _____
- ☐ unpleasant _____
- ☐ belong _____
- ☐ beggar _____
- ☐ flash _____
- ☐ biology _____
- ☐ twinkle _____
- ☐ stranger _____

1 의미

선택의문문은 or를 사용하여 상대방의 선택을 묻는 의문문이다. 대답은 Yes/No로 하지 않고, A와 B 둘 중 하나를 선택해서 대답한다.

Do you like him or her?
– I like him.
Which do you want, apples or pears?
– I want apples.

2 형태

1) 의문사가 없는 경우 「동사+주어 ~ A or B?」
Is she going to be a teacher or a professor?
– She is going to be a teacher.
Dose he go to middle school or high school?
– He goes to middle school.

2) 의문사가 있는 경우 「의문사+(명사)+동사+주어 ~ (A or B)?」
Which do you like better, sports or studying?
– I like sports better.
Which is bigger, mine or yours?
– Mine is bigger than yours.
How does he go to school, by bus or on foot?
– He goes to school by bus.
Who answered the phone, Jack or Jill?
– Jack did.

* 2개 중 하나를 선택하는 선택의문문의 경우는 what을 사용하지 않고 which를 사용한다.

* 선택의문문의 억양이 올라가면 선택의 의미가 아니다.
Would you like coffee or tea?
– Yes, please.

* 선택의문문의 대답
Yes/No가 아닌 둘 중 하나를 고르거나, 둘 다 좋다 또는 둘 다 싫다는 형식으로 대답한다.

* which와 what의 차이
선택적(둘이나 셋 중 하나)인 상황에서 한정될 경우 – which
막연한 것에 대한 것으로 범위가 한정되지 않을 경우 – what

Check-up

A 다음 괄호 안에 알맞은 것을 고르시오.

1. Is your father in Seoul (and, or) in Busan?

2. Which do you like more, soccer (and, or) baseball?

3. (What, Which) do you want, milk or coffee?

4. (What, Which) season do you like better, summer or winter?

B 우리말과 같은 뜻이 되도록 빈칸에 알맞은 말을 쓰시오.

1. 너는 바나나와 키위 중 어느 것을 더 좋아하니? → _____, bananas or kiwis?

2. 후지산과 한라산 중에 어느 것이 더 높나요? → _____, Mt. Fuji or Mt. Halla?

3. 그 영화는 재미있었나요, 아니면 지루했나요? → _____ interesting or boring?

4. 당신의 어머니는 미국에 있나요, 아니면 영국에 있나요? → _____ in the USA or in England?

5. 그는 조종사와 의사 중에 어느 것이 되기를 원하니? → _____ want to be, a pilot or a doctor?

6. Sue와 Kim 중 누가 그와 댄스파티에 갈 건가요? → _____ to the prom with him, Sue or Kim?

Unit 02 간접의문문

1 의미

간접의문문은 의문문 전체가 주어, 목적어, 보어의 역할을 하는 것으로, 의문문이 문장의 일부가 되어 있는 것을 말한다. (간접의문문은 평서문 혹은 의문문에 나타난다.)

2 간접의문문의 어순

1) 의문사가 있는 경우 「의문사+주어+동사 ~」

I wonder + What is his phone number?

→ I wonder what his phone number is.

2) 의문사가 주어인 경우 「의문사+동사 ~」

I want to know + What makes him angry?

→ I want to know what makes him angry.

3) 의문사가 없는 경우 「if[whether]+주어+동사 ~ (or not)」

Do you know? + Can he swim?

→ Do you know whether[if] he can swim (or not)?

3 간접의문문 중 문장 전체가 의문문일 경우

1) 의문사를 문장 맨 앞으로 이동해야 하는 경우

Yes/No의 대답을 요구하지 않는 타동사(think, believe, guess 등)

Do you think? + Where did she go yesterday?

→ Where do you think she went yesterday? – To the movie.

2) 의문사를 이동하지 않고 붙이는 경우

Yes/No의 대답을 요구하는 타동사(ask, know, wonder 등)

Do you know? + Where did she go yesterday?

→ Do you know where she went yesterday? – Yes, I do. / No, I don't.

> * 직접의문문 :
> 상대방에게 직접 질문하는 형식의 의문문
> – Where does he live?
>   직접의문문
> – Do you know where he lives?
>   간접의문문

> * 간접의문문을 만들 때 의문사가 없는 의문문의 경우는 if, whether를 사용해서 '~인지 아닌지'의 의미를 첨가해서 문장을 완성한다.
> I want to know if Allen is at home. (나는 Allen이 집에 있는지 없는지 알고 싶다.)

Check-up

A 다음 괄호 안에 알맞은 말을 고르시오.

1. Do you know what (am I, I am) saying?

2. I wonder why (did she call, she called) me at midnight?

3. Can you show me how (can I, I can) get to the airport?

4. (Who do you believe, Do you believe who) will win the Oscar?

B 다음 두 문장을 한 문장으로 연결하시오.

1. Tell me. / Who did she love? → _____.

2. I don't know. / What did she do? → _____.

3. Do you know? / Why did she cry? → _____?

4. Can you tell me? / Can the baby swim? → _____?

5. Do you guess? / What will the answer be? → _____?

6. Do you think? / What does he want to eat? → _____?

[1~2] 다음 빈칸에 가장 알맞은 말을 고르시오.

1

> A : Miss, _____ do you want, beef or fish?
> B : Fish, please.

① why   ② where
③ which   ④ who
⑤ what

2

> I wonder _____ she attended the meeting.

① what   ② if
③ who   ④ for
⑤ unless

3 다음 질문에 대한 대답으로 가장 알맞은 것은?

> A : Is he an astronaut or a pilot?
> B : _____.

① Yes, he is
② I really like him
③ I don't think so
④ He is a nice person
⑤ He is a famous astronaut

4 다음을 우리말과 같은 뜻이 되도록 주어진 단어를 알맞게 배열한 것은?

> 그들은 자신들이 어디에 있었는지 몰랐다.
> = They where, were, had, no idea, they.

① had no idea where were they
② had no idea they were where
③ were they where had no idea
④ were where they had no idea
⑤ had no idea where they were

5 다음 질문의 대답으로 알맞지 <u>않은</u> 것은?

> A : Do you know why she didn't come to school?
> B : _____.

① Yes, I do
② No, I don't
③ Yes, she did
④ No, I don't know it
⑤ Yes, she caught a cold

[6~7] 다음을 우리말과 같은 뜻이 되도록 주어진 단어를 바르게 배열하시오.

6 Min-su나 Andrew 중 누가 더 크니?
(or, Min-su, taller, Andrew, is, Who)
→ _____?

7 어떤 것이 좋은지 결정하도록 노력해 봐.
(decide, is, better, which, Try to)
→ _____.

8 다음 글의 빈칸에 들어갈 가장 알맞은 것을 쓰시오.

> Do you know _____ the English word 'cash' came from? Some people believe that it came from an Indian word meaning 'compressed tea.'
>   * compressed 압축된, 눌린

[9~10] 다음 두 문장을 한 문장으로 연결하시오.

9 Can you tell me? + Is she at home?
→ _____?

10 I asked. + What did he buy?
→ _____.

5형식 문장에서 목적격보어는 목적어의 동작과 상태를 설명해 주며 목적격보어로 명사, 대명사, 명사절, 동명사, 형용사, to부정사, 원형부정사, 현재분사, 과거분사 등이 쓰인다.

1 명사 또는 대명사인 경우 「make, find, call+목적어+명사(구)」

Her parents made their daughter a doctor.
We found her a teacher.
They call him Nick.

2 형용사 또는 분사인 경우 「make, find, keep+목적어+형용사 또는 분사」

The song makes me happy.
I found the book interesting.
The game made me tired.
Tiny insects eat dead things and keep the world clean.

3 to부정사인 경우 「want, tell, allow, ask+목적어+to부정사」

Her mother allowed her to keep a pet.
The doctor advised my dad to stop smoking.
The customer asked me to wrap the present.

4 원형부정사인 경우 「사역동사, 지각동사+목적어+원형부정사」

I felt someone touch me.
My father won't let me go out at night.
I saw a kitten play with a ball of wool.

* 목적격보어 자리에는 부사가 올 수 없다.
She made me happily. (×)
→ She made me happy. (○)

* 목적격보어로 분사가 올 경우
– 현재분사
주어+동사+목적어+목적격보어
　　　　　　　능동 · 진행의 관계
I heard her calling Amy.
(나는 그녀가 Amy를 부르는 것을 들었다.)

– 과거분사
주어+동사+목적어+목적격보어
　　　　　　　수동 · 완료의 관계
I heard her called Amy.
(나는 그녀가 Amy라고 불리는 것을 들었다.)

* 그밖에 to부정사를 목적격보어로 취하는 동사 :
expect, tell, order, persuade, advise, enable 등

Check-up

A 다음 괄호 안에 알맞은 것을 고르시오.

1. I heard my name (call, called).

2. She told me (go, to go) to sleep.

3. They call (me, I) Black Jack.

4. The man made me (angry, angrily).

5. She wants me (see, to see) her mother soon.

B 다음 밑줄 친 부분을 바르게 고치시오.

1. I found her story <u>interested</u>.

2. He found the exam <u>easily</u>.

3. Keep your desk <u>to clean</u>.

4. Don't allow him <u>come</u> in your room.

5. The heavy rain made driving <u>dangerously</u>.

사역동사에는 have, make, let 등이 있다. 한자어로 사역(使役)은 '~(일을) 시키다'는 의미이지만, 우리말 해석으로는 적당하지 않다. have나 make는 '~하게 하다', let은 '허락하다', help는 '도와주다'로 해석한다.

1 사역동사 have, make, let

「have / make / let(5형식) +목적어+목적격보어(원형/과거분사)」

I had them build my house.
She made me read the book.
Let me introduce myself to you.

2 준사역동사 help

「help(5형식)+목적어 +목적격보어(원형부정사/to부정사)」

The boy helped her (to) carry the bag.
I helped the woman (to) stand up.

3 사역의 의미를 갖는 일반동사 get

「get(5형식)+목적어+목적격보어(to부정사/과거분사)」

I got him to repair my car.
= I had him repair my car.
She got the boy to paint her fence.
= She had the boy paint her fence.

* 5형식 문장에서 동사가 지각동사 또는 사역동사일 때 목적격보어로 동사원형이 올 수 있다.
I saw her enter her room.
He made me clean his room.

* 목적어가 행동을 직접하는 경우 :
– 목적격보어 자리에 동사원형이 온다.

* have의 목적격보어 형태 :
– 목적어과 목적격보어의 관계가 능동일 때
have+o+oc
　　　　동사원형
I had him cut my hair.
– 목적어과 목적격보어의 관계가 수동일 때
have+o+oc
　　　　과거분사
I had my hair cut.

Check-up

A 다음 괄호 안에 알맞은 것을 고르시오.

1. Mom made me (clean, to clean, cleaned) my room.

2. He gets me (paint, to paint, painted) the house.

3. My father let me (go, to go, gone) swimming.

4. I helped Mom (cook, cooked) dinner.

5. I had my hair (cut, to cut) yesterday.

B 우리말과 같은 뜻이 되도록 괄호 안의 단어를 바르게 배열하시오.

1. 나는 그에게 나의 집을 고치게 했다. (repair, house, him, had, I, my)
　→ _____.

2. 그녀의 소식을 나에게 알려주세요. (news, know, Let, her, me)
　→ _____.

3. 그는 내가 공부하도록 만들었다. (study, me, made, He)
　→ _____.

Unit 05 지각동사

지각동사는 see, hear, listen to, feel, look at 등처럼 감각을 나타내는 동사이다.

문장의 형식	보어의 형태
2형식 (주어+동사+주격보어)	형용사, like+명사
5형식 (주어+동사+목적어+목적격보어)	동사원형, 현재 / 과거분사

1 지각동사의 주격보어

1) 형용사일 경우
You look **nicer** than usual today.
It sounds really **interesting**.

2) 명사일 경우
It sounds **like a great idea**.
He looks **like a college student**.

2 지각동사의 목적격보어

1) 동사원형일 경우 – 단순한 사실을 나타낼 때
I felt something **touch** my head.
We saw the man **rob** the bank.

2) 현재분사 – 목적어와 목적격보어의 관계가 능동/진행일 때
She **saw** something **moving** in the bushes.
He **heard** the girl **singing** a song.

3) 과거분사 – 목적어와 목적격보어의 관계가 수동/완료일 때
I **heard** my name **called**.
I **saw** the building **broken down**.

---

*지각동사는 3형식에도 쓰일 수 있다.
I never saw him before.
He heard the news.

* smell의 목적격보어로는 동사원형이 올 수 없다.
I smelled my shirt burn. (×)
I smelled my shirt burning. (○)

cf. 목적격보어
동사원형과 -ing형 비교
① I saw him enter my house.
– 들어가는 것을 처음부터 끝까지 다 봄
② I saw him entering my house.
– 들어가는 도중에 봄(진행)

* 지각동사와 사역동사의 목적격보어가 동사원형일 경우에만 수동태로 바꾸면 to부정사가 된다.
cf. 수동태
① He was seen to enter my house by me.
② He was seen entering my house by me.

Check-up

A 다음 괄호 안에 알맞은 것을 고르시오.

1. I saw her (cross, to cross) the street.

2. We heard a baby (cry, to cry) at night.

3. I felt my heart (beating, beaten) with joy.

4. I heard my name (calling, called) from behind.

5. We watched many horses (run, to run).

B 우리말과 같은 뜻이 되도록 괄호 안의 단어를 바르게 배열하시오.

1. 나는 낯선 사람이 내 집으로 들어가는 것을 보았다. (house, enter, saw, I, my, a stranger)
→ _____.

2. 그는 그녀가 방에서 울고 있는 소리를 들었다. (the room, weeping, her, in, He, heard)
→ _____.

3. 나는 등에 무엇인가가 기어가고 있는 것을 느꼈다. (on, something, back, I, my, felt, crawling)
→ _____.

[1~2] 다음 빈칸에 가장 알맞은 말을 고르시오.

1
I heard someone _____ near the restaurant.

① to shout   ② shouting
③ shouted   ④ have shout
⑤ to shouting

2
I am sure that these differences make living in Korea _____.

① interest   ② to interest
③ interested   ④ interesting
⑤ to interesting

3 다음 빈칸에 알맞지 <u>않은</u> 것은?

She found the game _____.

① funny   ② easily
③ boring   ④ exciting
⑤ difficult

4 다음 대화의 빈칸 ⓐ, ⓑ에 들어갈 말이 바르게 짝지어진 것은?

A : Why do you like a green room?
B : Because it makes my eyes ____ⓐ____.
A : But I like yellow. Yellow makes me ____ⓑ____ bright.

         ⓐ   ⓑ
① relax   ········ feel
② relaxing ········ feel
③ relax   ········ feeling
④ to relax ········ to feel
⑤ relax   ········ to feel

[5~6] 다음 밑줄 친 부분 중 어법상 <u>어색한</u> 것을 고르시오.

5
① I am sure that sports make us <u>closer</u>.
② I'll let you <u>know</u> how the game goes.
③ People didn't keep the park <u>clean</u>.
④ She helped her mother <u>set</u> the table.
⑤ I have my computer <u>repair</u>.

6
① He made his wife <u>happy</u>.
② My grandpa calls me <u>sweetie</u>.
③ They <u>named</u> their son James.
④ I heard the birds <u>sung</u> near the tree.
⑤ We helped each other <u>to get</u> across the stream.

[7~8] 다음 밑줄 친 부분의 바르게 고치시오.

7 She never allows her son <u>going</u> out at night.
   → _____

8 You look <u>wonderfully</u> in that dress.
   → _____

[9~10] 다음 우리말에 맞게 주어진 단어를 바르게 배열하시오.

9
나는 사랑이 사람들을 눈멀게 한다고 믿는다.
(blind, love, people, makes)
I believe that _____.

10
너는 내가 너의 방에 벽지를 붙이는 것을 도와야만 한다.
(your room, wallpaper, help, me)
You should _____.

[1~2] 다음 빈칸에 가장 알맞은 것을 고르시오.

1

Which subject do you like better, math _____ science?

① but   ② and
③ or   ④ so
⑤ to

2

I don't know _____ their lives here in Korea.

① when Koreans began
② when did Koreans begin
③ where did Koreans began
④ where did Koreans begin
⑤ where Koreans begin

3 다음 빈칸 ⓐ, ⓑ에 들어갈 말이 바르게 짝지어진 것은?

- _____ ⓐ _____ she wearing a skirt or shorts?
- _____ ⓑ _____ is bigger, Mars or Jupiter?

        ⓐ   ⓑ
① Is   ·········   What
② Which ········· Which
③ Does   ·········   Which
④ Is   ·········   Which
⑤ Which ········· What

4 다음 빈칸에 알맞지 <u>않은</u> 것은?

They _____ me do my homework.

① have   ② make
③ get   ④ help
⑤ let

[5~6] 다음 주어진 우리말을 영어로 옮긴 것으로 가장 알맞은 것을 고르시오.

5

너는 누가 처음으로 비행기를 만들었다고 생각하니?

① Who do you think made an airplane first?
② Do you think who made an airplane first?
③ Who do you think did make an airplane first?
④ Do you think who did make an airplane first?
⑤ Did you think who makes an airplane first?

6

나는 내 여자친구가 Mike와 손을 잡고 걸어가는 것을 보았다.

① I saw my girlfriend to walk hand in hand with Mike.
② I saw my girlfriend walked hand in hand with Mike.
③ I saw my girlfriend walking hand in hand with Mike.
④ I saw my girlfriend walks hand in hand with Mike.
⑤ I saw my girlfriend being walked hand in hand with Mike.

7 다음 대화의 빈칸에 가장 알맞은 것은?

A : Excuse me, do you know _____?
B : It is around the corner on Bank Street and Fifth Street.

① when the City Hall is
② where the City Hall is
③ when is the City Hall
④ what is the City Hall
⑤ where is the City Hall

8 다음 두 문장을 한 문장으로 나타낼 때 가장 알맞은 것은?

> Do you know? + What is the most popular animal in Australia?

① What do you know the most popular animal in Australia?

② What do you know the most popular animal in Australia is?

③ What do you know is the most popular animal in Australia?

④ Do you know the most popular animal in Australia is what?

⑤ Do you know what the most popular animal in Australia is?

9 다음 대화의 밑줄 친 부분에 들어갈 말로 적절한 것을 모두 고르면?

> A : Wow, you have your hands full. May I help you _____ those boxes?
> B : Sure. How nice you are!

① carry   ② carried

③ carrying   ④ to carry

⑤ have carried

10 다음 대화의 밑줄 친 부분을 바르게 고친 것은?

> A : Hi, Mary! Nice to meet you.
> B : Oh, Mr. Lee. Glad to meet you.
> A : What made you bringing here?
> B : To appreciate works of Korean artists.

① to bring   ② to bringing

③ brings   ④ bring

⑤ brought

[11~12] 다음 밑줄 친 부분 중 어법상 어색한 것을 고르시오.

11 ① Do you know who is coming to the party?

② When did he tell us to come?

③ I felt something move on my back.

④ She expected him go to the store.

⑤ I don't know why she never told you about her paintings.

12 ① Cold weather made me to feel uncomfortable.

② Who did they want us to meet?

③ She felt her heart beat with joy.

④ Nobody knows where he went.

⑤ She asked him to buy some milk.

13 다음 밑줄 친 부분의 쓰임이 바른 것은?

① He felt someone touching his arm.

② My sister asked me close the door.

③ I saw the room painting.

④ She helped her mother making a food.

⑤ She doesn't let her son watching too much TV.

14 다음 글의 밑줄 친 부분을 우리말로 해석하시오.

> These days, we can know what happens on the other side of the world in a few hours.

[15~16] 다음 중 어법상 어색한 문장을 고르시오.

15
① I wonder when she went.
② I would advise you forgive him.
③ You should find where the word is.
④ You can't get him to listen to reason.
⑤ Men let women go in and out first.

16
① Jim likes to watch his son play.
② That helps people save a lot of money.
③ Don't leave the sink water running.
④ Litter can make your country an unpleasant place.
⑤ She didn't know where were her shirts.

17 다음 밑줄 친 부분을 바르게 고치시오.

(1) It sounds really <u>greatly</u>.

　→ _____

(2) I heard someone <u>yelled</u> for help.

　→ _____

(3) My parents won't let me <u>to sleep</u> over at my friends.

　→ _____

18 다음 주어진 단어를 우리말에 맞게 배열하시오.

> A : Now, let's put this hot can in the cold water.
> B : 너는 무슨 일이 일어날 것이라고 생각하니?
> (do, will, think, happen, you, what)
> _____?
> A : Well, something exciting will happen.

19 다음 문장을 전환할 때, 빈칸에 들어갈 말을 적으시오.

> I had my son paint the wall.
> = I got my son _____ the wall.

20 다음 두 문장을 한 문장으로 바꾸시오.

(1) Do you know? + Who(m) does this book belong to?

　→ _____?

(2) Could you tell me? + What time is it?

　→ _____?

(3) I wonder. + Does my mom remember him?

　→ _____.

1 다음 글의 밑줄 친 우리말을 영어로 옮기시오.

> <u>치즈버거와 칠면조 샌드위치 중 어느 것을 더 좋아하나요?</u> Everyone knows the answer is a turkey sandwich. It's better because it doesn't have so much fat in it, and it has fewer calories.

_____

2 다음 글을 읽고, 물음에 답하시오.

> When a rich man was taking a walk in the park, he found a beggar sleeping on a bench in a crouching position. The rich man wondered ____ⓐ____ the beggar had a dream, so he asked him what his dream was. The beggar answered that he would like to stay in a nice and warm hotel room. He let the beggar ____ⓑ____ in a five star hotel. But the next day, he went the hotel only to find the beggar was not there and went back to the cold and hard bench in the park. ⓒ <u>왜 그 거지가 불편한 벤치로 되돌아 갔다고 생각하십니까?</u>

(1) 위 글의 빈칸 ⓐ, ⓑ에 들어갈 말이 바르게 짝지어진 것을 고르시오.

	ⓐ	ⓑ		ⓐ	ⓑ
①	if	staying	②	whether	to stay
③	what	stay	④	if	stay
⑤	whether	to stay			

(2) 위 글의 밑줄 친 우리말 ⓒ와 같은 뜻이 되도록 맞게 주어진 단어를 배열하시오.

  (think, do, Why, the beggar, his, uncomfortable, returned to, bench, you)

  → _____ ?

3 다음 글을 읽고, ⓐ～ⓓ에 들어갈 알맞은 것을 고르시오.

> One of my unforgettable memories is seeing fireflies. Jason and I went hiking to Aowanda National Forest last summer. And we were lost and we didn't know which way to go. We started worrying because it was already dark. Suddenly, we saw something ⓐ <u>flashing / flashed</u> on and off as they flew around in the darkness. I was scared to death to see lights ⓑ <u>moving / moved</u> here and there. I thought they were ghosts and they were coming to catch us. At that moment, my friend remembered learning about them in a biology class. As soon as I heard them ⓒ <u>called / calling</u> fireflies, the fear went away and they looked really ⓓ <u>beautiful / beautifully</u> like twinkling stars in the night sky.

ⓐ : _____ ⓑ : _____ ⓒ : _____ ⓓ : _____

1 다음 대화에서 밑줄 친 부분 중 어법상 어색한 것을 고르시오.

> A : Good morning. May I ① help you?
>
> B : Yes, I'm ② looking for a job.
>
> A : Well, you've come to the right place.
>
>   ③ How did you find out about the Good Employment Company?
>
> B : My brother told me ④ to come here.
>
> A : Very good. First, I'm going to ask you ⑤ fill out this form.

2 다음 중 어색한 한 쌍의 대화를 고르시오.

① A : We have to keep the environment clean.

   B : You're right. I think we should recycle our waste.

② A : Do you know why are people saying like that?

   B : Yes, I do.

③ A : American men usually help women put their coats on, don't they?

   B : Yes. And they would help women take their coats off, too.

④ A : Do you know where the nearest post office is?

   B : Sorry. I have no idea.

⑤ A : Will Jane be home for lunch?

   B : I don't think so. We don't expect her to be home for lunch.

3 다음 대화를 읽고, ⓐ~ⓒ에 들어갈 알맞은 것을 고르시오.

> A : I heard you are moving to Boston.
>
> B : Yes. I've got an admission to a graduate school.
>
>   My parents will have me ⓐ move / moved to Boston.
>
> A : Oh, that's great! But I'm going to miss you.
>
> B : Me, too. Let's ⓑ keeping / keep in touch.
>
> A : Yeah. Don't forget to give me a call when you settle down.
>
> B : Trust me. And I won't forget to write to you.
>
> A : Do you have my address?
>
> B : Well, I have your phone number.
>
> A : OK. Then I expect you ⓒ calling / to call me soon.

ⓐ : _____   ⓑ : _____   ⓒ : _____

Chapter 2

동사를 타고 떠나는 시제 여행

Grammar

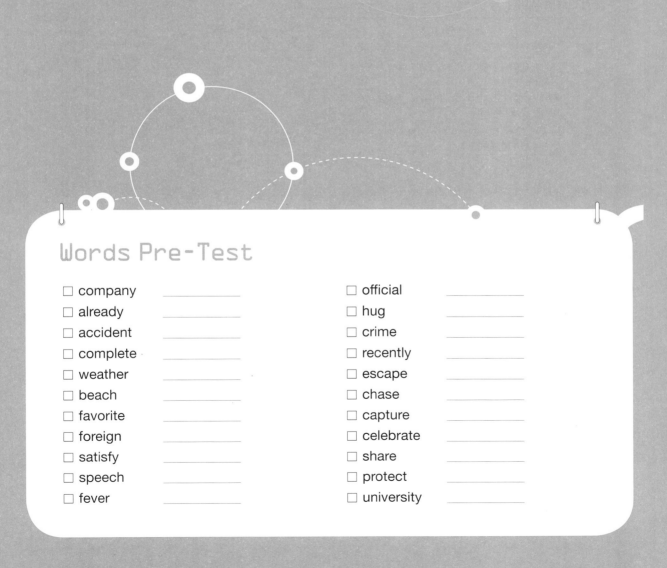

Words Pre-Test

- ☐ company _____
- ☐ already _____
- ☐ accident _____
- ☐ complete _____
- ☐ weather _____
- ☐ beach _____
- ☐ favorite _____
- ☐ foreign _____
- ☐ satisfy _____
- ☐ speech _____
- ☐ fever _____

- ☐ official _____
- ☐ hug _____
- ☐ crime _____
- ☐ recently _____
- ☐ escape _____
- ☐ chase _____
- ☐ capture _____
- ☐ celebrate _____
- ☐ share _____
- ☐ protect _____
- ☐ university _____

1 **현재완료**

과거의 한 시점에서 발생하여 현재까지 이어지는 동작이나 상태를 나타낸다. 우리말로는 주로 '경험', '계속', '결과', '완료'의 의미로 해석된다.

2 **형태**

1) 긍정문 「주어+have/has+과거분사 ～.」
My parents have lived here for 40 years.

2) 부정문 「주어 have/has+not+과거분사 ～.」
I have not(haven't) finished my homework.

3) 의문문 「Have /Has+주어+과거분사 ～?」
Have you seen Collin lately?

3 **현재완료의 의미**

구분	의미	주로 같이 쓰이는 단어
경험	'～한 적 있다'는 의미로 현재까지의 경험을 나타낸다.	never, once, before, ever
계속	과거에 일어난 사건이 현재에도 계속해서 지속되는 것을 나타낸다.	for, since
결과	'～해 버리다'의 의미로 과거의 사건이 현재까지 영향을 미치는 것을 나타낸다.	
완료	'～벌써, 막 ～했다' 또는 '아직 ～하지 않았다'는 의미로 동작의 완료를 나타낸다.	just, already, yet

I have been to New York. (경험)
How long have you stayed here? (계속)
She has gone to the U.S. (결과)
The child has just stopped crying. (완료)

---

* 현재완료의 축약형
– I/we/you+have
→ I/we/you+'ve
– He/She+has
→ He's/She's
cf. He/She is → He's/She's
– have/has+not
→ haven't/hasn't

* have[has] been to와 has gone to의 차이
– 1, 2, 3인칭 주어+have[has] been to+장소 : 경험, 완료를 나타낸다.
– 3인칭 주어+has gone to+장소 : 결과를 나타낸다.

* 계속 지속될 가능성이 있는 활동을 나타낼 경우는 'have/has+ been 동사원형 -ing' 형태인 현재완료 진행을 쓴다.
I have been living in Seoul since 1995.

Check-up

A 다음 두 문장을 괄호 안의 동사를 이용하여 한 문장으로 다시 쓰시오.

1. Jane went to London. She isn't here now. → Jane _____ to London. (go)

2. Jack went to LA. He is here now. → Jack _____ to LA. (be)

3. My room was dirty. Now it is clean. → I _____ my room. (clean)

4. It started raining last weekend. It is still raining. → It _____ since last weekend. (rain)

5. Jill met Jack first ten days ago. She met him again yesterday. → Jill _____ Jack twice. (meet)

B 다음 문장을 지시대로 바꿔 쓰시오.

1. I have lost my bag.　　　　　부정문 → _____.

2. Someone has broken the window.　의문문 → _____?

3. She has lived here since 2000.　　축약형 → _____.

4. You have not called him yet.　　축약형 → _____.

Unit 07 과거와 현재완료의 비교

1 **과거 시제** 어느 사건이 과거의 한 시점에서 발생하여 그 시점에서 종료된 것을 나타낸다. 따라서 현재 그 사건이 어떻게 되었는지는 알 수 없다.

I lost my car key the other day.
She started going out with Sam last year.

2 **현재완료 시제** 어느 사건이 과거의 한 시점에서 발생하여 현재까지 이어지는 동작이나 상태를 나타낸다.

과거	현재완료
명확한 과거 부사/부사구/부사절 사용 (yesterday, last, ago 등)	일반적인 일시적 부사/부사구/부사절 사용 (already, since, yet 등)
완성된 기간 My father lived here all his life. (And now he is dead.)	미완성된 기간 My father has lived here all his life. (And he still lives here.)
명확한 질문 Did you go to LA? (LA에 간다는 것을 알고 있을 때)	불명확한 질문 Have you ever been to LA? (LA에 가본 적이 있는지 막연히 물을 때)

He went to Sweden last month.
He has gone to Sweden.

We studied in the library then.
We have studied in the library for five hours.

I finished reading the book yesterday.
I have already finished reading the book.

* 과거와 과거분사의 형태가 다른 동사

과거	과거분사
was/were	been
began	begun
became	become
blew	blown
ate	eaten
chose	chosen
did	done
forgot	forgotten
went	gone
rode	ridden
took	taken
wrote	written

Check-up

A 다음 괄호 안에 알맞은 것을 고르시오.

1. Terry (met, has met) him 10 years ago.
2. He has written 100 poems (since, in) 2006.
3. How many times (has, did) Italy won the World Cup until now?
4. Over 50,000 people (have joined, joined) the festival last year.
5. Jamie really likes listening to classical music. She (has listened, listened) to it since she was ten.

B 다음 문장을 우리말로 해석하시오.

1. ⓐ He loved her. _____.
   ⓑ He has loved her. _____.
2. ⓐ I studied English for 5 years. _____.
   ⓑ I have studied English for 5 years. _____.
3. ⓐ She stayed in Seattle for five weeks. _____.
   ⓑ She has stayed in Seattle for five weeks. _____.

[1~2] 다음 과거와 과거분사의 연결이 옳지 <u>않은</u> 것을 고르시오.

1
① cut – cut
② read – readed
③ rode – ridden
④ saw – seen
⑤ did – done

2
① went – gone
② took – taken
③ ate – eaten
④ was – been
⑤ wrote – written

3 다음 두 문장을 한 문장으로 바꾼 것으로 알맞은 것은?

> She started working for the company in 2000. She still works for the company now.

① She has worked for the company since 2000.
② She has started the company since 2000.
③ She has working for the company since 2000.
④ She has work for the company since 2000.
⑤ She has done working for the company since 2000.

4 다음 빈칸에 가장 알맞은 것은?

> Joe _____ here since 1999.

① lives
② lived
③ is living
④ are living
⑤ has been living

[5~6] 다음 빈칸에 들어갈 말이 바르게 짝지어진 것을 고르시오.

5
> A : _____ you ever tasted a burrito?
> B : Yes, I _____ . It was really nice.

① Did – did
② Do – have
③ Have – have
④ Have – did
⑤ Had – did

6
> • She has been married _____ 20 years.
> • I haven't found my passport _____ last year.

① from – since
② for – since
③ for – for
④ since – for
⑤ since – from

7 다음에서 밑줄 친 부분 중 어법상 <u>어색한</u> 것은?

① He <u>has spent</u> a lot of money.
② She <u>has written</u> some letters.
③ How long <u>has he studied</u> English?
④ He <u>has been</u> watching TV since five o'clock.
⑤ They <u>haven't gone</u> to Canada last week.

8 다음 밑줄 친 부분과 용법이 같은 것은?

> I <u>have heard</u> the story twice.

① I have lived here since I was six.
② July has just arrived home.
③ Jason has lost his car.
④ I haven't finished my dinner yet.
⑤ I have met him before.

9 다음 우리말에 맞게 빈칸에 들어갈 말을 적으시오.

> 너는 전에 미국에 갔다 온 적이 있니?
> Have you _____ to the United States before?

10 다음 빈칸에 주어진 동사를 문맥에 맞게 변형시키시오.

> I can't believe that I _____ (live) in Korea for almost three years already. I have learned and done so much.

[1~2] 다음 밑줄 친 ⓐ, ⓑ를 바르게 고친 것으로 알맞은 것을 고르시오.

1
- How many books has the author ⓐ write since last year?
- I have ⓑ see a kangaroo three times.

	ⓐ	ⓑ
①	writed	········ seed
②	wrote	········ seen
③	written	········ seen
④	written	········ saw
⑤	wrote	········ saw

2
- He hasn't ⓐ speak to Allen since the last fight.
- I have ⓑ know her for twenty years.

	ⓐ	ⓑ
①	spoken	········ known
②	spoke	········ known
③	spoken	········ knew
④	speaked	········ known
⑤	spoken	········ knowed

[3~4] 다음 빈칸에 가장 알맞은 것을 고르시오.

3
It _____ for three days. I wonder when it will stop.

① rain   ② have rained
③ rained   ④ raining
⑤ has been raining

4
Tom _____ a taxi for many years, and he has never had an accident.

① drives   ② drove
③ is driving   ④ has driven
⑤ had driven

5 다음 두 문장을 한 문장으로 나타낼 때 가장 알맞은 것은?

I began to study English two years ago.
I still study English.

① I have studied English for two years ago.
② I have been studying English for two years.
③ I have begun English for two years.
④ I have begun English for two years ago.
⑤ I studied English two years ago.

[6~7] 다음 밑줄 친 부분 중 어법상 어색한 것을 고르시오.

6
① He has driven a car since he was sixteen.
② She has studied at the university for five years.
③ Have you did complete the kite yet?
④ We have had beautiful weather this month.
⑤ Linda has spent a lot of time at the beach.

7
① Snow fell all day since last night.
② I wrote some letters to my family last year.
③ You have watched too much television.
④ We have talked on the phone for two hours.
⑤ Our soccer team has won a lot of games.

[8~9] 다음 빈칸 ⓐ, ⓑ에 들어갈 말이 바르게 짝지어진 것을 고르시오.

8

• The Woods often eat steak. It ___ⓐ___ their favorite food for a long time.
• Ryan and Linda ___ⓑ___ to the party last night.

	ⓐ		ⓑ
①	is	········	go
②	was	········	went
③	has been	········	went
④	is	········	have gone
⑤	has been	········	have gone

9

Strong cyclone ___ⓐ___ Myanmar last week. Many foreign aid workers ___ⓑ___ people since this Tuesday.

	ⓐ		ⓑ
①	hitted	········	have helped
②	hitted	········	helped
③	hit	········	have helped
④	hit	········	helped
⑤	hit	········	have help

10 다음 〈보기〉의 밑줄 친 부분과 쓰임이 같은 것은?

┌─ 보기 ─┐
Have you ever thought about your future?
└────────┘

① I have been to England twice.
② I have studied Math since 2005.
③ I have known her for 5 years.
④ I have made my new desk already.
⑤ I have just finished my homework.

11 다음 대화의 밑줄 친 부분 중 어법상 어색한 것은?

① A : Have you seen any action movies lately?
  B : Yes, I have seen one.

② A : Have you ever heard about key pals?
  B : No, I haven't.

③ A : I haven't seen you in ages. How have you been?
  B : Fine, thanks.

④ A : Are you satisfied with your campaign so far?
  B : Yes, I am. Many people have been giving me a lot of support.

⑤ A : Do you know how Nick met her?
  B : He has picked her up at the airport a few days ago.

[12~13] 다음 밑줄 친 부분 중 어법상 어색한 것을 고르시오.

12
① The boys have practiced hard this year.
② Abraham Lincoln has been born into a poor family in Kentucky.
③ He has made a lot of speeches lately.
④ She knew the owner of the company.
⑤ We've finished painting the apartment.

13
① Have you just taken a shower?
② The statue has stood in New York for almost one hundred and twenty years.
③ The boy has been swimming for three hours.
④ The workers worked hard for our city.
⑤ The baby had a high fever since last night.

14 다음 글의 빈칸에 가장 알맞은 것은?

> I'm surprised that Taekwondo is so popular in Australia. It's probably because Taekwondo _____ an official sport since the Sydney Olympics.

① is ② was
③ being ④ has been
⑤ had been

[15~16] 다음 빈칸 가장 알맞은 것을 고르시오.

15

> A : Pardon me. _____ before?
> B : I don't know. Have we?

① Do we meet ② Did we meet
③ Don't we meet ④ Didn't we meet
⑤ Have we met

16

> A : You know Sally, don't you?
> B : Yes, I _____ her a year ago, but I can't remember her face.

① meet ② met
③ have met ④ meeting
⑤ to meet

17 다음 글을 읽고, 어법상 어색한 것을 바르게 고친 것은?

> "We have done it, Lilly! We ① have just finished our experiment," ② cried Anne. The two young women ③ have hugged each other and laughed like children. They ④ started to work on it 7 years ago and finally ⑤ did it.

① have finished → finishes
② cried → has cried
③ have hugged → hugged
④ started → have started
⑤ did → done

[18~20] 다음 보기처럼 who, what, where를 이용하여 현재완료 의문문으로 바꾸시오.

┌─ 보기 ─┐
Anne has been talking to Nick.
→ Who has she been talking to?
└────────┘

18 He has been avoiding his girlfriend.

→ _____?

19 He has read a lot of crime stories.

→ _____?

20 Nick has spent his afternoon in the library.

→ _____?

1 다음 글을 읽고, 빈칸에 알맞은 말을 쓰시오.

> Mike is at the sporting goods store with two of his friends. They are planning a fishing trip to South Coast this weekend. There _____ a lot of rain recently, so everyone hopes the weather will be good on Saturday.

2 다음 글을 읽고, 어법상 어색한 것을 고르시오.

> Sam, which escaped from the zoo this afternoon, ① has just been caught. Zoo keepers ② have chased him across Northern Park and finally captured him at a hot dog stand near the park's main gate. They ③ used a gas gun, and Sam was loaded onto a big truck and ④ was taken back to the zoo. At the zoo, he was examined by the zoo vet. Fortunately, no damage had been done, and he ⑤ will be returned to his house tomorrow.
>
> * vet 수의사

3 다음 글을 읽고, 물음에 답하시오.

> Dear Min-ji,
> ⓐ 너는 Boxing Day에 대해 들어본 적 있니? I ___ⓑ___ it since I was little. It is the day after Christmas. Like Christmas Day, Boxing Day is a public holiday in some countries. It ___ⓒ___ in the Great Britain about 800 years ago. People celebrate it in Great Britain, Canada, New Zealand and Australia. It is called 'Boxing day' because this is the day to open the Christmas gift boxes and share the contents with poor people.

(1) 위 글의 밑줄 친 ⓐ를 우리말을 영어로 옮기시오.

(2) 빈칸 ⓑ, ⓒ에 들어갈 말이 바르게 짝지어진 것을 고르시오.

	ⓑ		ⓒ
①	have celebrated	········	has started
②	celebrate	········	started
③	have celebrated	········	started
④	celebrated	········	starts
⑤	celebrate	········	starts

1 다음 대화의 빈칸에 알맞은 것을 고르시오.

> A : Have you seen Brian lately? I haven't seen him for a month.
> B : He _____ to Italy.
> A : Really? When will he return?
> B : I think he will stay there two more weeks.

① has been ② have gone ③ has gone
④ has went ⑤ was

2 다음 대화의 밑줄 친 부분 중 어법상 어색한 것을 고르시오.

① A : Have you ever been to Hongkong?
  B : No, I haven't.
② A : Mr. James, what is the most important thing in this city?
  B : We didn't do enough to protect our environment until now.
③ A : How many letters have you sent to him?
  B : I've sent 10 letters since last month, but I haven't received any answer.
④ A : Mr. Been didn't go to work yesterday, did he?
  B : Yes, he did.
⑤ A : Did the Thomsons sell their house last week?
  B : No, they didn't.

3 다음 빈칸 ⓐ, ⓑ에 들어갈 말이 바르게 짝지어진 것을 고르시오.

> A : Hi, Jane. It's Nick.
> B : Nick! How are you?
> A : Fine. Are you doing anything Friday night?
> B : No. I don't have any plans.
> A : Well, I am wondering if you'd like to go to a movie.
> B : Sure. What would you like to see?
> A : *Attack of the Ant Men* with Buster Bailey.
> B : Oh, I ____ⓐ____ that one already. It ____ⓑ____ very interesting.

	ⓐ		ⓑ
①	have seen	········	wasn't
②	saw	········	hasn't been
③	have seen	········	has been
④	had seen	········	hasn't been
⑤	seen	········	was

Chapter 3

필요에 따라 동사에 가발 씌우기 I

Grammar

Words Pre-Test

- ☐ intend _____
- ☐ future _____
- ☐ entrance _____
- ☐ please _____
- ☐ search _____
- ☐ behave _____
- ☐ feed _____
- ☐ architect _____
- ☐ ability _____
- ☐ dangerous _____
- ☐ director _____

- ☐ save _____
- ☐ impossible _____
- ☐ crowd _____
- ☐ ceiling _____
- ☐ culture _____
- ☐ research _____
- ☐ climate _____
- ☐ reduce _____
- ☐ instead of _____
- ☐ complain _____
- ☐ disappear _____

1 **주어로 쓰이는 경우**

To be a doctor is difficult.
It is not easy **to teach** students.

2 **보어로 쓰이는 경우**

My dream is **to be** a pilot. (주격보어)
Her hobby was **to collect** coins. (주격보어)
She tells her children **to study** hard. (목적격보어)
The doctor advised him **to stop** smoking. (목적격보어)

3 **타동사의 목적어로 쓰이는 경우**

want, hope, plan, wish, intend, decide, expect, promise, agree, would like 등과 같은
동사는 목적어로 to부정사를 취한다.
She wants **to enter** Harvard University.
He hoped **to pass** the entrance exam.

4 **의문사+to부정사**

what+to부정사	무엇을 ~할지
when+to부정사	언제 ~할지
where+to부정사	어디서 ~할지
how+to부정사	어떻게 ~하는지

I don't know **where to get off** the bus.
Please tell me **when to start** the show.
My teacher showed me **how to solve** the problem.
He hasn't decided **what to buy** for his girlfriend.

* to부정사의 명사적 용법
'to+동사원형'의 형태로 문장 내에서 명사가 하는 역할처럼 주어, 주격보어, 목적격보어, 타동사의 목적어로 사용되어 '~하는 것, ~하기'의 뜻으로 해석된다. to부정사의 동사 형태에 따라 뒤에 목적어나 보어가 올 수 있다.

* to부정사가 주어와 주격보어로 사용될 경우는 동명사로 바꾸어 쓸 수 있다.
To love someone is difficult.
= Loving someone is difficult.
To see is to believe.
= Seeing is believing.

* know, believe, show, teach, tell, think 등의 동사 다음에는 〈의문사+to부정사〉 형태의 목적어가 올 수 있다.

Check-up

A 다음 밑줄 친 to부정사의 역할을 쓰시오. (주어, 목적어, 주격보어, 목적격보어)

1. My dream is <u>to be</u> a professor.
2. <u>To be</u> alone is not always a bad thing.
3. Mother allowed me <u>to go</u> shopping.
4. How did you learn <u>to speak</u> in English?
5. His task is <u>to take</u> care of flowers.
6. What do you want <u>to be</u> in the future?
7. It is difficult <u>to keep</u> a diary in English.

B 주어진 우리말에 맞게 빈칸에 알맞은 말을 적으시오.

1. 나의 계획은 멋진 가수가 되는 것이다.   → My plan is _____ _____ a great singer.
2. 그녀는 내년에 LA를 방문하기를 희망한다. → She hopes _____ _____ LA next year.
3. 나는 컴퓨터를 어떻게 사용하는지 모른다. → I don't know how _____ _____ a computer.
4. 전 세계를 여행을 하는 것이 나의 꿈이다.   → _____ _____ around the world is my dream.
5. 그녀는 어디로 가야할지 생각 중이다.   → She is thinking _____ _____ _____ .

Unit 09 to부정사의 형용사적 용법

1 **한정적 용법** 「명사/대명사+to부정사」 형태로 '~할, ~해야 할'의 뜻으로 쓰여 앞의 명사나 대명사를 수식한다.

I have nothing to eat today.
There is no chair to sit on.
Do you have time to talk with me?

> * 한정적 용법일 경우는 뒤에 전치사가 필요할 수 있다.
> → 수식받는 명사를 우리말로 '~을/를'로 해석하고, to부정사를 '~하다'로 해석해서 어색하면 전치사가 필요하다.
> He has no chair to sit. (×)
> → 의자를 앉다. (×)
> He has no chair to sit on. (○)
> → '의자 위에 앉다'가 되어야 하므로 전치사 on이 필요하다.

2 **서술적 용법** 「be+to부정사」 형태로 to부정사가 보어로 쓰인다. 주어는 주로 사람이고 예정, 의무, 가능, 의도, 운명 등을 나타낸다.

She is to study the lesson today. (예정)
You are to arrive here at 9. (의무)
Not a star is to be seen tonight. (가능)
If you are to get pearls, you must dive deep in the sea. (의도)
He was to come back home. (운명)

cf. 〈be+to부정사〉는 명사적 용법으로도 쓰인다.

→ '~하는 것'으로 해석되면 명사적 용법이고, 다르게 해석되면 형용사적 용법이다.
My hobby is to collect stamps. (나의 취미는 우표를 모으는 것이다.)
I am to collect stamps. (나는 우표를 모을 예정이다.)

3 **-thing, -one, -body+to부정사**

형용사가 -thing, -one, -body로 끝나는 대명사를 수식할 경우 「-thing+형용사+to부정사」
I need something cold to drink.
She has nothing new to say.
The company needs someone responsible to hire.
There was nobody attractive to talk to.

Check-up

A 다음 괄호 안에 알맞은 것을 고르시오.

1. There is no pen (to write, to write with).
2. I need some food (to eat, to eat on).
3. She needs a house (to live, to live in).
4. He has many friends (to play, to play with).
5. I have no paper (to write, to write on).

B 〈be to용법〉을 이용하여 두 문장의 뜻이 같도록 빈칸에 알맞은 말을 쓰시오.

1. No one could be seen in the room.
   → No one _____ _____ _____ _____ in the room.
2. You should study hard if you want to pass the exam.
   → You should study hard if you _____ _____ _____ the exam.
3. We are going to meet at noon.
   → We _____ _____ _____ at noon.

Unit 10 to부정사의 부사적 용법

1 **목적을 나타내는 to부정사** (= in order to부정사, so as to부정사) ~하기 위해

I went to a bookstore to buy a book.
He came to Italy to study vocal music.

2 **감정의 원인을 나타내는 to부정사** ~하게 되어서

It's really nice to see you.
I felt sad to hear her news.

3 **이유 또는 판단의 근거를 나타내는 to부정사** ~하다니

You must be foolish to do such a thing.
He can't be poor to buy a big car.

4 **결과를 나타내는 to부정사** ~해서 결국 …하다

The girl grew up to be a teacher.
He awoke to find himself well-known.

5 **조건을 나타내는 to부정사** ~하면

You can find it easily to turn right.
To give it to her, she will be pleased.

6 **형용사/부사를 수식하는 to부정사** ~하는데, 하기에

This card game is very easy to learn.
The movie was complicated to understand.

> * to부정사의 부사적 용법 :
> 부정사가 부사처럼 동사나 형용사,
> 또 다른 부사를 수식하는 경우로서
> 목적, 감정의 원인, 판단의 근거, 결
> 과, 조건 등의 의미로 해석된다.
>
> * ~하지 않도록 : not to부정사
> = in order not to부정사
> = so as not to부정사
> I ran fast not to be late.
> (나는 늦지 않도록 빨리 달렸다.)
> I ran fast in order not to be
> late.
> I ran fast so as not to be late.
>
> * '감정의 원인'을 나타내는 to부정
> 사의 부사적 용법인 경우에는 부정
> 사 앞에 감정의 형용사가 온다.
> – 감정의 형용사 :
> happy, pleased, afraid, sad,
> excited, sorry, surprised,
> glad, disappointed 등

Check-up

A 밑줄 친 to부정사가 부사적 용법 중 어떤 의미로 해석되는지 쓰시오.

1. I would be glad to go with you.

2. This problem is difficult to solve.

3. My grandmother lived to be 90.

4. She studied hard not to fail the exam.

5. I'm sorry to hear about her failure.

6. You must be a fool to believe the false story.

7. To hear her talk, you will think of her as an American.

B 밑줄 친 부분에 유의하여 다음 문장을 해석하시오.

1. We're happy to see you again. → _____.

2. I went to the station to see you. → _____.

3. Spanish is not easy to learn. → _____.

4. He cannot be a gentleman to behave like that. → _____.

[1~2] 다음 빈칸에 가장 알맞은 것을 고르시오.

1

_____ an early bird is not easy for me.

① To being　　② Be
③ To is　　　 ④ Be being
⑤ To be

2

We are looking for a house _____.

① to live　　　　② living
③ to living with　 ④ to live in
⑤ living at

3 다음 중 어법상 어색한 문장은?

① I planned to go on a vacation to Greece.
② This card trick is simple to learn.
③ There is no one to talk.
④ Carrie is about to marry Mr. Big.
⑤ I was pleased to meet Mr. Harrison.

4 다음 밑줄 친 부분을 바르게 고친 것은?

Allen and Mary have decided <u>have</u> a baby next year.

① to have　　② having
③ to having　 ④ to had
⑤ had

5 다음 글의 빈칸에 들어갈 말로 가장 알맞은 것은?

I am a senior student at University of California. My graduation is just one month away. I don't know _____ do after school. Should I get a job?

① what to　　　② where to
③ how to　　　 ④ when to
⑤ why to

6 다음 문장 중 to부정사의 쓰임이 <u>다른</u> 하나는?

① You must be silly <u>to make</u> such a big mistake.
② The food was enough <u>to feed</u> everyone at the party.
③ He has grown <u>to be</u> an architect.
④ I am surprised <u>to hear</u> about his scandal.
⑤ His dream is <u>to be</u> a popular singer.

7 다음 빈칸에 공통으로 들어갈 말로 알맞은 단어를 쓰시오.

My grandfather lived _____ be one hundred.
I would like _____ have an ability to fly.

8 다음 두 문장의 의미가 서로 같도록 빈칸에 알맞은 말을 쓰시오.

(1) Tell me where I should put these files.
　 → Tell me _____ _____ _____ these files.

(2) She wanted to borrow some books so she went to the library.
　 → She went to the library _____ _____ some books.

(3) If she hears the news, she will be surprised.
　 → _____ _____ the news, she will be surprised.

[9~10] 우리말과 같은 뜻이 되도록 괄호 안의 단어를 바르게 배열하시오.

9 너는 따뜻한 마실 것을 원하니?
(something, to, drink, warm)
Do you want _____?

10 한글은 읽고 쓰기가 쉽다.
(easy, write, is, to, and, read)
Hangeul _____.

1 It be 동사 ~ to부정사

To swim in this river is dangerous.
→ It is dangerous to swim in this river.
To exercise regularly is good.
→ It is good to exercise regularly.
To write a letter in English is difficult.
→ It is difficult to write a letter in English.

* 긴 주어가 문장 앞에 오는 것을 피하기 위해 가주어 'it'을 사용하고 '진주어'를 뒤에 쓴다. 이 구문은 '목적어가 to부정사 하는 것은 ~이다'로 해석되며 it은 의미 없이 형식적으로 주어 역할을 하고, 뒤에 있는 to부정사가 실질적인 주어이다. 「It be동사 ~ (for 목적어)+to부정사」

2 to부정사의 의미상의 주어

1) 문장의 주어와 to부정사의 의미상의 주어가 같을 때
I hope to hear from you soon. (I가 to hear하는 주체)
He wants to become a famous movie star. (he가 to become하는 주체)

2) 문장의 주어와 to부정사의 의미상의 주어가 다를 때
I expect you to write me back soon. (you가 to write back하는 주체)
He wants his son to become a movie director. (his son이 to become하는 주체)

3) 「for+목적격」으로 나타내는 경우
It is interesting for us to join the conference.
This book was difficult for me to understand.

4) 「of+목적격」으로 나타내는 경우 – 사람의 성격을 나타내는 형용사 뒤에서
It is silly of him to say such a thing.
How nice of you to help me a lot!

* to부정사 앞에 있는 〈for+목적격〉는 to부정사의 행동을 하는 주어로 해석이 되므로 'to부정사의 의미상 주어'라고 부른다.

* 사람의 성격을 나태내는 형용사 : kind, silly, stupid, dilligent, wise, nice 등

Check-up

A 다음 괄호 안에 알맞은 것을 고르시오.

1. (It, That) is not easy to write an email in English.
2. It is important (to say, for saying) a truth.
3. Is it possible (to play, play) soccer?
4. It is difficult (to, for, of) learn German.
5. It was not easy (to, for) me (to, for) solve the problem.
6. It's so stupid (to, for, of) her to say such a thing.

B 다음 문장을 가주어 it을 사용하여 다시 쓰시오.

1. To tell a lie is not good. → _____.
2. To take a walk alone at night is dangerous. → _____.
3. To keep a diary daily is difficult. → _____.
4. To be honest is important for us. → _____.
5. To read English books is helpful. → _____.

Unit 12 to부정사의 관용 표현

1 in order to부정사/so as to부정사 ~ 하기 위해서

= in order that 주어 may/will/can 동사원형

= so that 주어 may/will/can 동사원형

I went to a bookstore in order to buy a book.

She borrowed some books so as to do her homework.

He has saved money for 10 years so that he can buy a nice house.

2 too+형용사/부사+(for 목적격)+to부정사 너무 ~해서 …할 수 없다

= so 형용사/부사 that 주어 can't[couldn't] 동사원형

He is very young. He cannot go to school.

→ He is too young to go to school.

→ He is so young that he cannot go to school.

The video game is very difficult. I can't play it.

→ The video game is too difficult for me to play.

→ The video game is so difficult that I can't play it.

3 형용사/부사+enough to부정사 ~할 만큼 충분히 …하다

= so 형용사/부사 that 주어 can 동사원형

= so 형용사/부사 as to부정사

She is rich. She can buy a big house.

→ She is rich enough to buy a big house.

→ She is so rich that she can buy a big house.

→ She is so rich as to buy a big house.

> * 'too ~ to부정사' 구문에서 주어가 사물이고, to부정사의 목적어가 주어와 일치할 경우에는 to부정사의 목적어를 반드시 생략해야 한다.
> This bag is too heavy for me to lift it. (×)
> This bag is too heavy for me to lift. (○)
>
> * 단, 'so ~ that ~ can't 구문에서는 주어가 사물이라 하더라도 목적어를 생략해서는 안 된다. that은 접속사로서 뒤에 완전한 문장이 와야 한다.
> This bag is so heavy that I can't lift it. (○)

Check-up

A 다음 괄호 안에 알맞은 것을 고르시오.

1. He is tall (too, enough) to reach the roof.

2. This box is (too, enough) big for me to lift.

3. He is rich (too, enough) to buy me a car.

4. This water is (too, enough) hot for me to drink.

5. She read the book in order (for, to) learn more about Turkey.

B 두 문장이 같은 뜻이 되도록 빈칸을 채우시오.

1. The dog is so fierce that I can't touch it.

   = The dog is too fierce ＿＿＿＿＿ ＿＿＿＿＿ ＿＿＿＿＿ touch.

2. She is busy, so she cannot help me.

   = She is ＿＿＿＿＿ ＿＿＿＿＿ ＿＿＿＿＿ ＿＿＿＿＿ me.

3. He was so kind that he told me the way.

   = He was ＿＿＿＿＿ ＿＿＿＿＿ ＿＿＿＿＿ ＿＿＿＿＿ me the way.

4. Mike called you to thank you for a nice present.

   = Mike called you ＿＿＿＿＿ ＿＿＿＿＿ ＿＿＿＿＿ ＿＿＿＿＿ you for a nice present.

[1~2] 다음 빈칸 ⓐ, ⓑ에 들어갈 말이 바르게 짝지어진 것을 고르시오.

1

- My father told ___ⓐ___ to wash his car.
- He wanted ___ⓑ___ to study fashion design.

	ⓐ		ⓑ		ⓐ		ⓑ
①	x	………	his	②	I	………	he
③	me	………	his	④	I	………	him
⑤	me	………	x				

2

- It is impossible ___ⓐ___ me to stay up all night.
- It is very kind ___ⓑ___ you to carry my heavy bag.

	ⓐ		ⓑ		ⓐ		ⓑ
①	for	………	to	②	of	………	for
③	for	………	of	④	to	………	for
⑤	of	………	of				

3 다음 중 문장의 의미가 나머지 넷과 다른 하나는?

① I jog everyday to lose weight.
② I jog everyday in order to lose weight.
③ I jog everyday enough to lose weight.
④ I jog everyday so as to lose weight.
⑤ I jog everyday so that I can lose weight.

4 다음 밑줄 친 it의 쓰임이 나머지 넷과 다른 하나는?

① Is it comfortable to sleep on the floor?
② It is not easy to learn foreign languages.
③ It is interesting to watch fantasy movies.
④ It is important to wear sunglasses under strong sunlight.
⑤ It is a really interesting book to read.

5 주어진 우리말에 맞게 괄호 안의 단어를 알맞게 배열하시오.

그는 그 문제를 해결할 만큼 충분히 영리하다.
(solve, to, enough, smart, the problem)
→ He is _____.

6 다음 주어진 우리말과 의미가 같은 것은?

나는 너무 초조해서 잠을 잘 수가 없다.

① I am nervous to sleep.
② I can't sleep to nervous.
③ I'm too nervous to sleep.
④ I can't be nervous not to sleep.
⑤ I'm too nervous enough to sleep.

7 다음 대화의 빈칸에 가장 알맞은 말은?

A : It's almost 5 years _____ me to be here in Korea.
B : Really? Time flies so fast.

① for ② by ③ to
④ of ⑤ with

8 다음 빈칸에 알맞지 않은 것은?

How _____ of you to do that for me!

① kind ② nice
③ sweet ④ good
⑤ difficult

9 다음 두 문장의 의미가 같도록 빈칸에 알맞은 말을 쓰시오.

(1) The bus was too crowded. So James couldn't find a seat.
  = The bus was _____ crowded _____ James to find a seat.
(2) He is tall enough to touch the ceiling.
  = He is _____ tall that he _____ touch the ceiling.

10 다음 두 문장을 가주어 it을 사용하여 다시 쓰시오.

(1) To get to know about a new culture is always exciting.
  → _____.
(2) To find a place to park is difficult.
  → _____.

[1~3] 다음 빈칸에 가장 알맞은 것을 고르시오.

1

> A : Dad, I can't solve this math problem.
> B : I can show you _____ it.

① where to do   ② what to do
③ when to do   ④ to do
⑤ how to do

2

> Tommy hopes _____ as a manager at the cafeteria.

① working   ② to work
③ worked   ④ works
⑤ be working

3

> Lilly was too tired _____ her homework.

① for finished   ② to finish
③ to finishing   ④ finishing
⑤ of finish

4 다음 빈칸에 들어갈 말이 나머지 넷과 다른 것은?

① It's rude _____ him to yell out in public places.
② This toy is good _____ babies to play with.
③ How nice _____ her to take care of her sister!
④ That's generous _____ you to forgive me so soon.
⑤ It is diligent _____ my mother to get up 5 a.m. every morning.

5 다음 중 어법상 옳은 문장은?

① We expect his to bring something to eat.
② I haven't decided where stay tonight.
③ My uncle is to came back tomorrow.
④ To doing research on climate change is difficult.
⑤ Her boyfriend had nothing special to give her for her birthday gift.

6 다음 빈칸에 알맞지 않은 것은?

> I want something _____ to decorate my room.

① new   ② modern
③ differently   ④ pretty
⑤ special

[7~8] 다음 문장 중 밑줄 친 부분의 쓰임이 다른 것을 고르시오.

7

① She has been to Sydney to study English.
② It's really nice to see you here.
③ I will go there to buy my shoes.
④ I want to be a teacher.
⑤ To see is to believe.

8

① I went there to buy an MP3 player.
② She was the last person to arrive.
③ To go see a doctor, you will feel better.
④ I was surprised to hear the news.
⑤ I think that using an English-English dictionary is helpful to learn English.

9 다음 중 어색한 한 쌍의 대화는?

① A : Didn't you sleep well?
　 B : No, I got up very early to call my parents.

② A : I have a new pimple. I really don't know what to do.
　 B : Wash your face in the morning and in the evening.

③ A : It is heavy enough for me to move this table.
　 B : I'll help you.

④ A : Are you going too?
　 B : Of course, I do. I'm dying to see the game.

⑤ A : What is your hobby?
　 B : To draw cartoons is my hobby.

10 다음 밑줄 친 부분을 어법에 맞게 고치시오.

> He is upset having an argument with her because of money.

[11~12] 다음 빈칸 ⓐ, ⓑ에 들어갈 말이 바르게 짝지어진 것을 고르시오.

11

> It was a little puppy. He was not strong _____ⓐ_____ to keep up with his mother. He was alive, but he was _____ⓑ_____ weak to move.

	ⓐ		ⓑ
①	in order	⋯⋯	too
②	in order	⋯⋯	very
③	enough	⋯⋯	too
④	enough	⋯⋯	such
⑤	too	⋯⋯	in order

12

> A : I don't know _____ⓐ_____ for my parents on Parents' Day.
> B : How about making some flowers for them?
> A : Good idea! But I don't know _____ⓑ_____ flowers.

	ⓐ		ⓑ
①	to do	⋯⋯	to make
②	when to do	⋯⋯	to make
③	where to do	⋯⋯	when to make
④	what to do	⋯⋯	how to make
⑤	how to do	⋯⋯	to make

[13~14] 다음 밑줄 친 부분 중 어법상 어색한 것을 고르시오.

13

> These days the oil price is too high. A lot of people are trying to take a bus instead of using their own cars and some people ride a bicycle ① to get to work. It is important ② for us ③ in order to save other kinds of energy, too. Many companies try to use less energy ④ to save it. For example, they turn off the lights in the office during lunchtime. Actually, it is helpful ⑤ to reduce the energy cost.

14

① Sam is to attend the seminar.
② I have a lot of paper work to do.
③ Is there anyone to give me a ride?
④ My teacher showed me to solve the problem.
⑤ Peter has nothing to hide from you.

[15~16] 다음 글을 읽고, 물음에 답하시오.

I had a plan ⓐ to meet my friend, Irene, today. 우리는 어디에 가서 무엇을 먹어야 할지 몰랐다. While walking the streets, we saw a beautiful café, so we went to the café and ate delicious crepes and pasta. We enjoyed talking. ⓑ To spend time with friends is always really good.

15 위 글의 밑줄 친 우리말에 맞게 주어진 단어를 배열하시오.

(didn't, to go, and, to eat, where, what, know)
→ We _____.

16 위 글의 밑줄 친 to부정사 ⓐ, ⓑ의 용법을 쓰시오.

ⓐ : _____

ⓑ : _____

[17~18] 다음 두 문장이 같은 뜻이 되도록 빈칸에 알맞은 말을 쓰시오.

17
This room is big enough to accommodate 30 people.
= This room is _____ big that it _____ accommodate 30 people.

18
Mr. J went to a graduate school in order to get a doctor's degree.
= Mr. J went to a graduate school _____ _____ he can get a doctor's degree.

[19~20] 다음 문장과 같은 뜻이 되도록 괄호 안에 주어진 표현을 이용해 영작하시오.

19
I'm so full that I can't eat one more chocolate cake. (too ~ to부정사)
→ _____.

20
To get a driver's license wasn't difficult for me. (It ~ to부정사)
→ _____.

1 다음 글을 읽고, 밑줄 친 ⓐ, ⓑ, ⓒ를 문맥에 맞게 고치시오.

> Jane wanted ⓐ make her parents happy for Parent's Day. She planned ⓑ prepare breakfast by herself. But she had no idea ⓒ what cook for breakfast. So she called her grandmother and asked.

ⓐ : _____   ⓑ : _____   ⓒ : _____

2 다음 글을 읽고, 문맥상 빈칸에 들어갈 말로 알맞은 말을 쓰시오.

> It was my birthday yesterday. My parents and I went out for dinner to celebrate my fifteenth birthday. While I was having spaghetti, I found a hair in my food. My father called the manager and started complaining. Since my father has a short temper, he complained loudly and all the people in the restaurant looked at us. Fortunately, the manger was wise _____ _____ deal with this situation. My father's anger quickly disappeared. We got the free coupons.   * deal with ~을 다루다

3 다음 글을 읽고, 물음에 답하시오.

> The Internet has been one of the most useful communication tools. Many young people use the Internet to send and receive messages, to search for information, and to buy things. Unfortunately, many of them don't know ⓐ 인터넷을 어떻게 바르게 사용하는지를. And not to use it properly is going to be a big social problem. For example, some leave malicious comments. After reading them, others get hurt, or start to think negatively. It is really important ⓑ to use the Internet with the proper manner.
>
>   * malicious comment 악플

(1) 위 글의 밑줄 친 ⓐ을 괄호 안의 단어를 이용하여 영작하시오.
  → _____ (properly, use)

(2) 밑줄 친 ⓑ와 쓰임이 같은 것을 고르시오.
  ① My plan is to travel to the space.
  ② I went to the bank to make an account.
  ③ They are looking for a place to stay in.
  ④ We were really pleased to see him again.
  ⑤ There are many things to talk to you.

1   다음 대화의 밑줄 친 부분과 의미가 가장 가까운 것을 고르시오.

> A : Home shopping is very convenient. Do you agree?
> B : No, I can't agree with you.
> A : Really? Why not?
> B : <u>To buy things on TV is not safe.</u> Moreover, we can't guarantee the quality of goods.
>
>   * guarantee 보증하다

① It isn't safe of me to buy things on TV.
② Not to safe is buying things on TV.
③ TV is safe not to buy things.
④ It's not safe to buy things on TV.
⑤ Things are not safe on TV to buy.

2   다음 중 <u>어색한</u> 한 쌍의 대화를 고르시오.

① A : Mommy, I want to ride the roller coaster.
   B : You can't, Josh. You are young enough to ride it.

② A : How kind of you to come and help me!
   B : No problems.

③ A : I have so many things to do. What should I do first?
   B : First, make a list of them and number them in order of importance.

④ A : Daddy, is it necessary to visit all the places? I don't have enough time to go such many places.
   B : All of them are educational places.

⑤ A : Please tell me when to start the presentation.
   B : Don't worry, I will let you know.

3   다음 대화의 밑줄 친 부분 중 어법상 <u>어색한</u> 것을 고르시오.

> A : How is your project going?
> B : It's ① <u>too hard to search</u> for all the information by myself.
> A : You need someone ② <u>to help</u> you ③ <u>to finish</u> it by next Monday, don't you?
> B : Yes, I do. If you have time, I want ④ <u>for you to help me</u>.
> A : I'm sorry, but I have no time ⑤ <u>to help you</u>.
> B : That's all right. Never mind.

Chapter 4

필요에 따라 동사에 가발 씌우기 II

Grammar

Words Pre-Test

- ☐ mental _____
- ☐ health _____
- ☐ spread _____
- ☐ rumor _____
- ☐ forgive _____
- ☐ admit _____
- ☐ postcard _____
- ☐ repeat _____
- ☐ invitation _____
- ☐ interrupt _____
- ☐ surround _____

- ☐ textbook _____
- ☐ several _____
- ☐ grin _____
- ☐ realize _____
- ☐ spank _____
- ☐ anxiously _____
- ☐ envelope _____
- ☐ fold _____
- ☐ half _____
- ☐ creep _____
- ☐ chance _____

1 동명사의 역할

1) 주어 역할
Watching too much TV is bad for your mental health.
Exercising regulary makes you feel better.

2) 보어 역할
His favorite activity is **taking** pictures.
Her dream is **making** a good documentary.

3) 타동사의 목적어 역할
The child often avoids **seeing** a doctor.
She denied **spreading** the rumor about Samantha.

4) 전치사의 목적어 역할
Please forgive me **for** not **keeping** the promise.
Thank you **for having** me here today.

2 동명사를 목적어로 취하는 타동사

> enjoy, finish, mind, give up, put off, avoid, stop, deny, practice, admit, consider, cannot help, feel like 등

I finished **doing** my homework.
Would you mind **opening** the window?
My grandmother enjoys **working** in my garden.
I don't **feel like going** shopping.

---

* 동명사는 〈동사원형+ing〉로 문장 내에서 명사가 하는 역할처럼 주어, 주격보어, 타동사의 목적어, 전치사의 목적어로 사용되며, 동명사는 명사의 성격과 동시에 동사적 성격을 모두 가지고 있기 때문에 뒤에 목적어나 보어가 올 수 있다.

* 전치사의 목적어로 쓰이는 동명사
be interested in ~: ~에 관심있다
be proud of ~: ~를 자랑스럽게 여기다
be good at ~: ~를 잘하다
be worried about ~: ~를 걱정하다
think about/of ~: ~에 대해 생각하다

* consider(~하기를 고려하다)는 '미래지향적 의미'이지만, 예외적으로 동명사를 목적어로 취한다.

* 전치사 to와 부정사 to를 혼동하여 전치사 to 다음에 동사원형을 쓰지 않도록 주의해야 한다.
be used to -ing: ~에 익숙하다
look forward to -ing: ~하기를 고대하다
object to -ing: ~을 반대하다

Check-up

A 다음 괄호 안에 알맞은 것을 고르시오.

1. He finished (to write, writing) an essay in English.

2. She admitted (to steal, stealing) some money.

3. I put off (to go, going) to London.

4. I enjoy (to swim, swimming) in the sea.

5. I'm looking forward to (see, seeing) you again.

B 다음 빈칸에 들어갈 알맞은 단어를 〈보기〉에서 골라 문맥에 맞게 변형시키시오.

보기	cry	close	meet	eat

1. Why did you give up _____ meat?

2. Would you mind _____ the door?

3. I could not help _____ at the terrible news.

4. She avoided _____ him yesterday.

1 부정사와 동명사가 와도 의미가 비슷한 동사 like, love, hate, begin, start 등

I love **going** to the mountain. (= I love **to go** to the mountain.)
It started **raining** suddenly. (= It started **to rain** suddenly.)
Does he hate **doing** his homework?
(= Does he hate **to do** his homework?)

2 부정사와 동명사가 오면 의미가 달라지는 동사

remember / forget	to부정사	~할 것을 기억하다 / 잊다 (미래지향적 – 아직 안 한 일)
	동명사	~한 것을 기억하다 / 잊다 (과거지향적 – 이미 한 일)
try	to부정사	~하려고 노력하다
	동명사	시험 삼아 ~해보다
stop	to부정사	~하기 위해(하는 일을) 멈추다 (1형식)
	동명사	~하는 것을 그만두다 (3형식)

He **tried to study** hard in order to pass the exam.
He **tried mixing** coke and milk.
He **stopped to buy** some flowers.   He **stopped seeing** her.
I remember **to meet** her tonight.   I remember **meeting** her last week.

3 주어에 따라 부정사와 동명사가 오는 동사

| 사람 주어+need+to부정사 | ~ 할 필요가 있다 |
| 사물 주어+need+동명사 | ~ 할 필요가 있다 (능동형 동명사 – 수동형 부정사) |

You need **to repair** this house.
This house needs **repairing**.
This house needs **to be repaired**.

> * 사물이 주어일 때는 수동형 부정사로 나타낼 수 있다.
> =This house needs <u>to be repaired</u>.

Check-up

A 다음 괄호 안에 알맞은 것을 고르시오.

1. Don't forget (to buy, buying) some apples tomorrow.

2. She likes (see, seeing) comic books.

3. My father decided to stop (to smoke, smoking) in January.

4. I remember (to eat, eating) Bulgogi last month.

5. She tried (to lose, losing) her weight for her health.

6. Please remember (to send, sending) these postcards this evening.

B 다음 두 문장이 같은 뜻이 되도록 빈칸을 완성하시오.

1. I remember that I went to the store.   = I remember _____ to the store.

2. Don't forget. You have to close the door.   = Don't forget _____ the door.

3. We need to paint this room with beautiful colors. = This room needs _____ with beautiful colors.

[1~2] 다음 빈칸에 가장 알맞은 말을 고르시오.

1

> Our goal is _____ the semi-finals.

① reaches
② reaching
③ to reaching
④ reached
⑤ being reached

2

> _____ is as important as working.

① Play
② To playing
③ To plays
④ Playing
⑤ Being played

3 다음 밑줄 친 부분 중 어법상 어색한 것은?

① He hates to <u>listening</u> to rock music.
② I'm looking forward to <u>seeing</u> you soon.
③ I don't feel like <u>going</u> out tonight.
④ He is proud of <u>winning</u> the award.
⑤ She could not help <u>laughing</u> in a serious situation.

4 다음 빈칸에 알맞지 <u>않은</u> 것은?

> Mickey _____ reading the science fiction.

① stopped
② likes
③ finished
④ enjoys
⑤ wants

5 다음 대화에서 <u>잘못된</u> 부분을 찾아 바르게 고치시오.

> A : Thank you for send me a nice present.
>   I love it.
> B : I'm happy that you like it.

[6~7] 다음 빈칸 ⓐ, ⓑ에 들어갈 말이 바르게 짝지어진 것을 고르시오.

6

> • He forgot ___ⓐ___ to class yesterday, so he had to borrow my notes.
> • He forgot ___ⓑ___ me, so he called me again and repeated to me the exact same thing.

	ⓐ		ⓑ
①	go	……	calling
②	to go	……	calling
③	to going	……	calling
④	to go	……	to call
⑤	go	……	call

7

> • Do you mind ___ⓐ___ outside for a moment?
> • Please remember ___ⓑ___ this invitation when you come to the party.

	ⓐ		ⓑ
①	waiting	……	bringing
②	to wait	……	bringing
③	waiting	……	to bring
④	to wait	……	to bring
⑤	waiting	……	call

[8~9] 다음 괄호 안의 단어를 이용하여 우리말을 영어로 옮기시오.

8 그는 그녀에게 연락을 취하려고 노력하고 있다.
(contact, try, her)

→ He _____.

9 네 컴퓨터는 수리가 필요하다.
(fix, need)

→ Your computer _____.

10 다음 밑줄 친 부분에 유의하여 주어진 문장을 우리말로 옮기시오.

(1) He stopped <u>to ask</u> for directions.

→ _____.

(2) He stopped <u>asking</u> her to help him.

→ _____.

Unit 15 분사의 종류와 쓰임

1 분사의 종류

구분	현재분사	과거분사
형태	동사원형+-ing	동사원형+-ed (과거분사형)
역할	진행형, 명사를 수식하는 형용사	완료형이나 수동태, 명사를 수식하는 형용사
의미	– 진행 : ～하고 있는 – 능동 : ～하게 하는	– 완료 : ～한 – 수동 : ～된, 받는, 하여진

The little girl is **counting** goldfish in the pond.

A **ringing** phone interrupted my afternoon nap.

Watch out for the **broken** glass!

The box was **wrapped** in red paper.

2 분사의 쓰임

1) 한정 용법 분사 뒤에 수식어구가 없을 때 명사 앞에 위치, 수식어구가 있을 때 뒤에 위치

The scientist finally made a **walking** robot.

Do you know the man **standing** by the gate?

He has read all the books **written** by Hemingway.

2) 서술 용법 분사가 주격보어나 목적격보어로 쓰이는 경우

The trees are **dying** because of drought. (주격보어)

He looks **tired** after his long flight. (주격보어)

The secretary kept me **waiting** for a long time. (목적격보어)

She stood **surrounded** by strangers. (주격보어)

3 감정을 나태내는 분사

현재분사 – ～한 감정을 느끼게 하는 (유발하는)	과거분사 – ～한 감정을 느끼는
amazing, boring, confusing, disappointing, exciting, fascinating, frightening, interesting, pleasing, surprising, shocking 등	amazed, bored, confused, disappointed, excited, fascinated, frightened, interested, pleased, surprised, shocked 등

The rumor was really **shocking** and we were **surprised**.

The movie was **boring**, so nobody felt **interested**.

---

* 5형식 문장에서 사역동사가 오고 목적어가 사물인 경우는 목적격보어로 과거분사를 쓴다.
I had my watch <u>stolen</u>.
You had better have your eyes <u>examined</u>.

I had him repair my watch.
= I got him to repair my watch.
= I had/got my watch repaired by him.

* 현재분사와 동명사의 구별
– 현재분사 : '～하고 있는'으로 해석되고 명사를 수식하거나, 동작의 진행 또는 상태를 나타낸다.
a sleeping <u>baby</u>.

– 동명사 : '～하기, ～하는 것'으로 해석되고 명사의 용도와 목적을 나타낸다.
a sleeping <u>bag</u>.

Check-up

A 다음 괄호 안에 알맞은 것으로 고르시오.

1. I had my leg (breaking, broken) in the accident.

2. Look at the boy (wearing, worn) a shirt inside out.

3. He found his math textbook (ripping, ripped).

4. The baby was (frightened, frightening) at the loud noise.

5. We saw an (amazing, amazed) firework over the lake.

B 다음 밑줄 친 부분을 바르게 고치시오.

1. Who was the man <u>wait</u> outside?

2. They finally found the <u>bury</u> treasure.

3. He had his shoes <u>polish</u>.

4. I am <u>confuse</u> why he was so angry.

1 **분사구문** 부사절을 분사를 사용하여 간단하게 만든 구문

Practicing hard, he won the gold medal.
Because he practiced hard

2 **분사구문 만드는 방법**

When I arrived at his house, I found him upset. ⌐

종속절	When I arrived at his house
1) 종속절의 접속사를 생략	I arrived at his house
2) 주어가 같으면 생략, 다르면 그대로 둠	arrived at his house
3) 동사를 〈동사원형+ing〉 형태로	Arriving at his house

└, Arriving at his house, I found him upset.

Even though Sam called her several times, she didn't answer his calls.

→ Sam calling her several times, she didn't answer his calls.

3 **분사구문의 종류**

1) 시간 : Graduating from the middle school, he went to the U.S.
　　　　　 After he graduated from the middle school

2) 이유 : The movie being so funny, I laughed until I cried.
　　　　　 Because the movie was so funny

3) 조건 : Opening the window, you can see the great view of the lake.
　　　　　 If you open the window

4) 양보 : It being stormy and cold, we had a wonderful time.
　　　　　 Though it was stormy and cold

5) 부대상황 : Giving a diamond ring to her, Tom asked her to marry him.
　　　　　　　 As Tom gave a diamond ring to her

* 〈접속사+주어+동사〉의 종속절을 분사를 사용하여 간단하게 만든 구문으로 분사구문에는 '～할 때, ～하면서, ～한 후에, ～ 때문에' 뜻을 가진 시간, 이유, 양보, 부대상황 등을 나타내는 접속사의 의미가 포함되어 있다.

* 문장이 -ing(현재분사)로 시작되면 분사구문의 주어가 주절의 주어와 같아야 하고 능동으로 행동을 하는 주체일 때이다.
Finishing my homework, I went to the park.

* 수동의 분사구문 :
Because the book is written in easy English, the book is easy to understand.
→ (Being) Written in easy English, the book is easy to understand.

* 부정의 분사구문 :
분사구문 앞에 not을 놓는다.
As I don't have enough money, I can't buy a ticket.
→ Not having enough money, I can't buy a ticket.

* 종속절 접속사의 종류
When : ～할 때
As : ～하면서, ～때문에
After : ～후에
Before : ～전에
Because : ～때문에
Though : 비록 ～일지라도
If : 만약 ～라면

Check-up

A 다음 빈칸에 알맞은 말을 고르시오.

1. (I missing, Missing) the bus, I had to walk home.

2. (It raining, Raining) heavily, I didn't go out.

3. (Being entered, Entering) the store, I met them.

4. (Having, The boy having) lunch, the boy read a book.

B 다음 밑줄 친 부사절을 분사구문으로 바꾸시오.

1. As I take a walk, I listen to music.　→ _____

2. Because I felt tired, I went to bed early.　→ _____

3. If you turn left, you will find a post office.　→ _____

4. When she reads a comic book, she always sings a song.　→ _____

5. Though he didn't finish his homework, he watched television.　→ _____

[1~2] 다음 빈칸에 가장 알맞은 말을 고르시오.

1

I had my house _____ last year.

① building   ② build
③ to built   ④ to building
⑤ built

2

He heard _____.

① someone kicked the door
② his name calling behind him
③ two people singing on the street
④ a cat cried outside at night
⑤ a man screamed in the middle of night

3 다음 문장의 밑줄 친 부분과 바꾸어 쓸 수 있는 것은?

If you don't take an umbrella, you will get wet.

① Not you take   ② Take not
③ Taking not   ④ You not taking
⑤ Not taking

4 다음 빈칸에 주어진 단어를 이용하여 ⓐ, ⓑ에 알맞은 말을 쓰시오.

• My mother's bedtime stories are ⓐ interest.
• My little brother is ⓑ interest in old stories.

ⓐ : _____

ⓑ : _____

[5~6] 다음 두 문장을 한 문장으로 만들 때 빈칸에 알맞은 말을 쓰시오.

5

I saw Billy. He was walking his dog.
→ I saw Billy _____ his dog.

6

The man is my father. He is reading a newspaper.
→ The man _____ is my father.

7 다음 중 어법상 어색한 문장은?

① He is telling her a funny story.
② Some children sat together talking.
③ There were many exciting fans at the game.
④ The hat worn by Brad Pitt was sold at a high price.
⑤ He was very shocked at the news of her death.

8 다음 밑줄 친 부분 중 어법상 어색한 것은?

① Won the game, they grinned with joy.
② Not seeing her, he didn't say hello to her.
③ The students doing well, the teacher yells encouragement.
④ Arriving at the airport, he realized that he didn't bring his passport.
⑤ Coming home from work, I saw someone following me.

[9~10] 다음 밑줄 친 부분을 괄호 안의 지시대로 바꾸어 쓰시오.

9 When Sam was in the army, he made $100 a month. (분사구문)

→ _____, Sam made $100 a month.

10 Turning to the left, you will find the post office. (부사절)

→ _____, you will find the post office.

[1~2] 다음 빈칸에 가장 알맞은 것을 고르시오.

1

Don't forget _____ him the message when you see him.

① give ② gave
③ given ④ giving
⑤ to give

2

The _____ girl must be sleepy.

① yawn ② yawned
③ yawns ④ yawning
⑤ to yawn

3 다음 빈칸에 알맞지 <u>않은</u> 것은?

Justine _____ playing guitar with his new songs.

① want ② practiced
③ likes ④ gave up
⑤ keeps

[4~5] 다음 밑줄 친 부분 중 어법상 <u>어색한</u> 것을 고르시오.

4
① His job was <u>selling</u> cell phones.
② A cat was <u>running</u> after the mouse.
③ Her bothers are <u>swimming</u> in the pool.
④ The man <u>sat</u> on the bench is my uncle.
⑤ The man <u>living</u> next to my house is a great singer.

5
① I saw two boys <u>running</u> down the street.
② They heard someone <u>weeping</u> next to their room.
③ The lady <u>walking</u> with her dog was my neighbor.
④ Her parents kept her <u>stayed</u> inside.
⑤ The wind are <u>blowing</u> heavily.

[6~7] 다음 빈칸에 가장 알맞은 것을 고르시오.

6

The boy fell off the bike. He broke his arm.
→ The boy _____ the bike broke his arm.

① fallen off ② fell off
③ falling off ④ to fall off
⑤ fall off

7

I saw his eyes. His eyes were shining with hope.
→ I saw _____ with hope.

① his eyes shining
② shining his eyes
③ his shined eyes
④ his eyes shined
⑤ shined his eyes

[8~9] 다음 밑줄 친 부분 중 어법상 옳은 것을 고르시오.

8
① People will continue <u>eating</u> fast-food.
② She was lying <u>looked</u> at the stars in the sky.
③ This is a story <u>writing</u> in German.
④ Never keep a lady <u>waited</u> for a long time.
⑤ We were <u>amazing</u> at the magic tricks.

9 ① The man enjoyed to feed the pigeons in the park.

② I tried to put the parts back together.

③ Do you mind to smoke here?

④ Your fence needs to paint.

⑤ The childnen are looking forward to open Christmas gifts.

10 다음 중 어법상 <u>어색한</u> 문장은?

① They looked tired after the journey.

② The boy was confused about which way to go.

③ I hate seeing frightening movies.

④ Ellen and I were shocking at the news.

⑤ Riding a merry-go-round is exciting.

11 다음 빈칸 ⓐ, ⓑ에 들어갈 말이 바르게 짝지어진 것은?

• He forgot _____ ⓐ _____ apples yesterday and he bought some again. Now there are many apples in his refrigerator.

• He forgot _____ ⓑ _____ some apples, so he couldn't make apple pies.

	ⓐ		ⓑ
①	buying	....	buying
②	to buy	....	buying
③	buying	....	buy
④	to buy	....	to buy
⑤	buying	....	to buy

12 다음 대화의 빈칸에 가장 알맞은 말은?

A : Have you ever read a sic-fi story?

B : No, I haven't. How about you?

A : I have read one. It was so _____.

① interest   ② interesting

③ interested   ④ to interest

⑤ to interested

13 다음 밑줄 친 부분과 바꾸어 쓸 수 있는 것은?

You should turn off the tap <u>when you brush</u> your teeth.

① brushing   ② brush

③ brushed   ④ being brushed

⑤ being brushing

14 다음 대화의 밑줄 친 부분 중 어법상 <u>어색한</u> 것은?

① A : Did you finish <u>reading</u> that book?

B : Yes, I did.

② A : When did you start <u>playing</u> the cello?

B : At seven.

③ A : Have you told him how you feel?

B : No, I avoid <u>talking</u> to him.

④ A : I love <u>cooking</u>. How about you?

B : I love it, too.

⑤ A : I don't feel like <u>to play</u> tennis. I'm tired.

B : OK. We can play next time.

15 다음 밑줄 친 부분을 바르게 고친 것은?

> If the baby keeps on crying, his mother will spank him. When he stops <u>cry</u>, she will take him in her arms.

① to crying   ② cried
③ cries   ④ to cry
⑤ crying

16 다음 밑줄 친 ⓐ, ⓑ의 뜻을 쓰시오.

> When the treatment was finished, the nurse took me in a wheelchair to the ⓐ <u>waiting room</u>. There my parents were ⓑ <u>waiting for me</u> anxiously.

ⓐ : _____

ⓑ : _____

[17~18] 다음 괄호 안에 주어진 말을 이용하여 문장을 완성하시오. (필요하면 단어의 형태를 바꾸시오.)

17

> 그녀는 반으로 접힌 종이를 봉투에 넣었다.
> → She put _____ into the envelope.
> (fold, the paper, in half)

18

> 너에게 미소를 짓고 있는 소녀는 누구니?
> → Who is _____?
> (the girl, at, you, smile)

19 다음 밑줄 친 부분을 알맞은 형태로 바꾸시오.

(1) Children felt <u>disappoint</u> when they found there was no snow.

(2) Timothy felt something <u>crept</u> in his back.

(3) They are thinking of <u>start</u> a new business.

(4) His class is really <u>bore</u>.

(5) I found the glass <u>break</u>.

20 다음 문장을 분사구문으로 바꿀 때, 빈칸에 알맞은 말을 쓰시오.

(1) When I was young, I liked to do many things.
  → _____, I liked to do many things.

(2) She sat on the couch, and she patted her dog.
  → She sat on the couch, _____.

(3) Because the floor was wet, I fell down.
  → _____, I fell down.

(4) Because I live in the country, I have few visitors.
  → _____, I have few visitors.

1 다음 글을 읽고, 물음에 답하시오.

> She saw her mom ⓐ baked cookies while she was going upstairs to do her homework. She was ⓑ please at the thought of eating delicious cookies because her mother always makes delicious cookies. "How nice the smell is," she said. ⓒ After she finished her homework, she went to the kitchen. But there was nothing. When she found her cat eating all the delicious cookies, she got really upset.

(1) 위 글의 밑줄 친 ⓐ, ⓑ를 문맥상 알맞은 형태로 바꾼 것을 고르시오.

	ⓐ		ⓑ
①	baking	………	pleasing
②	baked	………	pleasing
③	baking	………	pleased
④	bake	………	please
⑤	baking	………	to please

(2) 밑줄 친 ⓒ를 분사구문으로 바꾸시오.

2 다음 글을 읽고, 밑줄 친 ⓐ~ⓓ를 문맥에 맞게 고치시오.

> This is a picture of my family. The man ⓐ wear glasses is my grandfather. He is 90 years old and the old lady ⓑ stand next to me is my grandmother. The man and woman ⓒ hold their hands are my parents. The girl sitting on the chair ⓓ paint green is my sister.

ⓐ : _____   ⓑ : _____

ⓒ : _____   ⓓ : _____

3 다음 글을 읽고, 어법상 어색한 것을 고르시오.

> Michael has been ① driving a taxi for several years. Although ② driving a taxi is a ③ tired job, he enjoys ④ driving a lot. Because it gives him a chance to meet lots of ⑤ interesting people. For example, he met a famous movie star at the airport last week.

1 다음 대화의 밑줄 친 부분 중 어법상 어색한 것을 고르시오.

① A : I saw geese flying in a V formation yesterday.
   B : They usually fly that way.
② A : Writing a diary is a little boring.
   B : That's right. To write the same thing every day makes me bored.
③ A : Did you hear John is in the hospital with a breaking arm?
   B : Yes. His car was struck by another car.
④ A : How about going to a movie or going shopping?
   B : Well, I played tennis, so I'm exhausted.
⑤ A : How's everything with your job?
   B : You know what? It's really exciting.

2 다음 대화의 빈칸에 알맞은 말을 고르시오.

A : Did you pack everything?
B : Almost. I just need ⓐ packing / to pack a sandal.
A : It's in your drawer and remember ⓑ taking / to take your hat and a sunblock cream.
B : I will. Thanks, Mom.
A : You'd better go to bed early tonight. You don't want to be late for camp, do you?
B : I know. Good night, Mom.

ⓐ : _____   ⓑ : _____

3 다음 글을 읽고, 밑줄 친 ⓐ, ⓑ를 우리말로 옮기시오.

A : Throw me the ball, Harry. I'll catch it.
B : It is not going to be easy this time. I will throw it strong and fast. ⓐ Try to catch my ball.
A : Ouch, you hit me on my head. You hit me intentionally, didn't you?
B : No, why did I do that? I'm so sorry. Why don't we go inside and ⓑ try putting some ice on your head? If it doesn't work, we'll go see the doctor.
A : Okay, let's go inside.

* intentionally 고의로

ⓐ : _____   ⓑ : _____

You are as young as your faith,
as old as your doubts,
as young as your self-confidence,
as old as your fears, as young as your hope,
as old as your despair.

In the central place of every heart is
a recording chamber;
so long as it receives messages of beauty, hope,
cheer and courage, you are young.

사람은 자신의 믿음만큼 젊고,

자신의 회의만큼 늙었으며,

자신의 자신감만큼 젊고,

자신의 두려움만큼 늙었으며,

자신의 희망만큼 젊고, 자신의 절망만큼 늙었다.

모든 심장의 중심에는 기록실이 있는데,

거기서 아름다움과 희망,

기쁨과 용기의 메시지를 받는 한, 그 사람은 젊다.

---

faith 신념   doubt 의심, 의구심   self-confidence 자신감   despair 절망, 실망   chamber 방

central 중심의, 중앙의   record ~을 기록하다   cheer 환호, 격려   courage 용기

Chapter 5

동사에 의미를 첨가해 주는
조동사 정복하기

Grammar

Words Pre-Test

- ☐ cancer _____
- ☐ persuade _____
- ☐ remove _____
- ☐ colleague _____
- ☐ dye _____
- ☐ shame _____
- ☐ composition _____
- ☐ community _____
- ☐ lecture _____
- ☐ prepare _____
- ☐ garage _____

- ☐ goose _____
- ☐ temperature _____
- ☐ traditional _____
- ☐ clothes _____
- ☐ journey _____
- ☐ refuse _____
- ☐ truth _____
- ☐ depend _____
- ☐ suggestion _____
- ☐ tomorrow _____
- ☐ laundry _____

Unit 17 will, can, may

1 will, would

1) 미래 ~할 것이다
It's raining, so I will not go outside.

2) 주어의 의지 ~하겠다
I will help you after writing this report.

3) 정중한 부탁, 제안 ~해주실래요?, ~하실래요?
Would[Will] you give me a hand?

4) 과거에서 바라본 미래(would) ~할 것이다
I did not know that she would come back next summer.

2 can, could

1) 능력 (주어가 사람 혹은 생물 = be able to 동사원형) ~할 수 있다
I can speak English.

2) 가능성 ~할 수(도) 있다
Smoking can cause cancer.

3) 허락 ~해도 좋다 (= may)
Can I have a cup of cappuccino?

4) 정중한 부탁, 제안 ~해주실래요?, ~하실래요?
Could[Can] you pass me the salt?

3 may, might

1) 허가 ~해도 좋다
You may start the test as early as 9 a.m.
May I borrow this book from you?

2) 추측 ~일 수(도) 있다
I may be late for the meeting.
He might be already at school.

* will과 be going to 비교
will : 말하는 순간 결정한 것을 말할 때 사용한다.
be going to : 이전에 이미 계획된 일을 말할 때 사용한다.

* can 앞에 다른 조동사가 올 경우는 be able to로 바꾸어 써야 한다.
He will can win the first prize. (×)
→ He will be able to win the first prize. (○)

* might는 may의 과거형으로 may보다 가능성이 희박한 추측을 나타낸다.

* may의 부정인 may not은 금지의 의미를 가진다.
You may not leave early.

Check-up

A 다음 괄호 안에 알맞은 것을 고르시오.

1. (Would, Could) I speak to Mr. James, please?
2. (Would, Might) you help me?
3. (Will, May) I sit next to you?
4. The baby is crying. He (will, may) be hungry.
5. (Can, May) you answer the phone for me?
6. He will (can, be able to) persuade her not to go there.

B 다음 밑줄 친 조동사에 유의하여 우리말로 옮기시오.

1. Can I try this on? → _____?
2. She might be at Tom's house. → _____.
3. Would you hold the door for me? → _____?
4. You may go outside and play. → _____.
5. Where will you go for your vacation this year? → _____?

Unit 18   must, have to, should, shall

1   must

1) 의무의 must = have to ~해야 한다

Students must take the final test.

① **must의 과거형 – had to** ~해야만 했다

He had to remove all of the broken glass by himself.

② **must의 미래형 – will have to** ~해야만 할 것이다

You will have to study hard to pass the next exam.

2) 강한 추측의 must ~임에 틀림 없다

She is lying on the sofa. She must be tired.

cf. **cannot/can't** ~일리가 없다

She cannot be busy with her work. She is chatting with her colleagues.

3) 금지의 must not ~ 해서는 안 된다

You must not drive if you are drunk.

cf. **불필요를 나타내는 don't have to** ~할 필요가 없다

You don't have to buy the MP3 player. (= need not)

> * have got to는 have to와 같은 의미로 친한 사람들끼리의 대화에서 주로 사용한다.

2   should, shall

1) 의무 또는 충고를 나타내는 should ~하는 것이 바람직하다

We should obey our parents.

2) 제안, 제의를 나타내는 shall

① **Shall I ~?** 제가 ~해도 되나요?

Shall I open the window?

② **Shall we ~?** ~ 할까요?

Shall we dance?

What shall we do today?

> * 의무의 should = ought to
> We should follow our school rules.
> = We ought to follow our school rules.

Check-up

A   다음 괄호 안에 알맞은 것을 고르시오.

1. You (must, have) listen to your parents.
2. (Shall, Must) we go out for dinner today?
3. I'm fat. I think I (should, may) get some exercise.
4. I will (must, have to) hand in my report by this Friday.

B   다음 빈칸에 들어갈 알맞은 단어를 〈보기〉에서 골라 쓰시오.

보기	must not	should	shall	don't have to	* tow 견인하다

1. Where _____ we go for dinner?
2. You _____ park here. If you park your vehicle, it will be towed.
3. It is a casual party, so you _____ dress up too much.
4. I got an F on my math test. What _____ I do?

1 used to+동사원형 ~하곤 했었다, ~이 있었다

I used to go to school by bicycle.

There used to be a big tree here.

2 had better+동사원형 ~하는 편이 낫다

You had better stop smoking.

You'd better not go out.

3 would like to 동사원형

1) 평서문(바람): 주어+would like to+동사원형 ~하고 싶다

I would like to drink something cold.

He would like to be an official.

2) 의문문(제안): Would 주어+like to+동사원형 ~? ~하실래요?

Would you like to join us tonight?

Would you like to dance with me?

4 would rather A (than B) (B보다) 오히려 A하고 싶다

I would rather stay home (than go out).

I would rather die than marry him.

* 현대 영어에서 과거의 규칙적, 불규칙적 습관을 구분하기 보다는 과거 습관에 would를 사용하기도 하고 used to를 사용해도 된다. 단지 used to는 과거의 상태를 나타내며 지금 지속되지 않을 경우를 나타낸다.
I would visit my uncle's house.

* had better의 부정
had better 다음에 not을 놓는다.

* 비교
– be used to ~ing(현재 습관) : ~에 익숙하다
– get used to ~ing(습관의 변화) : ~에 익숙해지다
– used to 동사원형(과거 상태) : ~이 있었다/~하곤 했었다
I am used to sleeping on the sofa.
I'm getting used to sleeping on the sofa.
There used to be a house here.

Check-up

A 다음 괄호 안에 알맞은 것을 고르시오.

1. I (would, should) like to become a CEO.

2. I (used to, had better) watch TV a lot when I was young.

3. I would rather walk than (take, taking) a bus.

4. He (used to, is used to) climb the mountain at night.

5. You (have, had) better sleep early to catch the first train tommorrow.

B 다음 빈칸에 들어갈 알맞은 말을 〈보기〉에서 골라 쓰시오.

보기	used to	had better	Would you like	would rather

1. A : I'm getting fat.

   B : You _____ exercise more.

2. A : It's very cold today.

   B : Right. _____ to drink something hot?

3. A : How about going to a Chinese restaurant?

   B : I _____ go to an Italian restaurant.

4. A : You changed your hair color.

   B : Yes, I _____ dye my hair black, but I dyed it blond this time.

[1~3] 다음 빈칸에 가장 알맞은 것을 고르시오.

1

> Hurry up! I'm afraid we _____ be late for the meeting.

① will   ② must
③ should   ④ used to
⑤ had better

2

> I _____ die than live in shame.

① can   ② would rather
③ may   ④ used to
⑤ had better

3

> A : What would you like _____ first?
> B : Could we see the Statue of Liberty first?

① see   ② to see   ③ seeing
④ saw   ⑤ can see

4 다음 빈칸에 들어갈 말로 알맞지 않은 것은?

> A : I have to write a composition in English. _____ you help me do it?
> B : No problem.

① May   ② Will   ③ Can
④ Would   ⑤ Could

5 다음 밑줄 친 부분과 바꾸어 쓸 수 있는 말을 두 단어로 쓰시오.

> The people in the on-line community don't have to meet each other.

6 다음 빈칸에 들어갈 알맞은 말을 쓰시오.

> A : I failed my English test. What should I do?
> B : Don't worry. I'm sure that you _____ do better next time.

7 다음 중 어법상 어색한 문장은?

① You had not better stay up all night.
② What would you like to have for lunch?
③ She cannot be Jane. Jane is at home.
④ Shall we meet in front of the city library?
⑤ He will be able to make lots of friends.

8 다음 문장을 괄호 안의 지시대로 바꾸시오.

> He must work hard to succeed.
> → _____. (과거형)
> → _____. (미래형)

[9~10] 우리말과 일치하도록 괄호 안의 단어를 사용하여 문장을 완성하시오.

9 서울역으로 가는 길을 가르쳐주시겠습니까?
(the way, show)

_____ to Seoul Station?

10 나는 어릴 때 뒤뜰에 있는 나무에 오르곤 했었다.
(a tree, climb)

I _____ in the back yard when I was young.

[1~3] 다음 빈칸에 가장 알맞은 것을 고르시오.

1

> You'd better take your notebook. You _____ need it.

① might ② can
③ are able to ④ should
⑤ used to

2

> _____ I borrow your pen?

① Will ② Shall
③ Must ④ May
⑤ Need

3

> She worked twelve hours today.
> She _____ be tired.

① must not ② must
③ is able to ④ needs to
⑤ shall

[4~5] 다음 밑줄 친 조동사의 쓰임이 나머지 넷과 다른 하나를 고르시오.

4
① She promised she <u>would</u> write to me.
② I decided I <u>would</u> do my homework.
③ I hoped he <u>would</u> repair the garage door.
④ She planned she <u>would</u> make spaghetti for dinner.
⑤ When I was 15 years old, I <u>would</u> get up early.

5
① <u>May</u> I use your phone?
② You <u>may</u> sleep on the sofa.
③ The rain <u>may</u> stop by tomorrow.
④ You <u>may</u> have some water.
⑤ After lunch, you <u>may</u> go out.

6 다음 중 짝지어진 두 문장의 뜻이 서로 <u>다른</u> 것은?

① You must study hard.
= You have to study hard.
② He could not finish his research.
= He was not able to finish his research.
③ You don't have to go there.
= You must not go there.
④ Can I come in during lecture?
= May I come in during lecture?
⑤ You need not prepare the dinner.
= You don't have to prepare the dinner.

7 다음 대화의 밑줄 친 부분과 같은 의미로 쓰인 것은?

> A : Hi, Jane. I'm Anna.
> B : Oh! You <u>must</u> be Marco's sister.

① You <u>must</u> go to school tomorrow.
② She <u>must</u> be very sad.
③ You <u>must</u> not enter the room.
④ The children <u>must</u> obey their parents.
⑤ The students <u>must</u> not use this book.

8 다음 밑줄 친 부분 중 어법상 어색한 것은?

① She <u>will</u> stay home tomorrow.
② She doesn't <u>have to</u> go to the store.
③ They <u>had not better</u> go to the library.
④ <u>Will</u> the geese come back again?
⑤ It <u>must</u> be difficult for her to go to school everyday.

9 다음 빈칸 ⓐ, ⓑ에 들어갈 말이 바르게 짝지어진 것은?

> A : I found this old man in the street. He _____ⓐ_____ be very sick.
> B : I think he _____ⓑ_____ see a doctor right away.

	ⓐ		ⓑ
①	must	········	can
②	cannot	········	had better
③	can	········	should
④	must	········	had better
⑤	would rather	········	should

[10~11] 다음 대화의 빈칸에 가장 알맞은 것을 고르시오.

10
> A : Well, I _____ be going.
> B : OK. Bye bye. Take it easy!
> A : Have a nice day.

① must   ② cannot
③ need not   ④ can
⑤ may

11
> A : Jack doesn't like to get up early, does he?
> B : No, but he _____ get up early when he was in the camp.

① have to   ② need to
③ had to   ④ had better
⑤ can

12 다음 중 어법상 어색한 문장은?

① I will rather do the laundry than do the dishes.
② Would you clean the table?
③ Will you attend the seminar tommorrow?
④ You'd better call your parents.
⑤ Could you open this honey jar?

13 다음 우리말과 일치하도록 빈칸에 알맞은 말을 쓰시오.

> A : _____ we meet at the library at ten? (10시에 도서관에서 만날까요?)
> B : All right. See you then.

[14~15] 다음 문장의 빈칸에 가장 알맞은 것을 고르시오.

14
> • If she wants to be a good tennis player, she _____ practice a lot.
> • If he wants to be a doctor, he _____ study hard.

① can   ② will
③ used to   ④ will have to
⑤ would

15

- A : Is he going to be okay?
  B : I'm afraid he broke his leg.
  I think he _____ see a doctor.
- A : I have a fever.
  B : You _____ not exercise heavily.
  Because exercise will raise your temperature.

① can   ② will
③ may   ④ will have to
⑤ had better

16 다음 두 문장이 같은 뜻이 되도록 빈칸에 들어갈 알맞은 말을 쓰시오.

Children wore traditional Japanese clothes on Shichi-go-san Day, but they don't wear these days.
= Children _____ _____ _____ traditional Japanese clothes on Shichi-go-san Day.

17 다음 두 문장이 같은 뜻이 되도록 할 때 빈칸에 들어갈 알맞은 것은?

Don't make much noise in public places.
= You _____ make much noise in public places.

① need not   ② should not
③ ought to   ④ have to
⑤ don't have to

18 다음 괄호 안에 단어를 빈칸에 맞게 바르게 고치시오.

A : Hi, Min-su! How are you doing?
B : I'm fine, thanks. I'd like you _____ (meet) my friend, Min-hee.
Min-hee, this is Min-su. Min-su, this is Min-hee.

19 다음 빈칸에 들어갈 알맞은 말을 〈보기〉에서 골라 쓰시오.

보기
used to   would rather
don't have to   will have to

(1) The electric car's power comes from batteries. So, people _____ buy gasoline.

(2) He _____ have good eyesight. But he can't read books without glasses now.

(3) If he wants to join the army, he _____ take orders.

(4) I don't like going out. I _____ stay home and watch TV.

20 다음 괄호 안의 단어를 이용하여 우리말과 같은 뜻이 되도록 영작하시오.

(1) 그것이 거짓일 리가 없어. (lie)
→ _____.

(2) 너는 네 모자를 가지고 가는 것이 좋겠다. (take, your hat)
→ _____.

(3) 너는 그와 어울리면 안 된다. (hang out with)
→ _____.

1 다음 글의 빈칸에 들어갈 말을 쓰시오.

A group of travelers decided to cross the Sahara Desert. They had to prepare not to die of hunger, or heat. They started their journey with great hope. After a week, they had no food left. And they were exhausted. They knew that if they couldn't find a village or get help soon, they _____ die.

2 다음 글을 읽고, 밑줄 친 부분 중 어법상 <u>어색한</u> 것을 고르시오.

① Would you like to hold a party successfully? If yes, you ② had better plan it. You need to consider how many people you will invite and make invitations. When you make invitations, you ③ should specify where and when the party will be held. Then, you ④ ought to send them out well in advance. In addition, you had better prepare food and good music. Your success as a party-giver depends greatly on how carefully you ⑤ would make a plan for the party.   * specify ~를 명시하다

3 다음 글을 읽고, 물음에 답하시오.

Dear Jennie,
Recently, I met a woman and her name is July. July keeps inviting me to have lunch with her. She called me at least 30 times. I don't know how to refuse her invitation without hurting her feelings. I have explained to her that I am always busy with working so that I am ____ⓐ____ have any time to meet her. I don't want to meet her because she always talks about herself. What should I do?
                                                                    - Christine

Dear Christine,
You ____ⓑ____ tell the truth. Please say to her, "You have invited me so many times, but I've felt really uncomfortable." Sometimes, truth is the best way to handle some problems.
                                                                    - Jennie

(1) Christine이 글을 쓴 목적을 고르시오.
　　① 초대를 하려고　　　　② 조언을 얻으려고　　　③ 충고를 하려고
　　④ 신고를 하려고　　　　⑤ 비난을 하려고

(2) 위 글의 빈칸 ⓐ, ⓑ에 들어갈 말이 바르게 짝지어진 것을 고르시오.

	ⓐ	ⓑ		ⓐ	ⓑ
①	cannot	should	②	not able to	had better
③	able not to	had better not	④	cannot	have better
⑤	not able to	should not			

1 다음 중 어색한 한 쌍의 대화를 고르시오.

① A : Would you like something to drink?
　 B : Coffee, please.

② A : Mom, I'm going for a bike ride.
　 B : You don't have to wear a helmet.

③ A : Would you like to go to the movies this Sunday?
　 B : I'd love to, but I will have to go swimming with my uncle this Sunday.

④ A : Could you give me a hand?
　 B : Sure. What is it?

⑤ A : What shall we buy for her birthday?
　　 B : How about a music CD? I'm sure she'll like it.

2 다음 대화의 밑줄 친 부분 중 어법상 어색한 것을 고르시오.

A : Dad, I ① would like to ask you something.
B : Sure. What is it, son?
A : Do you think I ② should join the army after I graduate from high school?
B : Well, you ③ don't have to join the army, but you should do something for your country.
A : What ④ will it be like if I join the army?
B : First of all, you will ⑤ must cut your hair. But you won't have to cut it too short.

3 다음 밑줄 친 ⓐ, ⓑ를 조동사의 용법에 유의하여 우리말로 옮기시오.

A : Are you going to see the big football game tomorrow?
B : I may go, or I may not.
A : ⓐ Why can't you make up your mind?
B : Well, it depends on the weather.
　　It will rain tomorrow, and I don't like to sit in the rain.
A : ⓑ Can I make a suggestion? Take an umbrella.
B : That's a good idea.

* make up one's mind 결심하다

ⓐ : _____ ?

ⓑ : _____ ?

Nothing in the world can take the place of persistence.
Talent will not; nothing is more common
than unsuccessful men of talent.
Genius will not...
the world is full of educated derelicts.
Persistence and determination alone are omnipotent.
The slogan "Press on" has solved and
always will solve the problems of the human race.
– Calvin Coolidge

이 세상 아무것도 '끈기'를 대신할 수 없다. 재능이 그렇게 해주지 않을 것이다.

천재성이 그렇게 해주지 않을 것이다.

교육받은 낙오자들로 세상은 가득 차 있다.

끈기와 각오만이 무한한 힘을 갖고 있다.

"계속 밀고 나가라"는 표어는 지금까지 그래 왔거니와 앞으로도

언제나 인류의 문제들을 해결해 줄 것이다.

– 캘빈 쿨리지(제30대 미국 대통령)

persistence 끈기, 인내   talent 재능   common 흔히 있는   unsuccessful 성공하지 못한   genius 천재

educated 교육받은   derelict 낙오자, 직무 태만자   determination 결심, 결의   omnipotent 전능한, 무엇이든 할 수 있는

Chapter 6

영어의 천연기념물
수동태 후벼 파기

Grammar

Words Pre-Test

☐ bite _____

☐ daughter _____

☐ notice _____

☐ plant _____

☐ chairperson _____

☐ elect _____

☐ carefully _____

☐ soil _____

☐ run over _____

☐ invent _____

☐ ashamed _____

☐ fasten _____

☐ poem _____

☐ childhood _____

☐ playground _____

☐ damage _____

☐ beauty _____

☐ quarter _____

☐ interview _____

☐ publish _____

☐ wrap _____

☐ discount _____

Unit 20 수동태의 기본 의미와 형태

1 수동태의 기본 의미

능동태 문장은 행위의 주체를 중요시하는 반면, 수동태 문장은 행위의 대상이나 무슨 일이 일어났는지에 중점을 둔다.

My father made this box. (능동태 – 행위자 중심)

This box was made by my father. (수동태 – 행위의 대상 중심)

2 수동태의 형식

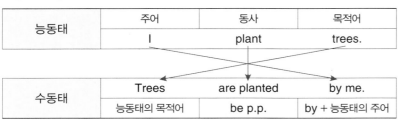

능동태	주어	동사	목적어
	I	plant	trees.

수동태	Trees	are planted	by me.
	능동태의 목적어	be p.p.	by + 능동태의 주어

The dog bit my finger. → My finger was bitten by the dog.

Tommy sings a beautiful song. → A beautiful song is sung by Tommy.

3 수동태의 시제 be동사의 시제로 나타낸다.

She is loved by me. (현재)

She was loved by me. (과거)

She will be loved by me. (미래)

4 행위자의 생략 행위자를 모르거나 중요하지 않을 때, 행위자가 일반인일 때

This window was broken (by someone).

English is spoken in many countries (by people).

---

* 수동태는 동사가 타동사, 즉 3형식 이상 구문에서만 가능하다. 자동사는 원칙적으로 수동태가 불가능하다.
The plane arrived at 10.
→ The plane was arrived at 10. (×)

* 수동태의 by 이하 행위자가 대명사일 경우에는 목적격을 사용한다.
She is loved by the man.
She is loved by him.

* 수동태로 바꿀 수 없는 타동사
: have(갖다), resemble(닮다) 등
I have some money.
→ Some money is had by me. (×)

* 수동태의 여러 형태
- 부정문 :
「be동사+not+p.p.+by+행위자」
The vase was not broken by him.
- 의문문 :
「be동사+주어+p.p.+by+행위자」
Was the vase broken by him?
- 조동사의 수동태 :
「주어+조동사+be동사+p.p.+by+행위자」
The rule should be followed by us.

Check-up

A 다음 괄호 안에 알맞은 것을 고르시오.

1. She (went, was gone) to a river to fish with her friends.

2. This letter (wrote, was written) by me.

3. The cake (made, was made) by my mother.

4. A lady (hit, was hit) by a car on the street.

5. My MP3 player (stole, was stolen) in the classroom.

B 다음 두 문장의 의미가 같도록 빈칸을 채우시오.

1. I bought a bike yesterday.

   → A bike _____.

2. The wall was painted by him.

   → He _____.

3. Many things will be done by robots instead of humans.

   → Robots _____.

1 4형식 능동태 문장은 목적어가 2개이므로 원칙적으로는 2개의 수동태가 가능하지만, 일반적으로 간접목적어를 주어로 한 수동태를 더 많이 사용한다.

She teaches us English. 「주어+동사+간접목적어+직접목적어」
→ We are taught English by her. (간접목적어 us를 주어로)
→ English is taught (to) us by her. (직접목적어 English를 주어로)

* 3형식 문장이 수동태가 되면 1형식 문장, 4형식 문장이 수동태가 되면 3형식 문장이 된다.
He bought some cookies. (3형식)
→ Some cookies were bought by him. (1형식)

He lent me some money. (4형식)
→ I was lent some money by him. (3형식)
→ Some money was lent (to) me by him. (3형식)

2 간접목적어를 주어로 할 수 없는 4형식 동사 make, get, buy, bring, send 등

She sent me a letter.
→ I was sent a letter by her. (×)
→ A letter was sent to me by her. (○)

3 직접목적어를 주어로 할 경우 간접목적어 앞에 전치사를 쓴다.

1) for: make, get, buy, find, cook, order 등
My mother bought me a doll.
→ A doll was bought for me by my mother.

2) of: ask, require, demand 등
My father asked me my English score.
→ My English score was asked of me by my father.

3) to: 기타
She gave me a glass of milk.
→ A glass of milk was given to me by her.

Check-up

A 다음 능동태 문장을 수동태로 바꾸시오.

1. You will give him your report.
   1) He _____.
   2) Your report _____.
2. James told me an interesting story.
   1) I _____.
   2) An interesting story _____.
3. My uncle bought me a bicycle.
   A bicycle _____.

B 다음 수동태 문장을 4형식 능동태 문장으로 바꾸시오.

1. He was given a chance by his teacher. → His teacher _____.
2. A love letter was written to her by me. → I _____.
3. Some books will be bought for her daughter by her. → She _____.

Unit 22 5형식 문장의 수동태

1 5형식 능동태 문장의 목적어가 수동태의 주어가 되고, 목적격보어는 주격보어의 역할을 하게 된다.

We **called** him **Jim**.
→ He **was called Jim** by us.
He **left** his room **dirty**.
→ His room **was left dirty** by him.
She **kept** me **waiting** for an hour.
→ I **was kept waiting** for an hour by her.

> * 5형식 문장이 수동태가 되면 2형식 문장이 된다.
> We called him Jim. (5형식)
> → He was called Jim by us. (2형식)

2 지각동사, 사역동사가 포함된 5형식 문장의 경우, 목적격보어 자리의 원형부정사는 to부정사로 바꾼다.

1) 지각동사: see, watch, hear, listen, feel, notice 등
I **saw** him **enter** my house.
→ He **was seen to enter** my house by me.

2) 사역동사: make 등
My mother **made** me **wash** my hands.
→ I **was made to wash** my hands by my mother.

> * 목적격보어가 현재분사 혹은 과거분사인 경우는 그대로 둔다.
> I saw him <u>entering</u> my house.
> → He was seen <u>entering</u> my house by me.
> I saw him <u>excited</u> about the news.
> → He was seen <u>excited</u> about the news.

3 사역동사 have와 let은 수동형으로 쓰지 않는다.

She **let** me **go** home.
→ I **was let** to go home by her. (×)
→ I **was allowed** to go home by her. (○)

Check-up

A 다음 능동태 문장을 수동태로 바꾸시오.

1. I named my dog Fitty. → My dog _____.
2. I heard her play the piano. → She _____.
3. She saw him singing a song. → He _____.
4. I helped my mother do the dishes. → My mother _____.
5. My teacher allowed me to go home early. → I _____.

B 다음 수동태 문장을 능동태로 바꾸시오.

1. I was ordered to sit quietly by him. → _____.
2. We were made surprised by the news. → _____.
3. She was elected a chairperson by us. → _____.
4. I am called an angel by my grandmother. → _____.
5. He was seen to go out of the house by me. → _____.

[1~2] 다음 문장을 수동태로 바꿀 때, 빈칸을 채우시오.

1　These studies make us think carefully about the colors around us.

→ We _____ carefully about the colors around us by these studies.

2　I asked him to return my pen.

→ He _____ my pen by me.

3　다음 빈칸에 가장 알맞은 것은?

My mother bought me a doll.
→ A doll was bought _____ me by my mother.

① to　　② in　　③ at　　④ for　　⑤ of

4　다음 중 수동태로 잘못 바꾼 것은?

① My friends gave me a big hand.
　→ A big hand was given to me by my friends.
② They want me to become a doctor.
　→ I am wanted to become a doctor by them.
③ We planted these plants in very poor soil.
　→ These plants were planted in very poor soil by us.
④ The news made me upset.
　→ I was made upset by the news.
⑤ She saw the man enter her house.
　→ The man was seen enter her house by her.

[5~6] 다음 빈칸에 가장 알맞은 말을 고르시오.

5
He let me go home at once.
= I _____ home at once by him.

① is let to go　　② was let to go
③ was let go　　④ is allowed to go
⑤ was allowed to go

6
The car ran over my dog.
= My dog _____ the car.

① was run over　　② was ran over
③ run over by　　④ was run over by
⑤ had run over

7　다음 주어진 문장과 의미가 같은 것은?

She didn't send me the letter.

① The letter didn't be sent to me by her.
② The letter wasn't sent to me by her.
③ The letter was sent not to me by her.
④ I didn't was sent the letter by her.
⑤ I wasn't sent the letter by her.

8　다음 밑줄 친 ⓐ, ⓑ, ⓒ를 어법상 바르게 고치시오.

Koreans are very proud of their language. Their language ⓐ call Korean. Written Korean ⓑ call Hangeul. It ⓒ invented in 1443 by King Sejong.

ⓐ _____　ⓑ _____　ⓒ _____

9　다음 중 어법상 어색한 문장은?

① She was loved by me.
② This house is belonged to my father.
③ She was heard singing by me.
④ I was made to clean my room by my mother.
⑤ A bike was bought for her by her father.

10　다음 밑줄 친 부분을 수동태로 바꾸시오.

Some Americans felt ashamed that they did not allow her to sing in Constitution Hall.

→ _____

[1~3] 다음 문장을 수동태로 바꿔 쓰시오.

1 Everyone should fasten seatbelts.

→ _____.

2 This poem makes me think of my childhood.

→ _____.

3 He wants his daughter to do her homework.

→ _____.

4 다음 두 문장이 같은 뜻이 되도록 할 때 빈칸에 들어갈 말로 알맞은 것은?

I saw children playing in the playground.
= Children _____ playing in the playground by me.

① saw   ② were seen
③ were saw   ④ were seen to
⑤ are seen to

5 다음 대화의 빈칸에 가장 알맞은 것은?

A : What's the matter with you, Bill?
B : My house was badly damaged last night. Trees, two windows and a chimney _____.

① break   ② broke
③ broken   ④ are broken
⑤ were broken

6 다음 중 능동태를 수동태로 잘못 바꾼 것은?

① People elected him president.
   → He was elected president by people.
② The cat killed the rat.
   → The rat was killed by the cat.
③ They will clean their rooms.
   → Their rooms will be cleaned by them.
④ I lost my watch.
   → My watch was lost by me.
⑤ John saw him come.
   → He was seen come by John.

[7~8] 다음 주어진 문장과 의미가 같은 것을 고르시오.

7
We will move the boxes into the truck.

① The boxes will moved into the truck by us.
② The boxes are moved into the truck by us.
③ We will be moved into the truck by the boxes.
④ The boxes will be moved into the truck by us.
⑤ We are moved into the truck by the boxes.

8
I was made to wait an hour by Nick.

① Nick was made to wait an hour me.
② Nick was made me to wait an hour.
③ Nick made me to wait an hour.
④ Nick made to me wait an hour.
⑤ Nick made me wait an hour.

9 다음 주어진 문장을 수동태로 올바르게 바꾼 것은?

> He will write the letter this evening.

① He will be wrote the letter the evening.
② The letter will be written by him this evening.
③ The letter will write by him this evening.
④ He will write the letter by him this evening.
⑤ The letter will be wrote this evening.

10 다음 문장을 능동태로 바꾸시오.

> This picture was painted by Picasso.
> → _____.

11 다음 두 문장이 같은 뜻이 되도록 할 때 빈칸에 들어갈 말로 알맞은 것은?

> We saw him running to the store.
> = He _____ to the store by us.

① saw him running   ② is seen running
③ was seen to run   ④ was seen running
⑤ were seen to run

12 다음 대화의 빈칸에 가장 알맞은 것은?

> A : I'm sorry. The road _____ up with cars. Oh, it's already 6:30. What time did you get here?
> B : A quarter to six.

① jams   ② jammed
③ jamming   ④ to jam
⑤ was jammed

13 다음 중 어법상 어색한 문장은?

① French is taught to us by him.
② He is loved by everybody.
③ An album was given to her by him.
④ The fence was built by his.
⑤ Was this picture taken by him?

14 다음 대화의 빈칸에 알맞은 것은?

> A : Hi, Mary? What time are you going to the party?
> B : What party? No one asked me to go the party!
> A : I'm sorry. I thought that you _____.

① invite   ② invited
③ inviting   ④ are invited
⑤ were invited

15 다음 글의 빈칸 ⓐ, ⓑ에 들어갈 말이 바르게 짝지어진 것은?

> In winter, the mountains ____ⓐ____ with snow. When he ____ⓑ____, he can feel their great beauty.

	ⓐ		ⓑ
①	are covered	....	is drawn
②	covered	....	drawn
③	are covered	....	draws
④	covering	....	is drawn
⑤	has covered	....	draws

16 우리 말과 같은 뜻이 되도록 할 때 빈칸에 들어갈 말로 알맞은 것은?

> 나는 그가 오늘 아침 일자리를 찾기 위해 면접을 보고 있다는 것을 들었다.
> I heard him _____ for a job this morning.

① interview
② interviewing
③ to interview
④ to be interviewed
⑤ being interviewed

17 다음 중 수동태로 잘못 바꾼 것은?

① Some people threw a lot of garbage.
　→ A lot of garbage was thrown by some people.
② Tom told me the story.
　→ The story was told to me by Tom.
③ Somebody told them to wait outside.
　→ They were told to wait outside.
④ We ask our readers to write us about their parents.
　→ Our readers are asked to write us about their parents by us.
⑤ Most of my friends became very sick.
　→ I was become very sick by most of my friends.

18 다음 괄호 안의 단어를 이용하여 빈칸에 알맞은 말을 쓰시오.

> A : Many foreigners know about Taekwondo.
> B : These days, more and more foreigners _____ in Korea. (interest)

19 다음 주어진 문장과 의미가 같은 것은?

> You should tell me your name.

① You should be told me your name.
② I should tell your name by you.
③ I should be told you by your name.
④ I should be told your name by you.
⑤ Your name should tell me by you.

20 다음 대화의 빈칸 ⓐ, ⓑ에 들어갈 말이 바르게 짝지어진 것은?

> A : Hello. This is Mrs. White. My living room window _____ⓐ_____ this afternoon. Can you repair it?
> B : Sure. Your children _____ⓑ_____ the window again?
> A : No. This time I broke it. I was practicing my golf swing.

	ⓐ		ⓑ
①	breaks	....	broke
②	broke	....	have broken
③	is broken	....	are broken
④	was broken	....	broke
⑤	has broken	....	break

1 다음 글을 읽고, 밑줄 친 부분 중 어법상 어색한 것을 고르시오.

> We ① can make happy by pets. We can be taught many things ② by keeping pets.
> Even a small pet, however, can be a lot of work. ③ They take lots of money and
> time. Think carefully before ④ you decide ⑤ to buy a pet.

2 다음 글을 읽고, 밑줄 친 ⓐ, ⓑ를 수동태로 바꾸시오.

> We all need to exercise. Doctors say it is good for us. ⓐ Exercise makes your heart
> and body strong. ⓑ Exercise also gives you more energy. Plus, you will feel better
> about yourself. It's best to exercise twice each week. Thirty minutes each time is
> enough.

ⓐ _____.

ⓑ _____.

3 다음 글을 읽고, 밑줄 친 부분을 어법에 맞게 고쳐 쓰시오.

> As you ① are known, her recent novel ② has be been a bestseller for six months in
> our country. Most of her novels ③ published in more than 20 languages. Today she
> is going to ④ be told us how to ⑤ be read novels.

① _____

② _____

③ _____

④ _____

⑤ _____

1 다음 대화의 빈칸에 가장 알맞은 것을 고르시오.

> A : What happened?
> B : My left leg _____ yesterday.
> A : That's too bad.

① break
② broke
③ was breaking
④ was broken
⑤ was breaked

2 다음 괄호 안의 단어를 이용하여 대화의 빈칸에 알맞은 말을 쓰시오.

> A : Can I use this telephone?
> B : No, I'm afraid you can't.
> A : Look, I only want to call a taxi.
> B : I'm sorry, but you _____ (allow) use this phone. There's a pay phone outside.

3 다음 대화의 밑줄 친 부분 중 어법상 어색한 것을 고르시오.

> A : Hi, are you ① being helped?
> B : No, I'm not. I ② am interested in some scarves.
> A : All our scarves are in this section. What do you think of this one?
>   It ③ was made of silk.
> B : Hmm, it looks nice. How much is it?
> A : It's fifty dollars ④ including tax.
> B : It's a little bit expensive. Do you think it's possible to get a discount?
> A : Hmm, since you like it so much, I'll give you a 10 percent discount.
>   That's the best I can ⑤ be offered.
> B : That's good. Could you wrap it up for me?
> A : Sure.

The Rainbow

My heart leaps up when I behold
A rainbow in the sky;
So was it when my life began;
So is it now I am a man;
So be it when I shall grow old,
Or let me die!
The child is father of the man;
And I could wish my days to be
Bound each to each by natural piety.

– William Wordsworth

하늘에 무지개를
보면 내 가슴은 뛰네
내 어릴 적 그랬었고;
어른인 지금도 그러하네;
내 늙어서도 그러하길,
아님 나 죽게 하라!
어린이가 자라 어른이 되나니;
내 날들이 하루하루 자연에 대한
경탄으로 이어지길 바랄 수 있으리라.

– 윌리엄 워즈워드(영국의 시인)

leap 도약하다, 뛰어오르다   natural 자연의   piety 경건, 신앙심

뻥쟁이 가정법 정리하기

Words Pre-Test

- ☐ address _____
- ☐ alive _____
- ☐ earn _____
- ☐ rescue _____
- ☐ slender _____
- ☐ minute _____
- ☐ produce _____
- ☐ flour _____
- ☐ unlucky _____
- ☐ secretary _____
- ☐ advice _____

- ☐ respect _____
- ☐ gain _____
- ☐ spend _____
- ☐ theater _____
- ☐ accept _____
- ☐ precious _____
- ☐ pollution _____
- ☐ product _____
- ☐ polite _____
- ☐ million _____
- ☐ imagine _____

Unit 23 단순 조건문의 if와 가정법의 if

조건 부사절에는 단순 조건절과 가정법 조건절이 있는데, 접속사 if가 쓰였다고 전부 가정법 조건절은 아니다. 문장의 의미와 시제의 쓰임에 따라 구별해야 한다.

1 단순 조건절의 if 만약 ~하면 …할 것이다

일반적인 사실이나 실현 가능한 일을 나타낼 때 쓰인다. 단순 조건절의 동사 시제는 실제 시제와 주어의 수에 맞춰 쓴다.

If she **is** pretty, I **will ask** her to go out with me.

If you **heat** ice, it **melts**. (일반적, 과학적 사실)

If she **studies** hard, she **will pass** the exam. (실현 가능한 미래의 일)

2 가정법 조건절의 if

어떤 일이나 상황이 일어날 가능성이 없을 경우 가정법 조건절을 사용한다.

1) 가정법 과거: 현재와 미래의 실현 불가능한 내용 ~라면 …할 텐데
「조건절 → 과거, 주절 → 조동사의 과거형+동사원형」

If I **slept** well, I **could feel** better.

(실제 의미: 나는 잠을 잘 못자서, 몸 상태가 좋지 않다.)

If it **were** not for water, nothing **would be** alive.

(실제 의미: 물은 늘 존재하고, 만물이 살아있다.)

2) 가정법 과거완료: 과거의 실현 불가능한 내용 ~했더라면 …했을 텐데
「조건절 → 과거완료, 주절 → 조동사의 과거형+have p.p.」

If he **had worked**, he **would have earned** some money.

(실제 의미: 그는 일을 안해서, 돈을 벌지 못했다.)

If they **had got up** early, they **could have been** there on time.

(실제 의미: 그들은 일찍 일어나지 않아서, 제때 도착하지 못했다.)

---

* 가정법 문장 구별 방법 :
가정법 문장은 실현 불가능한 내용으로, 주절에 조동사의 과거형인 would, should, could, might가 있다. 가정법 과거의 경우에는 부사절에 과거 동사를 쓰고, be동사는 were만 쓴다.

* 조건을 나타내는 부사절에서는 현재 시제가 미래 시제를 대신한다.

* 가정법 미래 : 미래의 실현 가능성이 희박한 내용(그럴리가 없겠지만) 만약 ~한다면 …할 것이다.
「If+주어+were to/should+동사원형, 주어+조동사의 과거형+동사원형」
If it should rain tomorrow, I would not go on a picnic.

Check-up

A   다음 문장을 우리말로 해석하시오.

1. 1) If I know her address, I will go visit her. → _____.

   2) If I knew her address, I would go visit her. → _____.

2. 1) If it is fine tomorrow, I will go fishing. → _____.

   2) If it should fine tomorrow, I would go fishing. → _____.

3. 1) If he is rich, she will marry him. → _____.

   2) If he were rich, she could marry him. → _____.

4. 1) If he is honest, the manager will hire him. → _____.

   2) If he were honest, the manager would hire him. → _____.

Unit 24 가정법 과거와 가정법 과거완료

1 가정법 과거

현재와 미래의 실현 불가능한 내용을 가정한 것으로서, '～라면 …할 텐데'로 해석한다.

조건절	주절
If+주어+동사의 과거형	주어+would/should/could/might+동사원형
(만일) ～한다면/라면,	…할/일 텐데.
If I were you,	I would not do like that.

If he were rich, he could buy a car.
= Because he is not rich, he cannot buy a car.
If I had a mountain bike, I would go to the mountain.
= Because I don't have a mountain bike, I won't go to the mountain.

2 가정법 과거완료

과거에 일어났던 사실에 대해서 반대로 가정한 것으로, '(만일) ～했더라면 …했을 텐데'로 해석한다.

조건절	주절
If+주어+had p.p.	주어+would/should/could/might+have p.p.
(만일) ～했더라면/～였더라면,	…했을 텐데/…였을 텐데.
If I had studied harder,	I would have passed the exam.

If I had been rich, I could have helped the poor.
= Because I wasn't rich, I could not help the poor.
If I had been a good swimmer, I would have rescued the man in the sea.
= Because I wasn't a good swimmer, I didn't rescue the man in the sea.

* 가정법 과거일 때 조건절의 be동사는 인칭과 수에 관계없이 were를 쓴다.

* 가정법에서 if의 생략
– 가정법 과거에서 if를 생략하면 일반동사일 경우는 조동사, be동사일 경우는 were가 주어 앞으로 나와서 도치된다. (문어체)
Were I you, I would not do that.

– 가정법 과거완료에서는 if를 생략하면, had가 주어가 앞으로 나와서 도치된다.
Had she studied harder, she would have passed the exam.

Check-up

A 다음 괄호 안에 알맞은 것을 고르시오.

1. I am very fat. If I (were, had been) slender, I (will, would) be so happy.
2. He didn't have a camera. If he (had, had had) a camera,
   he (would lend, would have lent) me the camera.
3. If I were a teacher, I (will, would) love the students much.
4. If you (come, had come) earlier, you could have met him.

B 다음 밑줄 친 부분을 바르게 고치시오.

1. If I were a baby, I be happy.
2. If I knew her telephone number, I call her up.
3. I wouldn't have missed the bus if I get up ten minutes earlier.
4. If I have enough money yesterday, I could have bought the dress.

[1~2] 다음 빈칸에 가장 알맞은 것을 고르시오.

1

> I always get up late. So my mother tells me, "I would be happy if your first goal _____ to get up in time for school."

① be   ② is
③ are   ④ were
⑤ has been

2

> Maybe you were just unlucky this time. If you _____ hard, you will get a good grade next time.

① study   ② studied
③ studying   ④ to study
⑤ will study

3 괄호 안의 단어를 이용해 빈칸에 알맞은 말을 쓰시오.

> Do your best at singing and dancing. If you _____ (be) good at those things, someday your parents will accept your choice.

4 다음 대화의 밑줄 친 부분 중 어법상 어색한 것은?

> A : ① Did you see the homeless on the street? How ② can I help them?
> B : If you really ③ want to help them, there is a way. If you ④ will walk to school, you will save some money. You ⑤ can help them with that money.

5 다음 직설법 문장을 가정법 문장으로 바르게 바꾼 것은?

> Because he didn't know how to swim, he couldn't go in the water.

① If he knew how to swim, he could go in the water.
② If he knew how to swim, he could not go in the water.
③ If he had known how to swim, he could go in the water.
④ If he hadn't known how to swim, he couldn't go in the water.
⑤ If he had known how to swim, he could have gone in the water.

[6~8] 다음 직설법 문장을 가정법 문장으로 바꾸시오.

6 They don't live on a farm, so they can't produce their own food.

→ If they _____.

7 He didn't know her address, so he couldn't send her a letter.

→ If he _____.

8 Because we didn't have a car, we couldn't drive to the beach.

→ If we _____.

[9~10] 다음 가정법 문장을 직설법 문장으로 바꾸시오.

9 If she had any flour, she could make a cake.

→ Because _____.

10 If they had some money, they could go to a movie.

→ Because _____.

[1~2] 다음 대화의 빈칸에 가장 알맞은 것을 고르시오.

1

A : Dick is angry, isn't he?

B : I don't think so. If he _____ angry, he'd tell us.

① be   ② is

③ was   ④ were

⑤ had been

2

A : If I were you, I _____ more careful about locking the back door at night.

B : Don't worry. No one will break in.

① am   ② was

③ would be   ④ have been

⑤ had been

[3~4] 다음 주어진 문장과 의미가 같은 것을 고르시오.

3

If the student had been honest, he would have told me the truth.

① As the student was honest, he told me the truth.

② Though the student wasn't honest, he told me the truth.

③ As the student wasn't honest, he didn't tell me the truth.

④ Though the student was honest, he didn't tell me the truth.

⑤ As the student wasn't honest, he told me the truth.

4

We didn't have their telephone number, so we couldn't call them.

① If we didn't have their telephone number, we couldn't call them.

② If we had their telephone number, we could call them.

③ If we had not their telephone number, we couldn't call them.

④ If we had had their telephone number, we could have called them.

⑤ If we had had their telephone number, we couldn't call them.

5 다음 우리말에 맞도록 주어진 단어를 올바르게 배열 하시오.

만일 내가 시계를 가지고 있다면, 나는 너에게 시간을 말해줄 텐데.

(the time, tell, I, I, would, had, you, a watch)

If _____, _____.

6 다음 대화의 빈칸에 가장 알맞은 것은?

A : What would you do if your secretary _____ a lot of mistakes?

B : I'd have a talk with her.

① makes   ② made

③ making   ④ to make

⑤ has made

7 다음 중 밑줄 친 would의 쓰임이 나머지 넷과 다른 것은?

① If I were you, I would save my money.
② She would take his advice if she respected him.
③ If this book were interesting, I would finish reading it.
④ I would have helped them if I had liked them.
⑤ We would go on many picnics when I was young.

8 다음 대화의 밑줄 친 부분 중 어법상 어색한 것은?

A : Hi! Ben. You look like you ① gained some weight over summer vacation.
B : I ② did. I just slept and ③ ate. I didn't exercise at all.
A : Well, if I were you, I ④ exercise hard. It feels ⑤ great.

9 다음 대화의 밑줄 친 부분 중 어법상 어색한 문장은?

A : Mom, ① can I go to the movies tonight?
B : Yes, ② if you cleaned your room first.
A : But Mom, ③ I want to meet my friend this afternoon. Can I clean my room tomorrow?
B : ④ You always say tomorrow. ⑤ You must clean it today.

10 다음 중 밑줄 친 부분의 쓰임이 나머지 넷과 다른 것은?

① If I had been you, I wouldn't have spent so much.
② How would you feel if you lost your job?
③ If I had been more careful, I would not have had the accident.
④ If you knew their address, you could send them a letter.
⑤ If my sister becomes a doctor, she will be able to help sick people.

11 다음 두 문장이 같은 뜻이 되도록 할 때 빈칸에 들어갈 알맞은 말을 쓰시오.

If he hadn't missed the bus, he wouldn't have been late for school.
= _____ the bus, he wouldn't have been late for school.

12 다음 가정법 문장을 직설법 문장으로 바르게 바꾼 것은?

If I won the lottery, I would buy a big house.

① Because I won the lottery, I bought a big house.
② Because I didn't win the lottery, I didn't buy a big house.
③ Because I win the lottery, I buy a big house.
④ Because I don't win the lottery, I don't buy a big house.
⑤ Because I didn't win the lottery, I buy a big house.

13 다음 우리말에 주어진 단어를 바르게 배열하시오.

> 만일 당신이 더 많은 정보가 필요하다면, 극장은 10시에 문을 열 것입니다. 그 때 다시 전화해 주십시오.
> (information, more, if, need, you,)
>
> → _____, the theater will be open at ten o'clock. Please call back at that time.

14 다음 대화의 빈칸에 가장 알맞은 것은?

> A : My blue jeans are so old that I hate to wear them anymore.
> B : If you get some blue dye, they _____ out like new.   * dye 염색

① come   ② came
③ coming   ④ to come
⑤ will come

15 다음 문장의 빈칸 ⓐ, ⓑ에 들어갈 말이 알맞게 짝지어진 것은?

> • If we were hungry, we would eat now.
> → We aren't hungry, so we ___ⓐ___ now.
> • As I didn't have time, I didn't go to the concert.
> → If I had had time, I ___ⓑ___ to the movies.

	ⓐ		ⓑ
①	don't eat	········	would go
②	don't eat	········	would have gone
③	eat	········	would be gone
④	didn't eat	········	would go
⑤	eat	········	would have gone

[16~18] 다음 직설법 문장을 가정법 문장으로 바꾸시오.

16 Because you aren't my e-pal, I am not happy.

→ _____.

17 As I wanted to go there, I could go.

→ _____.

18 As I wasn't rich, I couldn't buy the house.

→ _____.

[19~20] 다음 가정법 문장을 직설법 문장으로 바꾸시오.

19 If the weather had been good, they would have gone on a picnic.

→ Because _____.

20 If I walked to school, I would meet the girl.

→ Because _____.

1 다음 글의 빈칸에 가장 알맞은 말을 고르시오.

> We should learn to share with each other our precious land, water, and air. If we don't stop pollution, it _____ us all.

① kill

② killed

③ killing

④ will kill

⑤ would kill

2 다음 글을 읽고, 어법상 <u>어색한</u> 곳을 바르게 고친 것으로 가장 알맞은 것을 고르시오.

> ① If a famous person uses a product, we ② <u>would want</u> to buy the thing. For example, when we ③ <u>see</u> Lee, Hyo-Ri model a brand of jeans in an ad, we ④ <u>want</u> to buy the brand because she ⑤ <u>is</u> famous.

① If → So

② would want → want

③ see → would see

④ want → wanted

⑤ is → were

3 다음 글을 읽고, 밑줄 친 부분을 어법에 맞게 고친 것을 고르시오.

> After the dishes were done, Micky and I would sit near the heating stove, and Mother would read to us from a story book. Micky and I <u>wasn't</u> lonely those long nights when the cold wind whistled around the home if it had not been for our friends who were in the stories.

① were

② were not

③ would be

④ would not be

⑤ would have been

1 다음 대화의 빈칸에 가장 알맞은 것을 고르시오.

> A : I wonder why Mike ran by without saying hello.
>
> B : He must have been in a hurry.
>
> A : You are probably right.
>
>   If he _____ in a hurry, he wouldn't have run by without saying hello.
>
> B : You can say that again. He is kind and polite.

① were   ② weren't
③ had been   ④ hadn't been
⑤ had been being

2 다음 중 어법상 어색한 한 쌍의 대화를 고르시오.

① A : Anna, is it OK if I use your cell phone?
   B : Sure. Go ahead.

② A : I have no money. I'm broke.
   B : If I were you, I'd work harder.

③ A : How would you feel if you won a million dollars in the lottery?
   B : I would be very happy.

④ A : Mrs. Jackson wants to learn how to dance.
   B : If she takes lessons, she'll be able to dance in a few months.

⑤ A : I don't like my job.
   B : If I was you, I would change the job.

3 다음 대화의 밑줄 친 부분 중 어법상 어색한 것을 고르시오.

> A : I ① would like to borrow this book, please.
>
> B : Just fill in this form.
>
> A : How long ② can I keep it?
>
> B : You may ③ keep it for three weeks at a time.
>
> A : If I ④ kept it over three weeks, what will happen?
>
> B : You'll ⑤ have to pay a penalty.
>
> * penalty 벌금

Chapter 8

길고 짧은 것은 대 봐야 아는 것

Grammar

Words Pre-Test

- [ ] intelligent _____
- [ ] metal _____
- [ ] extraordinary _____
- [ ] talent _____
- [ ] greedy _____
- [ ] custom _____
- [ ] charming _____
- [ ] strike _____
- [ ] price _____
- [ ] hardworking _____
- [ ] memory _____

- [ ] preserve _____
- [ ] traffic _____
- [ ] impolite _____
- [ ] second _____
- [ ] provide _____
- [ ] shake _____
- [ ] secret _____
- [ ] positive _____
- [ ] predict _____
- [ ] attractive _____
- [ ] critic _____

1 **원급을 사용한 비교** 「as+형용사/부사의 원급+as ～」~만큼 …한

He is as smart as his brother.
She is as tall as he.
He speaks as clearly as you.
Mike walks as fast as his dog.

2 **비교급을 사용한 비교** 「형용사/부사의 비교급+than ～」~보다 …한

Nida is smarter than Paul.
This house is more expensive than that one.
My dad drives more carefully than my mother.
The math exam was less difficult than the history exam.
He likes you more than I (do).

3 **비교급의 강조** much, still, even, far, a lot 등

She was much prettier than I thought.
Your car is a lot better than mine.

4 **more A than B** 동일인[동일 사물]의 다른 특징 비교 (B라기 보다 A한)

He is more intelligent than clever.
My mother is more considerate than generous.

5 **than이하의 생략** 비교 대상이 막연하거나 비교 대상을 문맥상 알 수 있을 때

As you grow older, you will learn more.
This book teaches you to be more confident in yourself.

* 문장에 be동사나 2형식 불완전 자동사가 오면 as ~ as 사이에 형용사가, 완전자동사나 타동사가 오면 부사가 위치하게 된다.
He is as tall as his father.
　(be동사)　(형용사)
He speaks as clearly as you.
　(완전자동사)　(부사)

* 비교 구문은 병렬 관계에 주의해야 한다. (주어끼리 비교하면 주격, 목적어끼리 비교하면 목적격)
He is as tall as her. (×)
→ He is as tall as she.

* 비교급 · 최상급 만드는 법
① 대부분의 형용사 · 부사
　: 원급+-er/-est
②「단자음+단자음」으로 끝나는 경우
　: 끝자음+-er/-est
③ y로 끝나는 경우
　: y → i+-er/-est
④ 불규칙 변화
　good/well-better-best
　bad-worse-worst
　many/much-more-most
　little-less-least

* 비교급, 최상급에 more/most가 붙는 것은 3음절 이상의 형용사, 형용사+ly로 된 부사, 분사의 비교급과 최상급이다.

Check-up

A 다음 괄호 안에 알맞은 것을 고르시오.

1. She is as kind (as, than) he.
2. I run as fast as (he, him).
3. She walks as (slow, slowly) as he.
4. A cat is not as big (as, than) a lion.
5. You're more beautiful (as, than) she.
6. James is (more cute, cuter) than handsome.

B 다음 밑줄 친 부분을 바르게 고치시오.

1. He doesn't study as hardly as she.
2. His house is as larger as her house.
3. She drives good than her husband.
4. The blue car is expensiver than the red one.
5. She struck the tree as strong as she could.
6. The movie is many more exciting than I expected.

Unit 26 최상급을 이용한 비교

1 the 최상급+of+복수명사 ~에서 가장 …한

Gold is the most precious of all metals.
You have the most extraordinary talent of all.

2 the 최상급+in+단수명사 ~에서 가장 …한

He is the tallest (boy) in the class.
Scrooge is the greediest man in the town.

3 one of the 최상급+복수명사 가장 ~한 …중에서 하나

She is one of the most beautiful women in the world.
That custom is one of the most special customs in the U.S.

4 the 최상급+명사+주어+현재완료 지금까지 ~한 중에서 가장 …한

He is the most handsome boy I have ever seen.
This donut is the most delicious one I have ever eaten.

5 원급과 비교급을 사용한 최상급 표현

1) No 단수명사+as[so] 원급 as 누구도 ~만큼 …하지 않은
No student in our class is as diligent as Jack.

2) No 단수명사+비교급 than 누구도 ~보다 …하지 않은
No student in our class is more diligent than Jack.

3) 비교급+than any other+단수명사 다른 어떤 ~보다도 더 …한
Jack is more diligent than any other student in our class.

---

* 최상급을 강조할 때는 much, by far, the very를 사용한다.
She is by far the prettiest girl in the school.

* 〈One of the 최상급+복수명사〉가 주어로 쓰일 경우는 실질적으로 one이 주어이기 때문에 문장의 동사는 단수동사여야 한다.
One of the most famous scientists in the world comes to Korea soon.

Check-up

A 다음 괄호 안에 알맞은 것을 고르시오.

1. You're the (more, most) excellent woman in the world.

2. This is the most interesting book that I (have, had) ever read.

3. Yesterday was one of the saddest (day, days) in my life.

4. Jane is the most charming girl (in, of) this city.

5. What is (a, the) largest country in the world?

B 다음 문장과 같은 뜻이 되도록 원급과 비교급을 이용해 바꾸시오.

The Matrix was the most interesting movie in 1999.

1. _____.

2. _____.

3. _____.

[1~2] 다음 빈칸에 알맞은 말을 쓰시오.

1

> For some people, low prices are more important _____ the quality.

2

> The man shouted as loudly _____ he could.

3 다음 중 어법상 어색한 문장은?

① The Women's World Cup has become as popular as the World Cup.
② Bats are not so harmful as people think.
③ This color is more lighter than that one.
④ Ted eats more slowly than I do.
⑤ This is the heaviest box of all.

4 다음 빈칸에 들어갈 말로 가장 알맞은 것은?

> A : Does Kelly _____ Anne?
> B : No, she doesn't.

① makes much mistakes than
② make as many mistakes as
③ so many mistake as
④ make mistakes best
⑤ make more mistakes as

5 다음 대화의 빈칸 ⓐ, ⓑ에 알맞은 말을 쓰시오.

> A : What's wrong, Jane?
> B : I'm better at computer programming _____ⓐ_____ Lilly, but she is the leader. That's not fair.
> A : Don't say that. Lilly is _____ⓑ_____ hardworking student in the class.

6 다음 대화의 빈칸 ⓐ, ⓑ에 들어갈 말이 바르게 짝지어진 것은?

> A : What country is _____ⓐ_____ ?
> B : I am sure Russia is the largest country in the world.
> A : I don't think so. Canada is much _____ⓑ_____ than Russia.

	ⓐ		ⓑ
①	larger	········	larger
②	the largest	········	the largest
③	larger	········	the largest
④	the larger	········	the larger
⑤	the largest	········	larger

[7~9] 우리말과 같은 뜻이 되도록 빈칸에 알맞은 말을 쓰시오.

7 이것은 내가 먹어본 음식 중 가장 맛있는 음식이다.

> → This is _____ delicious food I have ever eaten.

8 Brad는 우리 학교에서 가장 친절한 아이이다.

> → Brad is the kindest boy _____ our school.

9 이 드레스는 상점에 있는 다른 어떤 드레스보다 더 예쁘다.

> → This dress is prettier _____ dress in the store.

10 다음 글의 밑줄 친 부분 중 어법상 어색한 것은?

> Friendship is not ① an easy thing. Making friends is often ② easier as keeping them. ③ The oldest and ④ strongest friendships are sometimes ⑤ the hardest to keep.

[1~3] 우리말과 같은 뜻이 되도록 괄호 안의 단어를 이용하여 영작하시오.

1 돌고래는 원숭이만큼 영리하지 않다.
(dolphins, clever, monkeys)
→ _____.

2 Jack은 그의 동생보다 훨씬 게으르다.
(Jack, a lot, lazy, his brother)
→ _____.

3 그는 우리 중에서 가장 많은 돈을 번다.
(He, earn, money, among us)
→ _____.

4 다음 빈칸에 가장 알맞은 것은?

Min-hee gets up _____ than Na-ri.

① early   ② earlier
③ more early   ④ more earlier
⑤ very earlier

5 다음 빈칸에 알맞은 말을 〈보기〉에서 골라 쓰시오.

┌─ 보기 ─
│ easier   perfect   greatest
│ more slowly   the most painful
└

(1) To me, studying math is _____ than physics.

(2) My final report is as _____ as Jane's.

(3) I asked the professor to speak _____ _____.

(4) One of _____ memories is my father's death.

(5) This is the _____ song that I have ever heard.

6 다음 중 어법상 어색한 문장은?

① I like movies better than books.
② She ran as fast as she could.
③ Everything will get better soon.
④ I'm smarter that you are, so you have to listen to me.
⑤ He became one of the greatest scientists who changed the world.

7 괄호 안의 단어를 빈칸에 알맞은 형태로 바꾸시오.

We should keep the river and the water ___ⓐ___ (clean) than before. It is because the water is one of ___ⓑ___ (important) things in our lives. So we should do our ___ⓒ___ (good) to preserve the river and the water.

8 다음 글의 밑줄 친 부분 중 어법상 어색한 것은?

Cats usually live ① longer than dogs. The ② older cat lived ③ for 36 years and one day. But ④ the oldest dog ⑤ lived for only 29 years and 5 months.

[9~10] 다음 빈칸에 가장 알맞은 것을 고르시오.

9

The animal has lots of fur and it is _____ your shoes.

① as big as
② as bigger as
③ as bigger than
④ the bigger
⑤ the biggest

10

James is the _____ person I've ever known.

① lazier
② laziest
③ most laziest
④ more lazy
⑤ most lazy

11 우리말과 같은 뜻이 되도록 빈칸에 알맞은 단어를 쓰시오.

My friend got a very good grade. But she didn't study as _____ as I did.
(하지만 그녀는 나만큼 열심히 공부하지 않았다.)

12 다음 대화의 밑줄 친 부분 중 어법상 어색한 것은?

A : Hey, Brian. How's your life in Paris?
B : Oh, it's great. People are ① nicer and the food is ② more delicious than in Seoul.
A : Really? Are there any bad things?
B : Well, I have to pay ③ much money every month to rent an apartment ④ than in Seoul. This is ⑤ the worst thing in Paris.

13 다음 문장의 빈칸에 들어갈 말로 가장 알맞은 것은?

In America, bread which is made from wheat is _____.

① as important as
② more important than
③ the more important than
④ the importantest food
⑤ the most important food

[14~15] 다음 중 어법상 어색한 문장을 고르시오.

14 ① If he studied harder, he would pass the test.
② He plays the guitar as better than Susan does.
③ Of all subjects, I study science most carefully.
④ In fast-food restaurants, hamburgers are one of the most popular kinds of food.
⑤ The Mississippi River is longer than any other river in the U.S.

15 ① There is more traffic than usual.
    ② It took Mrs. Carter longer than usual.
    ③ December is the last month in the year.
    ④ She can swim as faster as her brother.
    ⑤ Jeju Island was more beautiful than I expected.

[16~18] 다음을 읽고, 빈칸에 알맞은 것을 고르시오.

16 A : As it's the rush hour, let's take the subway.
    B : OK. It's not as _____ as the bus, but it's faster and there will be less chance of traffic jam.

    ① direct   ② big
    ③ light   ④ happy
    ⑤ thick

17 Last week, a huge typhoon hit the city. A lot of people got hurt and lost their houses. The weather service said it was _____ typhoons in the history.

    ① more strong
    ② a lot strong
    ③ as strong as
    ④ one of more strong
    ⑤ one of the strongest

18 A : People think I'm rude and impolite.
    B : Why do you think they think like that?
    A : I really don't know.
    B : You'd better speak _____ you can.

    ① the most gentle
    ② as gently as
    ③ as gentle as
    ④ more gentle
    ⑤ gentler than

19 다음 편지를 읽고, 어법상 어색한 것을 고르시오.

    Dear Jennifer,
    It has been so ① long since I saw you. I couldn't find anyone ② as good as you. I really hope you could come back to me. Give me one ③ more chance and I promise that I will do my ④ best. You are the ⑤ preciousest person to me.

20 다음 글의 빈칸에 공통으로 들어갈 말로 가장 알맞은 것은?

    Goats always seem to be second best to other farm animals. They give milk but not as _____ cows do. They provide wool but not as _____ sheep do.

    ① many as   ② many than
    ③ much as   ④ much than
    ⑤ very much

1 다음 글의 밑줄 친 부분을 바르게 고치시오.

> Yesterday, James and I ran into my English teacher on our way to the movies. He said, "Hi, James," but he didn't say hi to me. I think he likes James <u>mucher than I</u>. I was upset about this.

2 다음 글의 밑줄 친 부분 중 어법상 <u>어색한</u> 것을 고르시오.

> Early in the morning, she ran to the department store ① <u>as quickly as</u> she could. It was ② <u>the first day</u> of Thanksgiving Day sale in that department store. There were already ③ <u>a lot of</u> people. She could buy a pair of beautiful shoes and a gorgeous dress ④ <u>with a low price</u>. It was one of ⑤ <u>the luckiest day</u> in her life.

3 다음 글의 빈칸 ⓐ, ⓑ에 들어갈 말이 바르게 짝지어진 것을 고르시오.

> In Japan, there are a lot of people over 100 years old. They say the secret of their longevity is healthy eating habits and positive way of thinking. _____ⓐ_____ human being at present is a 114 year old Japanese woman. She said, "I am _____ⓑ_____ person in the world and I feel healthy more than ever."
>
> * longevity 장수

	ⓐ		ⓑ
①	The oldest	········	happier
②	The old	········	the happies
③	The more old	········	more happy
④	The oldest	········	the happiest
⑤	An oldest	········	the happy

1 다음 대화 중 어법상 <u>어색한</u> 한 쌍을 <u>고르시오.</u>

① A : It is cold outside?
  B : No, it's not as cold as yesterday.

② A : My girlfriend doesn't like me because I'm too short.
  B : Don't say that. I'm too tall. I want to be shorter than I am now.

③ A : What kind of clothes do you want tomorrow?
  B : I want the most beautiful coat in the world.

④ A : Was he handsome as much as you imagined?
  B : He was more attractive as handsome.

⑤ A : Can you play soccer?
  B : Sure. I think I can play as well as you.

2 다음 대화의 밑줄 친 부분 중 어법상 <u>어색한</u> 것을 <u>고르시오.</u>

A : What are you going to do on Saturday?
B : I'm going to see a movie. I heard the sequel to *Indiana Jones* is ① <u>very good</u>.
A : Well, I haven't seen ② <u>any better sequels</u> than the first ones.
B : A movie critic says the sequel to *Indiana Jones* is ③ <u>much more</u> exciting than the first one.
A : They always say like that, but no sequel is ④ <u>good as</u> the first one.
B : Oh, you're so ⑤ <u>stubborn</u>.

sequel 속편

3 다음 대화의 밑줄 친 부분 중 어법상 <u>어색한</u> 것을 <u>고르시오.</u>

A : Hello, Ann. David here. I'll tell you what...
B : Is that you, David? I can ① <u>hardly</u> hear you. Speak up.
A : I'm speaking ② <u>so loudly as</u> I can.
B : Oh, it's my ③ <u>younger</u> brother. He's listening to the radio. Just a minute. Mike! Please turn down the radio while I'm talking on the phone. That's ④ <u>better</u>. Can you hear me now David?
A : Yes, but now I ⑤ <u>have forgotten</u> what I wanted to tell you.

명사를 대신하는 큰형님
대명사 훑어보기

Grammar

Words Pre-Test

- ☐ present _____
- ☐ absent _____
- ☐ outside _____
- ☐ award _____
- ☐ divide _____
- ☐ light _____
- ☐ forest _____
- ☐ sweater _____
- ☐ different _____
- ☐ succeed _____
- ☐ direction _____

- ☐ special _____
- ☐ society _____
- ☐ bridge _____
- ☐ face _____
- ☐ pear _____
- ☐ report _____
- ☐ opinion _____
- ☐ solid _____
- ☐ height _____
- ☐ position _____
- ☐ nervous _____

Unit 27 재귀대명사

	단수	복수
1	myself	ourselves
2	yourself	yourselves
3	himself herself itself	themselves

1 **재귀적 용법** 문장에서 목적어나 보어를 주어와 같은 대상으로 만들 때 사용한다.

She killed herself. (타동사의 목적어로 쓰인 herself)
He looked at himself in the mirror. (전치사의 목적어로 쓰인 himself)
I haven't been myself since my father died. (보어로 쓰인 myself)

2 **강조 용법** 주어, 목적어, 보어의 뜻을 강조하기 위해 쓰이는 재귀대명사로 생략이 가능하며, 강조어구 바로 뒤 혹은 문장 맨 뒤에 쓴다.

He did the work himself.
= He himself did the work. (주어 He 강조)
I want to see your father himself. (목적어 your father 강조)
You must do it yourself. (주어 You 강조)

* 재귀 용법과 강조 용법 구별 방법
 – 재귀대명사를 생략했을 때 문장의 목적어나 보어가 빠져있는 경우는 재귀적 용법이고, 문장이 어색하지 않으면 강조 용법이다.

3 **관용적 표현**

by oneself	홀로; 혼자 힘으로	for oneself	혼자 힘으로.
in itself	원래; 본래; 그 자체는	enjoy oneself	마음껏 즐기다
help oneself	마음껏 먹다	beside oneself	제 정신이 아닌
between ourselves	우리끼리 이야기지만	of itself	저절로

He went there by himself.
You can't live for yourself.
We enjoyed ourselves at the party.
Help yourself to the cakes.
This is just between ourselves.
The door opened of itself.

Check-up

A 다음 괄호 안에 알맞은 것을 고르시오.

1. She helped the poor people (herself, himself).

2. Mother (herself, himself) gave me a glass of milk.

3. I did my homework (for myself, beside myself).

B 다음 밑줄 친 재귀대명사의 용법을 쓰시오.

1. He killed <u>himself</u> yesterday. _____

2. I said to <u>myself</u>, "I can do it." _____

3. I <u>myself</u> looked for my purse. _____

C 우리말과 같은 뜻이 되도록 빈칸을 채우시오.

1. Please _____ to this delicious pizza. (이 맛있는 피자를 마음껏 드세요.)

2. I _____ at her house. (나는 그녀의 집에서 즐거운 시간을 보냈다.)

Unit 28 부정대명사

1 all, both
all 뒤에는 단/복수 명사 둘다 올 수 있으며, 명사의 수에 동사의 수를 일치시킨다. both는 항상 복수 취급한다.

All of them are middle school students.
All the money was used for eating.
Both (of) the sisters are very pretty.

* all : 3개 이상의 경우
both : 2개인 경우

* all이 대명사로 사람을 나타낼 때는 복수, 사물을 나타낼 때는 단수 취급한다.

2 every, each
항상 단수 취급한다.

Every student was present at the meeting.
Each of the boys has his/her own book.

3 some, any
some은 보통 긍정의 평서문에, any는 부정문, 의문문, 조건문에 쓰인다.

Some of them were absent.
Will you have some milk?
I need some coins. Do you have any?
– Yes, I have some. / No, I don't have any.

* 긍정의 대답을 예상할 수 있는 권유 의문문이나 조건문에도 some을 사용할 수 있다.

* 긍정문의 any는 '어떤 ~도'의 의미이다.
You may sit on any chair.

4 one, another, the other(s), some, others

개체가 2개	One ~, the other ~	하나는 ~, 나머지 하나는 ~
개체가 3개	One ~, another ~, and the other ~ = One ~, the second ~, and the third ~	하나는 ~, 또 다른 하나는 ~, 나머지 하나는 ~
막연한 나열	Some ~, others ~ (나머지가 있음) Some ~, the others ~ (나머지가 없음)	일부는 ~, 다른 일부는 ~ 일부는 ~, 나머지 전부는 ~

There are two cars on the streets. One is blue, and the other is red.
I have three sons. One is a teacher, another is a doctor, and the other is a scientist.
Some love to go outside, and others like to stay indoors.

* Any는 부정문의 주어로 쓰일 수 없다.
Any of them can not do it. (×)
None of them can do it. (○)

Check-up

A 다음 괄호 안에 알맞은 것을 고르시오.

1. Both the students (like, likes) the teacher.

2. All (was, were) excited by the game.

3. Each of the students (has, have) his own chair.

4. I don't want (some, any) books to read.

5. Every (house, houses) has a window.

6. No one (know, knows) his face.

7. Every boy and girl (study, studies) his/her subject.

8. Each (room, rooms) has a bookshelf.

9. All the money (was, were) stolen yesterday.

10. She has four sons. One is tall, and (the other, the others) are short.

Unit 29 의문대명사와 의문형용사

1 의문대명사 의문사 who, which, what, whose가 단독으로 쓰여 의문문에서 주어, 목적어, 보어로 쓰인다.

1) **주어로 쓰일 때**: 조동사 do가 필요 없고 주어와 동사가 도치되지 않는다.

What happened last night?

Who ate all these?

2) **목적어로 쓰일 때**: 동사의 목적어를 대신하며, 보통 whom 대신 who를 쓴다.

Which do you want, coffee or tea?

Who did you meet on the street?

3) **보어로 쓰일 때**: 문장에서 보어 역할을 하며 be동사 이후에 나오는 말이 주어다.

Who is the man standing over there?

Whose is this bag?

2 의문형용사 〈의문사+명사〉의 형태로 의문사는 명사를 수식하는 역할을 한다.

What sport do you like? (What sport는 목적어 역할)

Which movie won the award? (Which movie는 주어 역할)

Whose bike is this? (Whose bike는 보어 역할)

3 간접의문문의 어순

1) 주어의 역할을 하는 의문대명사/의문형용사는 어순의 변화가 없다.

I don't know **what** happened last night.

Do you know **which movie** won the award?

2) 목적어나 보어의 역할을 하는 의문대명사/의문형용사는 주어와 동사가 도치된다.

He asked me **who(m)** you met on the street.

She wonders **whose bike** this is.

---

* 의문부사 : 완전한 형식의 문장이 뒤따라 온다. (where, when, why, how)
Where does she live? (1형식)

* what은 의문대명사, 의문형용사, 관계대명사로 쓰인다.
<u>What</u> is this? (의문대명사)
<u>What</u> sport do you like? (의문형용사)
I don't know <u>what</u> she does. (관계대명사)

* what과 which의 차이
– What color do you like?
범위가 한정되어 있지 않거나, 막연한 것에 대해 물을 때

– Which color do you like better, red or green?
범위가 한정되어 있을 때

Check-up

A 다음 괄호 안에 알맞은 것을 고르시오.

1. (Who, Whose) is the beautiful girl?

2. (Which, What) is your pen, the red one or the blue one?

3. (Who, Whose) book is this?

4. (Which, What) does your father do?

5. (Which, What) do you like better, apples or pears?

B 대답을 참고하여 빈칸에 알맞은 의문사를 쓰시오.

1. _____ does her father do? – He is a doctor.

2. _____ city do you like, Seoul or Busan? – I like Seoul.

3. _____ is the young lady? – She is my sister, Jane.

4. _____ is your hobby? – My hobby is swimming.

5. _____ book is this? – It's mine.

1 다음 빈칸에 가장 알맞은 것은?

> Do you know how geese could fly so far and how they could come back again _____?

① enjoy themselves　② in themselves
③ of itself　④ help themselves
⑤ by themselves

2 다음 밑줄 친 부분의 쓰임이 나머지 넷과 다른 것은?

① He broke the window himself.
② I saw myself in the mirror.
③ The old man seated himself on the bench.
④ We should protect ourselves.
⑤ She always took a picture of herself.

3 다음 빈칸에 알맞은 말을 쓰시오.

> Students were divided up into two groups. One group was for keeping pets. _____ was against keeping pets.

[4~5] 다음 글의 빈칸에 가장 알맞은 것을 고르시오.

4

> He has three sons. One is a teacher, _____ is a doctor, and the other is a scientist.

① the one　② another
③ the others　④ some
⑤ others

5

> My favorite sports are swimming and soccer. I also like taekwondo. How about you? _____ sports do you like?

① What　② Whose　③ Who
④ How　⑤ Why

6 다음 중 어법상 어색한 한 쌍의 대화는?

① A : Who did you go there with?
　B : I went there by myself.
② A : Will you introduce you?
　B : I'm not sure if I can do it.
③ A : Who painted this wall?
　B : I painted it myself.
④ A : Which club do you want to join?
　B : I want to join the Broadcasting Club.
⑤ A : What happened?
　B : Somebody took my umbrella.

7 다음 중 어법상 어색한 문장은?

① All were happy.
② Every country has its own tradition.
③ Jenny and myself played ball.
④ Who invented television first?
⑤ I won't do it for you. You can do it yourself.

[8~10] 다음 글의 빈칸에 가장 알맞은 것을 고르시오.

| 보기 | whose | which | who | what |

8 If I found a wallet with 30 dollars and you had no idea _____ wallet it was, what would you do?

9 He didn't talk to Jane. He talked to someone else. I wonder _____ he talked to.

10 The white box is heavier and the black box is lighter. _____ box is more difficult to lift?

1 다음의 밑줄 친 재귀대명사가 재귀적 용법인지 강조 용법인지 쓰시오.

(1) Su-mi saw herself in her dream. (   )

(2) We must protect our country ourselves.
(   )

(3) Did you yourself receive a change from the store? (   )

(4) The workers succeeded the work themselves. (   )

(5) Young-ja and I taught ourselves how to play the piano. (   )

[2~4] 다음 문장의 빈칸에 알맞은 것을 〈보기〉에서 고르시오. (단, 주어진 단어는 한 번만 사용할 것)

┌─ 보기 ─┐
Some   What   Each
└────────┘

2 A : _____ kind of pet do you want?
B : I like cats. They are very cute.

3 _____ people enjoy listening to music or watching movies.

4 Today we made our own lunch. _____ group made different dishes. Our group made curry and rice. It was very delicious.

5 다음 글의 빈칸에 가장 알맞은 것은?

In Spain, I couldn't ask for directions when I got lost. I couldn't do the shopping _____, either. Because I couldn't speak Spanish at all.

① for themselves   ② beside myself
③ help myself   ④ by myself
⑤ enjoy myself

[6~7] 다음 글의 빈칸 ⓐ, ⓑ에 들어갈 말이 바르게 짝지어진 것을 고르시오.

6
He found two carrots. He ate ___ⓐ___ up right away. He also wanted to eat ___ⓑ___. Then he thought about his father.

	ⓐ		ⓑ
①	one	⋯⋯	another
②	one	⋯⋯	the other
③	some	⋯⋯	others
④	some	⋯⋯	the other
⑤	one	⋯⋯	the others

7
There is a special student in my class. ___ⓐ___ is she and ___ⓑ___ is she doing in my class?

	ⓐ		ⓑ
①	Who	⋯⋯	what
②	Who	⋯⋯	which
③	What	⋯⋯	which
④	What	⋯⋯	what
⑤	Who	⋯⋯	who

8 다음 글의 빈칸에 가장 알맞은 것은?

> Computers are made by people, used by people, and cannot work without people. In short, they cannot think and move _____.

① in himself
② of itself
③ for themselves
④ beside itself
⑤ between ourselves

9 다음 글의 빈칸에 공통으로 들어갈 말은?

> Tomorrow is the first day of my second year. _____ will be my new classmates? _____ will be my new teachers? I want to meet them.

① Who
② Which
③ What
④ Where
⑤ When

10 다음 글의 밑줄 친 부분 중 어법상 어색한 것은?

> Min-su learned ① to swim from his parents. He has trained ② himself a lot. Now ③ he swims very well. He feels very good about ④ himself, and his parents are proud of ⑤ himself.

[11~14] 다음 글의 빈칸에 가장 알맞은 것을 고르시오.

11

> I saw a lot of things. _____ were really beautiful. Others were not.

① One
② Some
③ The one
④ The other
⑤ These

12

> Peter didn't borrow Jane's camera. He borrowed someone else's camera. I wonder _____ camera he borrowed.

① which
② who
③ what
④ whose
⑤ why

13

> Many people are doing the 3D jobs in our society. _____ people build new buildings and bridges. Others make many socks and clothes in the factory. Others keep our streets clean.

① Another
② One
③ Some
④ The other
⑤ The another

14

> Ben and Min-hee are playing hide-and-seek with friends in the forest. They have hidden _____ behind a tree. Ben is facing north. Min-hee is facing south.

① himself
② herself
③ yourself
④ yourselves
⑤ themselves

[15~16] 다음 중 어법상 어색한 문장을 고르시오.

15
① Did Susan write the report herself?
② Every clouds have its silver lining.
③ Some enjoy reading books or collecting coins.
④ Both of the men like her.
⑤ What kind of work does he do?

16
① What did you read yesterday?
② Each boy has his own interests.
③ Here are some of the opinions in the newspaper.
④ All are excited about the movie.
⑤ Will you visit James and myself?

17 다음 대화의 밑줄 친 부분 중 어법상 어색한 것은?

A : ① What is the ② largest city in the world?
B : I don't know. ③ Which is larger, New York or Seoul?
A : ④ Each of them are smaller than Mexico city. Mexico City ⑤ itself is the largest city in the world.

18 다음 대화의 빈칸 ⓐ, ⓑ에 들어갈 말이 바르게 짝지어진 것은?

A : ___ⓐ___ are all these people looking at?
B : James Cameron is here to shoot a movie.
A : ___ⓑ___ is he shooting?
B : I'm not sure, but all of his movies are good.

	ⓐ		ⓑ
①	Why	········	Whose movie
②	Whose	········	What movie
③	What	········	Whose movie
④	What	········	What movie
⑤	How	········	Whose movie

[19~20] 다음 대화의 빈칸에 가장 알맞은 것을 고르시오.

19
A : I've never seen Indian dolls before. I'd like to see them.
B : Then I'll show you _____ in my home.
A : Okay. Thanks.

① every   ② none
③ each   ④ any
⑤ some

20
A : Jenny, what's wrong?
B : I didn't do well in the piano contest again. I just hate _____.
A : Come on. Cheer up!

① them   ② themselves
③ you   ④ myself
⑤ itself

1 다음 글의 빈칸에 가장 알맞은 것을 고르시오.

> I want to fuse Korean food with the foods of other countries. Someday you'll taste
> _____ of my delicious foods. The whole world will love my new Korean
> foods.

① some   ② any

③ no   ④ both

⑤ none

2 다음 글의 밑줄 친 부분 중 어법상 어색한 것을 고르시오.

> ① Both of friends should be there for each other in good times. But both of
> ② them may not be there for ③ each other in bad times. However, I ④ myself think
> when one friend is in trouble, ⑤ the others has to be ready with lots of help.

3 다음 글의 빈칸에 공통으로 들어갈 말을 고르시오.

> Clouds come in many different sizes and shapes. Some of them look solid, gray
> and flat. Others look like soft, white cotton. Still _____ are like long, thin
> strings. Clouds form at all different heights above the earth. Some are miles high,
> _____ are close to the ground. Clouds are named by the way they look
> and by their position in the sky. Clouds help meteorologists predict or know about
> future weather.
>
>   *meteorologist 기상학자

① both   ② some

③ any   ④ either

⑤ others

1 다음 대화의 밑줄 친 부분을 우리말로 알맞게 표현한 것을 고르시오.

> A : Would you like a drink?
> B : Yes, please.
> A : Make yourself at home.
> B : Thank you.

① 집에서 만든 걸로 주세요.
② 제가 집에서 직접 만들었어요.
③ 당신이 집에서 만들어 드세요.
④ 집에서 다시 만나요.
⑤ 편안하게 계세요.

2 다음 중 어법상 어색한 한 쌍의 대화를 고르시오.

① A : What sport do you like best?
  B : I enjoy myself while playing tennis.
② A : Is everything going well?
  B : So far so good.
③ A : But who'll put a bell on the cat?
  B : That's a good question. Who's going to volunteer?
④ A : Mina, how about dancing together at the gym?
  B : Good! I'm sure that we'll enjoy ourself!
⑤ A : What's your favorite food?
  B : I like bulgogi best.

3 다음 밑줄 친 부분 중 어법상 어색한 것을 고르시오.

① A : What do you want to do in the club?
  B : I want to report school news to students.
② A : Help yourself to this bread.
  B : Thanks. It looks delicious.
③ A : Where did you do last weekend?
  B : I went to a nursing home to visit old people.
④ A : Did you watch the soccer game yesterday?
  B : No, I didn't. Which team won the game?
⑤ A : Would you like some salad?
  B : Yes, please.

Twice he failed in business.
He ran for the state legislature and for Congress twice and failed.
He was defeated twice in Senate races.
He worked hard to become Vice President of
the United States with no success.
The woman he loved died when she was very young.
Eventually he suffered a nervous breakdown.
Through all of these he had the self-knowledge and strength to
overcome adversity, continue with life and become President.
His name is Abraham Lincoln.

– Leo Buscaglia

두 번 그는 사업에 실패했다. 그는 주 의회와 국회에 두 번 출마했으나 실패했다.

그는 상원 선거전에서 두 번 패배했다.

그는 미국의 부통령이 되려고 노력했으나 성공하지 못했다.

그가 사랑하던 여성은 아주 젊은 나이에 죽었다.

마침내 그는 신경쇠약을 앓았다.

이 모든 것을 통하여 그는 자신에 대한 인식과 힘을 갖게 되어서 역경을 극복하고,

계속 살아가다가 대통령이 되었다. 그의 이름은 에이브러햄 링컨이다.

– 리오 버스카글리아

legislature 주(州)의회, 입법부   congress 국회   defeat 패배시키다   senate 상원   vice president 부통령
eventually 마침내, 결국   nervous breakdown 신경 쇠약   strength 힘   overcome ～을 극복하다, 이겨내다   adversity 역경

골칫거리 문제아 관계사 확실하게 파악하기

Grammar

Words Pre-Test

- □ factory _____
- □ loudly _____
- □ various _____
- □ roof _____
- □ hospital _____
- □ honesty _____
- □ salesperson _____
- □ rob _____
- □ across _____
- □ cousin _____
- □ free _____

- □ slave _____
- □ noise _____
- □ unnecessary _____
- □ nature _____
- □ conversation _____
- □ serious _____
- □ teenager _____
- □ receipt _____
- □ discover _____
- □ deceive _____
- □ restroom _____

Unit 30 관계대명사 who, whom, whose

1 관계대명사

1) 관계대명사는 두 개의 문장을 연결해주는 접속사 역할을 하는 동시에 두 문장에서 반복적으로 쓰이는 명사의 대명사 역할을 한다.

2) 관계대명사는 목적격이라도 이끄는 절 맨 앞에 위치해야 한다.

3) 관계대명사가 이끄는 절은 관계대명사 앞에 있는 명사를 수식하므로 형용사절이다.

4) 선행사는 원칙적으로 명사만 가능하다.

That is the boy. + He likes to play soccer.

→ That is the boy who likes to play soccer.

That is the boy. + I met him yesterday.

→ That is the boy whom I met yesterday.

2 who, whom, whose

선행사가 사람이면 관계대명사 who와 관련된 것을 사용하는데, 주어가 없으면 주격 who, 목적어가 없으면 목적격 whom, 관계대명사 뒤에 명사가 있으면서 이어지는 문장이 완전한 형식의 문장일 경우 소유격 whose를 쓴다.

선행사	주격	목적격	소유격
사람	who	whom	whose
사물	which	which	
모두	that	that	×
×	what	what	×

The man is my uncle who is working in the factory. (주격)

The man is my uncle whom I like best. (목적격)

I know a girl whose name is Jane. (소유격)

* what을 제외한 관계대명사는 우리말로 해석하지 않는다.

* 관계대명사가 지배하는 영역은 주절의 본동사로 구분한다.
A woman who died 10 years ago was my teacher.
He has a car which is 10 years old.

* 목적격 관계대명사 whom 대신에 who를 쓰기도 하지만 전치사가 앞에 놓일 때에는 반드시 whom을 사용해야 한다.
This is the girl who(m) I love.
The girl with whom he went the party was Jinna.

Check-up

A 다음 괄호 안에 알맞은 것을 고르시오.

1. The man (whom, whose) I met yesterday is my teacher.

2. The girl (who, whom) lives in that house is my classmate.

3. There is a man (who, whose) name is James.

4. I like a boy (who, whose) wears blue jeans.

B 다음 두 문장을 한 문장으로 바꿀 때, 빈칸에 알맞은 말을 쓰시오.

1. I love the girl. Her face is white.

→ I love the girl _____ white.

2. She met the man yesterday. He was very tall.

→ She met the man _____ very tall yesterday.

3. I know a woman. She has much money.

→ I know a woman _____ much money.

Unit 31 관계대명사 which와 that

1 which

선행사 : 사람 이외의 것 (동물, 사물)	주격	which
	소유격	whose, of which
	목적격	which

This is the book which was written by him. (주격)
This is the book which I like most. (목적격)
This is the book whose cover is blue. (소유격)

> * which의 소유격 of which는 일상 회화에서는 거의 쓰이지 않고 문어체나 공식적인 문서에나 쓰인다.

2 that

선행사 : 모든 것 (사람, 동물, 사물)	주격	that
	소유격	×
	목적격	that

Look at the dog that is barking loudly. (주격)
= Look at the dog which is barking loudly.
This is a gentleman that I met yesterday. (목적격)
= This is a gentleman who(m) I met yesterday.

> * 관계대명사 that은 전치사 혹은 코마(comma) 다음에 사용하지 못한다.
> She is a student of that I am very proud. (×)
> She bought a beautiful dress, that was stolen last night. (×)

3 목적격 관계대명사 whom, which, that은 생략할 수 있다.

Do you know the girl I met there? (who 생략)
This is a pencil she likes. (that 생략)
This is a new car I want to buy. (which 생략)

* 목적격 관계대명사 앞에 전치사가 있을 경우는 관계대명사를 생략할 수 없다.

> * 관계대명사 that을 쓰는 경우
> · 선행사가 -thing으로 끝나는 말일 때
> · 선행사에 최상급이나 서수가 있을 때
> · 선행사가 〈사람+동물〉일 때
> · 선행사에 the only, the very, the same, the last 등이 있을 때

Check-up

A 다음 괄호 안에 알맞은 것을 고르시오.

1. He works for a company (which, whose) sells various goods for the old.

2. This is a bus (whose, that) leaves for Seoul.

3. The bike (which, whose) my father bought for me was stolen.

4. This is a table (whose, that) color I like very much.

5. This is the book for (which, that) I am looking.

B 다음 두 문장을 한 문장으로 바꿀 때, 빈칸에 알맞은 말을 쓰시오.

1. This is the letter. She sent me it last week.
   → This is the letter _____ last week.

2. Look at the house. The roof of that is yellow.
   → Look at the house _____ is yellow.

3. This is the city. I lived in this city.
   → This is the city in _____ .

Unit 32 관계대명사 what과 관계부사

1 관계대명사 what

관계대명사 what은 '~하는 것'이라고 해석하며, 문장내에서 단독으로 주어, 목적어, 보어 역할을 한다. 동시에 what이 이끄는 절이 주어절, 목적어절, 보어절 역할을 한다.

What the boy wants to have is a bike.
　주어　　　　　　　　주어절

Did you hear what she said?
　　　　　목적어　목적어절

This is what I am looking for.
　전치사의 목적어　　보어절

* 관계대명사 what은 선행사를 포함하고 있으므로 앞에 선행사가 오지 않는다.

* 의문대명사 what은 '무엇'이라고 해석하고, 주로 ask, know, wonder 다음에 what이 올 때는 의문대명사이다.
Did you know what she said?

2 관계부사

선행사	관계부사	전치사+관계대명사
장소 (the place, the house 등)	where	at/in/on+which
시간 (the time, the day 등)	when	at/in/on+which
이유 (the reason)	why	for which
방법 (the way)	how	in which

* 관계부사 : 〈접속사+부사〉의 역할을 하며 관계대명사와 같이 관계부사가 이끄는 절은 앞의 명사(선행사)를 수식한다.

* 관계부사 how와 선행사 the way는 함께 쓸 수 없으므로 하나는 생략해야 한다.
This is the way how he solved the difficult problem. (×)

This is the hospital. + I was born in this hospital.
→ This is the hospital where I was born.
→ This is the hospital in which I was born.

Do you remember the year? + I first met you in 1999.
→ Do you remember the year when I first met you?
→ Do you remember the year in which I first met you?

Tell me the reason why she is crying.

This is how[the way] he solved the difficult problem.

Check-up

A 다음 괄호 안에 알맞은 것을 고르시오.

1. I can't understand (what, that) she said.

2. June is the month (when, which) I was born.

3. I wonder (what, where) she likes very much.

4. Jane knows the place (where, why) I bought the pot.

5. (What, Which) I like about the boy is his honesty.

6. I bought my son (what, where) he really needed.

7. This is the country (where, when) my mother was born.

8. There must be a reason (why, how) the boy has not come yet.

9. 2015 is the year (where, when) I am going to go London.

10. Do you remember the place (what, where) your purse was lost?

[1~2] 다음 빈칸에 알맞은 말을 쓰시오.

1

> The earth is the only place _____ we can live.

2

> The best thing _____ I've learned this year is the Korean language. I've lived in Korea for two years.

[3~4] 다음 글의 빈칸 ⓐ, ⓑ에 들어갈 말이 바르게 짝지어진 것을 고르시오.

3

> There once lived a father __ⓐ__ was always worrying about his two sons. They were both salespeople. One sold umbrellas and __ⓑ__ sold salt.

	ⓐ	ⓑ		ⓐ	ⓑ
①	that	others	②	who	the other
③	who	some	④	which	some
⑤	whom	the other			

4

> There were almost no trees or water there. It was not a nice place __ⓐ__ people lived in. That's the reason __ⓑ__ I was very surprised.

	ⓐ	ⓑ		ⓐ	ⓑ
①	where	why	②	which	when
③	where	when	④	which	why
⑤	where	what			

5 다음 대화의 빈칸에 알맞은 말을 쓰시오.

> A : Can you tell me the reason _____ most animals die early?
> B : It's because they are killed by other animals or people.

6 다음 밑줄 친 what의 쓰임이 나머지 넷과 다른 것은?

① Do you know <u>what</u> I say?
② I asked her <u>what</u> this money was.
③ I have no idea <u>what</u> she told me.
④ She wondered <u>what</u> that animal was.
⑤ <u>What</u> I said to you is important.

[7~8] 다음 밑줄 친 부분 중 어법상 어색한 것을 고르시오.

7

① We know a man <u>that</u> daughter is getting married.
② Someone robbed the store <u>where</u> my sister works.
③ She was afraid. That is the reason <u>why</u> she didn't call the police.
④ She saw the man <u>who</u> took the money.
⑤ Do you know the woman <u>that</u> lives across the street?

8

① The man <u>who</u> wrote this novel is clever.
② This puzzle <u>which</u> comes with directions is easy.
③ You must sit in the place <u>where</u> you can see and hear well.
④ A cousin <u>whom</u> I have never met lives in Vietnam.
⑤ <u>That</u> I said to him is very important.

[9~10] 다음 빈칸에 가장 알맞은 것을 고르시오.

9

> A : I'm thinking of a woman _____ house is full of cats.
> B : That must be Mrs. Thomson.

① who   ② whom   ③ which
④ that   ⑤ whose

10

> We can say something good. But saying without doing is not right. We should always do _____ we say.

① who   ② which   ③ whom
④ that   ⑤ what

1 다음 글의 빈칸에 가장 알맞은 것은?

> Nick and his friends met again after the summer vacation. He told his friends _____ he did during the vacation.

① who
② which
③ that
④ what
⑤ where

2 다음 문장의 빈칸에 알맞은 말을 쓰시오.

> Abraham Lincoln was the president _____ succeeded in freeing the black slaves.

3 다음 글의 빈칸에 가장 알맞은 것은?

> Towns grew larger and larger. Sometimes there were many people _____ names were the same. So, people began to have longer names.

① who
② who
③ which
④ whose
⑤ what

4 다음 글에서 밑줄 친 부분 중 어법상 어색한 것은?

> Many people ① depend on the work ② whose other people do. ③ Some produce goods, such as bicycles or books. ④ Others provide services ⑤ that help people.

5 다음 글의 밑줄 친 부분과 바꿔 쓸 수 있는 것은?

> Last Sunday, I went to the park near my house to enjoy the sun and read books. There were many people that made a lot of noise.

① who
② whom
③ which
④ where
⑤ what

6 다음 글의 빈칸에 가장 알맞은 것은?

> When she goes to the supermarket, she always makes a shopping list. That is _____ she saves time and doesn't buy unnecessary things.

① what
② which
③ where
④ when
⑤ how

7 다음 문장의 빈칸에 알맞은 것을 모두 고르면?

> Who stole the bread _____ I put on this table yesterday?

① who
② whom
③ which
④ what
⑤ that

[8~10] 다음 대화의 빈칸에 가장 알맞은 것을 고르시오.

8

A : This looks like a good place for meeting people.
B : It is. The folks _____ come here are very friendly.

① who   ② whom
③ which   ④ whose
⑤ what

9

A : Excuse me. I'd like to return a dress _____ I bought here.
B : Certainly. Do you have your receipt?
A : Yes, right here.

① who   ② which
③ whom   ④ what
⑤ where

10

A : This is the first time _____ I've seen her in a comedy. Wasn't she good?
B : She was terrific. I can't wait to see her next movie.
A : Neither can I.

① what   ② which
③ when   ④ that
⑤ where

11 다음 문장의 빈칸에 알맞은 말을 쓰시오.

By the way, _____ I wanted to talk to you about was Frank.

[12~14] 다음 밑줄 친 부분 중 어법상 어색한 것을 고르시오.

12
① I know the man who played the piano.
② Hamburgers are not the only kind of food that fastfood restaurants serve.
③ We know a man that son is going to the university.
④ That is the place where she had the accident.
⑤ This is the man whom Lilly met last week.

13
① Here are some of the methods that they use.
② This is the street which you lost your wallet.
③ I know a man whose wife works at the airport.
④ We checked everything that we needed.
⑤ The near-sighted person can't even see things that are three feet away.

14
① There are many things that I want to know about Korea.
② We know a woman whose job is selling books.
③ She remembered the time when she began climbing the mountain with me.
④ That's the place whom we met.
⑤ Here is a young man who has done something for many people.

15 다음 빈칸에 공통으로 들어갈 말은?

> • Let's find a place _____ we can have a quiet conversation.
> • They stand in a room of a house _____ there is a big jar full of water.

① who   ② which
③ what   ④ where
⑤ when

16 다음 글의 빈칸에 가장 알맞은 것은?

> I have got a serious problem, Mr. James. The owner of the apartment building _____ I live in is trying to force all the people out. I'm afraid of losing my apartment.

① whom   ② which
③ why   ④ where
⑤ why

17 다음 글의 밑줄 친 **that**의 쓰임과 <u>다른</u> 것은?

> Because many people want food <u>that</u> is good for them, fast-food restaurants are serving salads and other healthy foods.

① They are the people <u>that</u> asked many questions.
② Give up one thing <u>that</u> you want to do.
③ You see many people <u>that</u> live and work nearby.
④ One problem is <u>that</u> Nick is lazy and slow.
⑤ In the book, he shows me things <u>that</u> I can do in just 15 minutes a day.

[18~19] 다음 빈칸에 알맞은 말을 〈보기〉에서 골라 쓰시오.

> 보기   where   what   how   which

18
> That is the store _____ I bought my umbrella.

19
> Nature gives _____ living things need. Plants need sunlight, water, air, and soil to grow.

20 다음 두 문장을 한 문장으로 바꿀 때, 빈칸에 알맞은 말을 쓰시오.

(1) Will you bring me the cup? + I left the cup on the table.
   → Will you bring me the cup _____ on the table?

(2) The city has a beautiful park. + I grew up in the city.
   → The city _____ has a beautiful park.

(3) This is the city. + I like the city most.
   → This is the city _____ most.

(4) It was the last day of August. + He had a big accident on the last day of August.
   → It was the last day of August _____ a big accident.

1 다음 글을 읽고, 빈칸에 가장 알맞은 것을 고르시오.

Mr. Been would do anything to get _____ he wanted. At times, he even cut off the electricity and said he was doing it to save energy. Many people complained, but it was no use.

① who

② what

③ which

④ that

⑤ whom

2 다음 글의 빈칸 ⓐ, ⓑ에 들어갈 말이 바르게 짝지어진 것을 고르시오.

Scientists studied children ___ⓐ___ could not focus on their teacher. They discovered that ___ⓑ___ the walls were light and dark blue, the children's heart rates were slower and the children were much calmer.

	ⓐ		ⓑ
①	whom	········	when
②	who	········	before
③	whom	········	before
④	who	········	after
⑤	that	········	when

3 다음 글의 밑줄 친 부분 중 어법상 어색한 것을 고르시오.

① Some advertisers use words ② which deceive people. Here is an example. "Many dentists say ③ that sugarless gum is good for people ④ whose chew gum." When we hear it, we all think sugarless gum is good for our teeth ⑤ because many dentists recommend it.

1 다음 대화의 빈칸에 공통으로 들어갈 말을 고르시오.

> A : When it is 1:50 in Seoul, _____ time is it in Busan?
> B : Well, I don't know _____ you mean.
> A : If the time in Seoul is 12 o'clock, will the time in Busan be 12:01 or 11:59?
> B : I see. It's 11:59. The time in Busan is a little late.

① that
③ which
⑤ what
② who
④ how

2 다음 밑줄 친 부분 중 어법상 어색한 것을 고르시오.

① A : Does your friend <u>whom</u> you ran into on the street live in Seoul?
   B : No, she is visiting here for a week with her father.
② A : Hi, Jane. Did you go to the Chinese restaurant <u>where</u> I recommended?
   B : Yes. I went there last Saturday.
③ A : I have just read a book about a great man <u>who</u> changed the world.
   B : What's the title of the book?
④ A : What's the reason <u>why</u> we don't know the life spans of wild animals?
   B : Because they don't die of old age.
⑤ A : Jin-hee, let's play a game. See if you can guess <u>what</u> I'm thinking of.
   B : Okay, go ahead.

3 다음 대화의 빈칸 ⓐ, ⓑ, ⓒ에 알맞은 말을 쓰시오.

> A : Traffic jam is one of the reasons ⓐ _____ I hate working in a big city.
> B : I know ⓑ _____ you are talking about.
> A : This is terrible! We may be here all night!
>   I hope we don't run out of gas.
> B : No, I think that gas is enough.
> A : Anyway, let's go to the gas station ⓒ _____ there is a restroom.

ⓐ _____   ⓑ _____   ⓒ _____

If I were asked to give
what I consider the single most useful bit of advise
for all humanity it would be this:

Expect trouble as an inevitable part of life and,
when it comes, hold your head high,
look it squarely in the eye and say,

"I will be bigger than you. You can't defeat me."
Then repeat to yourself
the most comforting of all words,
"This too shall pass."

– Ann Landers

만일 내가 생각하기에 모든 사람들을 위한

단 하나의 가장 유용한 충고 한 마디를 해달라고 내게 부탁한다면

그것은 이것이 될 것이다:

고난을 인생의 불가피한 일부로 예상하고,

그것이 찾아오면, 머리를 높이 쳐들고,

그것을 정면으로 바라보면서 말하라.

"나는 너를 이길 거야. 넌 나를 꺾을 수 없어."

그리고는 모든 말 중에서 가장 위안이 되는 이 말을 당신 자신에게 반복하라.

"이것 또한 지나갈 거야."

– 앤 랜더스(미국의 칼럼니스트)

---

humanity 인류　　　**inevitable** 피할 수 없는　　　**squarely** 정면으로, 맞받아서　　　**comforting** 위안이 되는

Chapter 11

영어의 감초 전치사,
접착제 접속사

Grammar

Words Pre-Test

- □ wheat   _____
- □ overwork   _____
- □ cure   _____
- □ shiver   _____
- □ bamboo   _____
- □ desert   _____
- □ bury   _____
- □ neighborhood   _____
- □ recognize   _____
- □ palace   _____
- □ foreigner   _____

- □ extra   _____
- □ weight   _____
- □ breathe   _____
- □ lawyer   _____
- □ dull   _____
- □ information   _____
- □ furniture   _____
- □ continue   _____
- □ annoy   _____
- □ visitor   _____
- □ appear   _____

1 원료 전치사

of	제품+be made of+원료 (형태적 변화)
from	제품+be made from+원료 (화학적 변화)
into	원료+be made into+제품

The house was made of wood. (나무의 형태만을 바꿔 집으로 만듦)
Wine is made from grapes. (포도를 화학적으로 바꿔 와인으로 만듦)
Glass is made into bottles. (유리를 이용해 병을 만듦)

2 수단 전치사

by	(교통수단) ~로 (단위) ~의 단위로	by bus, by taxi, by subway by the pound, by the liter
in	(잉크, 언어) ~로 (색깔) ~을 입고 있는	in red ink, in English in red, in black
with	(도구) ~를 가지고, ~로	with a knife, with a hammer
for	(교환) ~로, ~의 가격으로	for 50 dollars, for 1000 won
through	(중개, 경로) ~로, ~을 통해	through this book through the Internet

* '걸어서'를 나타낼 때는 'on foot'을 사용한다.
I went to his house on foot.

* by로 단위를 나타낼 경우는 반드시 정관사 the를 써야 한다.
Water is sold by the liter.

I go to school by bus.
Sugar is sold by the pound.
Don't write your name in red ink.
She speaks well in English.
Please cut your bread with a knife.
I bought the apples for 5,000 won.
We can learn much through books.

Check-up

A 다음 괄호 안에 알맞은 것을 고르시오.

1. Gold is sold (by, in) the pound.

2. He bought a doll (on, for) 5,000 won.

3. She looks like a princess (in, on) red.

4. In America, bread is made (of, from) wheat.

5. The child knew the time (through, with) his watch.

B 다음 빈칸에 가장 알맞은 말을 〈보기〉에서 골라 쓰시오.

보기	of	into	by	on	in

1. My father goes to work _____ foot.

2. This desk is made _____ wood.

3. She is going to school _____ bicycle.

4. Do you know what this one is _____ English?

5. My mother made milk _____ cheese yesterday.

1 원인을 나타내는 전치사

of	(병, 굶주림, 노령 등) ~로	die of cancer
from	(피로, 과로, 부주의 등) ~로	die from overwork
at	(감정단어+at+원인) ~로	surprised at the news
with	(추위, 두려움, 무서움, 흥분 등) ~로, ~때문에	with cold, with fear
for	(행위의 이유) ~로, ~때문에	for many reasons

He died of cancer.　　　　　　　He died from overwork.
I was surprised at the news.　　He was shivering with cold.

2 기타 전치사

as	~로서 (자격)	as a teacher
like	~처럼	like him
except (for)	~을 제외하고	except me

I think of him as a teacher.　　He drinks beer like a fish.
All the student went swimming except me.

3 타동사구(2어 동사)

① 자동사 + 전치사	전치사의 목적어는 무조건 전치사 뒤	look at him
② 타동사 + 부사	목적어가 대명사일 경우 – 부사 앞	take it off
	명사일 경우 – 부사 앞 혹은 부사 뒤	take your hat off take off your hat

Look at the lady.　　　　　　I am looking for him.
Take it off.　　　　　　　　Take off it. (×)

---

* 이유를 나타내는 전치사(구)
for/because of/thanks to/ owing to/due to
Today we were delayed due to heavy rain.

* of, from은 거의 혼용해서 사용한다.

* except와 except for의 구별
– except : 목적어로 명사, 부사, 원형부정사, 절 등이 올 수 있다.
– except for : 목적어로 명사(구)만 올 수 있다.

* 자동사+전치사
laugh at (비웃다)
look for (~을 찾다)
call at (방문하다)
depend on (~에 의존하다)

* 동사+부사
call up (전화하다)
carry out (수행하다)
give up (포기하다)
pick up (줍다)
put off (연기하다)
see off (전송하다)
turn out (불을 끄다)
put away (치우다)
use up (다 써버리다)

Check-up

A 다음 괄호 안에 알맞은 것을 고르시오.

1. My family sleeps on the bed with (I, me).

2. She was surprised (at, with) the news.

3. Turn (it off, off it) before you go out of the room.

4. I was late for school (because, because of) my delay.

5. My father is looking (his glasses for, for his glasses).

B 다음 빈칸에 알맞은 전치사를 쓰시오.

1. The man died _____ old age.

2. She was shivering _____ fear.

3. _____ a doctor, I will cure poor people.

4. Sometimes, my five-year-old son behaves _____ an adult.

[1~2] 다음 문장의 빈칸에 가장 알맞은 것을 고르시오.

1

> In China, kites were made _____ silk and bamboo a long time ago.

① from   ② into   ③ in
④ for   ⑤ of

2

> When she talks, people in the studio listen to her _____ their headphone.

① like   ② as   ③ at
④ through   ⑤ except

3 다음 글의 밑줄 친 like의 품사를 쓰시오.

> There are many small mountains in Korea, but I ⓐ like this area because it was a completely desolate area ⓑ like a desert.
> * desolate 황량한, 황폐한

ⓐ _____   ⓑ _____

[4~6] 다음 대화의 빈칸에 가장 알맞은 것을 고르시오.

4

> A : I was surprised _____ the news in the paper.
> B : What was the news?
> A : It said that most people were killed.

① at   ② on   ③ with
④ to   ⑤ for

5

> A : Hmm. I wonder if she needs someone _____ me.
> B : I will say that tomorrow.

① like   ② by   ③ for
④ at   ⑤ in

6

> A : How was your trip to the East Coast last summer vacation?
> B : Great _____ the traffic.

① by   ② for   ③ like
④ as   ⑤ except for

7 다음 밑줄 친 부분 중 어법상 어색한 것은?

① You should turn your cell phone off in the theater.
② Have you ever read interesting stories by English?
③ Everything was buried except the roofs.
④ We picked up the trash and put it into garbage bags.
⑤ Min-su's friends took him by taxi to the emergency room at a nearby hospital.

8 다음 대화의 빈칸에 알맞은 전치사를 쓰시오.

> A : What's the reason?
> B : Because over 50% of patients in this hospital die _____ cancer.

[9~10] 우리말과 같은 뜻이 되도록 빈칸에 주어진 단어를 바르게 배열하시오.

9

> 이 샴푸는 레몬과 같은 향기가 난다.
> (like, lemons, smells, shampoo)
> This _____.

10

> Nick and Emily hung many signs around their neighborhood on Friday. Next, early on Sunday morning, they _____.
> 모든 것을 가지고 나와서 그것을 설치했다.
> (it, and, set, up, brought out, everything)

Unit 35 시간을 나타내는 접속사

1 when, while, as ～할 때, ～하는 동안, ～하면서

When I went to his house, he wasn't there.
She was driving while I was talking to her.
Peter saw his friends as he walked down the street.

2 after ～한 후에

After I finished my homework, I played soccer.
She will get her haircut after her classes are all over.

3 before ～하기 전에

Don't forget to close the window before you go out.
Please return Jack's shoes before he comes back.

4 until / till ～할 때까지

I'm going to wait for them until the spring comes again.
I couldn't get into the house until she recognized me.

5 as soon as ～하자마자

As soon as I turned on the TV, I went to sleep.
It began to rain as soon as we arrived.

6 since ～이래로

Jack has loved Mary since he met her.
He's been my friend since we were young.

---

* 시간을 나타내는 부사절에서는 미래 시제 대신 현재 시제를 쓴다.
When he visits Sydney, he is going to visit Opera House.

* 접속사 as의 다른 뜻
• ～이기 때문에
As she is pretty, she gets a lot of attention.
• ～함에 따라
As you grow older, you become taller.

* 접속사 since는 어느 시점부터 계속된 행동을 나타낼 때 사용하므로, 주절의 시제는 현재완료를 쓰고, 부사절의 시제는 과거를 쓴다.
I have played the piano since I was 8.

* 전치사 since
It has been raining since last weekend.

Check-up

A 다음 괄호 안에 알맞은 것을 고르시오.

1. I will take a rest (after, since) I finish washing the dishes.

2. I will wait here until she (will be, is) back home.

3. (As soon as, Before) he arrived at his house, he turned on the TV.

4. It has been ten years (since, when) he started learning the guitar.

5. He had left the party (before, after) I arrived. So I couldn't see him.

B 다음 빈칸에 알맞은 단어를 〈보기〉에서 골라 쓰시오.

보기	since	while	as soon as

1. Please ask her to call me _____ she gets back home.

2. We've been waiting _____ we arrived at the meeting room.

3. _____ I was watching TV, I ate the chocolate.

Unit 36 조건, 양보, 대조를 나타내는 접속사

1 조건을 나타내는 접속사 – if, unless, once, as long as

1) if 만약 ~라면
If it rains tomorrow, we will put off our picnic.
If I see you tomorrow, I will buy you a drink.

2) unless 만약 ~하지 않는다면
I will go to the gym unless it snows tomorrow.
You will get a penalty unless you do your homework.

3) once 일단 ~하면
Once you get there, you will love the view.
You will love my food once you taste it.

4) as long as ~하는 한
Sam will do his best as long as we trust him.

2 양보를 나타내는 접속사 – though(= although), even if(= even though)

1) though(= although) ~일지라도
Though he is tall, he cannot run fast.

2) even if(= even though) 비록 ~일지라도
Even if you take a taxi, you will be late for school.

3 대조를 나타내는 접속사 – while(= whereas) ~반면에

He is very outgoing, while his wife is shy.
Dan earns 30,000 dollars a year whereas Peter does at least 50,000 dollars.

> * 조건 부사절에서 미래 시제는 현재 시제로 표현한다.
> If it rains tomorrow, I will stay home.
>
> * unless에는 이미 부정의 의미가 포함되어 있으므로 not을 중복으로 사용하지 않는다.

Check-up

A 다음 괄호 안에 알맞은 것을 고르시오.

1. (If, Though) he is strong, he cannot lift the box.

2. (While, Once) he cleaned his room, it looked like a palace.

3. (If, Though) you study hard, you will pass the exam.

4. (Unless, If) you have a ticket, you cannot enter the museum.

5. If you (go, will go) to his house tomorrow, you will see his dog.

B 다음 밑줄 친 부분에 유의하여 내용이 자연스럽게 이어지도록 연결하시오.

1. If you meet the man,   •   ⓐ his wife is very short.

2. While Erick is very tall,   •   ⓑ she is poor at studying.

3. As long as you keep quiet,   •   ⓒ you can stay here.

4. Unless you hurry,   •   ⓓ you will miss the bus.

5. Though Susan is very beautiful, •   ⓔ you will think of him as a foreigner.

1 이유를 나타내는 접속사 – because, as, since

1) because ～이기 때문에 (청자가 이유를 모를 가능성이 큼)
Because she is kind, everyone loves her.

2) as ～이기 때문에
As Linda woke up late, she was late for school.

3) since ～이기 때문에 (청자가 이유를 알고 있을 가능성이 큼)
Since you are late, you have to do some extra work.

> * because 다음에는 절이 오고, because of 다음에는 대명사, 명사, 동명사가 온다.

2 목적을 나타내는 접속사 – so that

1) so that 주어+can/may/will+동사원형 ～하기 위해서
He studies hard so that he will pass the exam.
= He studies hard in order to pass the exam.
= He studies hard so as to pass the exam.

> * as의 여러 가지 의미
> 1. ～할 때 / ～하는 동안
> 2. ～ 때문에
> 3. ～함에 따라
> 4. ～처럼, ～듯이
> 5. (전치사) ～로서

3 결과를 나타내는 접속사 – so, so/such ~ that

1) so 그래서
The weather is lovely, so many people come here.

2) so/such ~ that 주어+(can/may/will)+동사원형 아주 ～해서 …하다
She is so kind that everyone likes her.
She is such a kind teacher that many students like her.
He is so fat that he can't run fast. = He is too fat to run fast.

> * so ~ that 사이에는 형용사나 부사가 오고, such ~ that 사이에는 명사가 온다.

Check-up

A 다음 괄호 안에 알맞은 것을 고르시오.

1. It was (so, such) cold that I stayed home all day long.

2. This is (so, such) a beautiful picture that I like it best.

3. The dog is (so, such) big that everyone hates it.

4. I live in the big city, (so, that) I often miss the country.

5. He drank lots of coffee (such, so that) he could stay up late.

B 다음 문장이 같은 뜻이 되도록 빈칸을 채우시오.

1. Because the child is very young, he can't go to school.

= The child is ⓐ _____ young that ⓑ _____ go to school.

= The child is very young, ⓒ _____ he can't go to school.

2. She exercises very hard to lose weight.

= She exercises very hard ⓐ _____ lose weight.

= She exercises very hard ⓑ _____ she can lose weight.

[1~3] 다음 문장의 빈칸에 가장 알맞은 것을 고르시오.

1

Later, I found people took off their shoes
_____.

① because they didn't enter the living room
② until they didn't enter the living room
③ unless they entered the living room
④ before they entered the living room
⑤ though they entered the living room

2

If the wet plaster _____, the cast will
be hard. It will protect your broken ankle.

* plaster 깁스 cast 깁스 붕대

① dry   ② dried
③ dries   ④ will dry
⑤ have dried

3

Whenever I have to read out loud, I get
_____ that I can't breathe well.

① nervous in order   ② so nervous
③ such nervous   ④ nervous so
⑤ nervous such

4 다음 두 문장이 같은 뜻이 되도록 할 때 빈칸에 들어
갈 알맞은 말을 쓰시오.

He worked so hard that he finally became
a lawyer in 1988.
= _____ he worked hard, he finally
became a lawyer in 1988.

5 다음 문장의 빈칸에 알맞은 말을 쓰시오.

Though you don't believe it, he was
_____ poor in math and science at
school that he was called a dull boy.

6 다음 빈칸에 가장 알맞은 것은?

_____ I was speaking, I felt my legs
shaking a little. It felt like I was walking
on air.

① Unless   ② If   ③ While
④ Because   ⑤ Though

7 다음 글의 빈칸에 공통으로 들어갈 말을 쓰시오.

_____ I don't know your faces, names,
or ages, I love you. _____ I don't know
where you are, I want to meet you.

8 다음 빈칸 ⓐ, ⓑ에 들어갈 말이 바르게 짝지어진 것은?

For example, don't keep your TV on   ⓐ
you're not watching it. Make sure that
you turn off the lights   ⓑ   you go out
of the room.

① though – because   ② if – when
③ when – because   ④ until – if
⑤ as soon as – while

9 다음 중 어법상 어색한 문장은?

① Please call me unless I call you.
② The bread was not fresh, so he threw it
away.
③ Because she was late, she missed the bus.
④ I have gotten fatter since last winter vacation.
⑤ As she has a nice job, she doesn't make
good money.

10 우리말과 같은 뜻이 되도록 빈칸에 주어진 단어를
바르게 배열하시오.

나는 그녀를 보자마자 그녀를 사랑하게 되었다.
(as, her, I, as, saw, soon)
→ I fell in love with her _____.

Review Test

1 다음 대화의 밑줄 친 as와 같은 의미로 쓰이지 <u>않은</u> 것은?

> A : Some people have pigs <u>as</u> their pets.
> B : Pigs? I can't believe it.
> A : But it's true.

① I respected him <u>as</u> a true teacher.
② You must do <u>as</u> your parents tell you.
③ She is known <u>as</u> a big spender in our society.
④ Children dress up <u>as</u> monsters to deceive people.
⑤ Last summer I worked <u>as</u> a waiter at his restaurant.

2 다음 두 문장의 뜻이 같도록 할 때 빈칸에 들어갈 알맞은 것은?

> He does not sing well, but he is good at dancing.
> = _____ he doesn't sing well, he is good at dancing.

① As   ② When
③ Unless   ④ Because
⑤ Though

3 다음 문장의 빈칸에 가장 알맞은 것은?

> We can send letters, find information, or buy things _____ the Internet.

① as   ② through
③ like   ④ to
⑤ although

4 다음 글의 빈칸에 공통으로 들어갈 말로 알맞은 것은?

> Many teenagers want to look _____ famous fashion models, but you don't have to look _____ them.

① such   ② so
③ except   ④ like
⑤ as

5 다음 글의 빈칸 ⓐ, ⓑ에 들어갈 말이 바르게 짝지어진 것은?

> I went into my parents' room and found some old papers. I _____ ⓐ _____ and _____ ⓑ _____. They were my parents' love letters!

ⓐ   ⓑ
① took out them ┈┈ looked them at
② took them out ┈┈ looked them at
③ took out them ┈┈ looked at them
④ them took out ┈┈ them looked at
⑤ took them out ┈┈ looked at them

6 다음 두 문장이 같은 뜻이 되도록 할 때 빈칸에 들어갈 말로 알맞은 것은?

> Because I climbed a mountain, I believe other handicapped people can do it, too.
> = I climbed a mountain, _____ I believe other handicapped people can do it, too.

① so   ② such
③ when   ④ like
⑤ by

7 다음 글의 빈칸 ⓐ, ⓑ에 들어갈 말이 바르게 짝지어진 것은?

> _____ ⓐ _____ we meet some people from abroad, we should speak with them _____ ⓑ _____ English.

	ⓐ		ⓑ
①	Because	········	in
②	When	········	in
③	Because	········	by
④	When	········	by
⑤	If	········	by

8 우리말과 같은 뜻이 되도록 빈칸에 주어진 단어를 바르게 배열하시오.

> 그녀가 그것을 집었을 때, 몇 개의 토마토가 떨어졌다.
> (it, up, picked, she)
> → When _____, some tomatoes fell down.

9 다음 두 문장을 한 문장으로 만들 때, 빈칸에 알맞은 말을 쓰시오.

> First, she ate dinner. Then, she did her homework.
> = _____ she did her homework, she ate dinner.

10 다음 빈칸에 공통으로 들어갈 전치사를 쓰시오.

> • All the furniture in my house was made _____ wood.
> • Many children in Africa have died _____ hunger.

11 다음 빈칸에 들어갈 전치사를 각각 쓰시오.

> • I have been to Japan several times. Last time I went there _____ ship.
> • I usually go to school _____ foot, but this morning I took a taxi.

12 다음 대화의 빈칸에 가장 알맞은 것은?

> A : What do you want to be when you _____ up?
> B : I want to be a scientist.

① grow   ② grew
③ will grow   ④ growing
⑤ grown

13 다음 밑줄 친 전치사의 쓰임이 어법상 어색한 것은?

① Honey is sold at the weight.
② He has saved money for many reasons.
③ Is it true that the sand is made into glass?
④ Sarah was pleased to buy a nice watch for five dollars.
⑤ The people in the room except me looked very happy.

14 다음 중 어법상 어색한 문장은?

① Turn off the water while you are brushing your teeth or washing your face.
② Do you see the man in blue at the picture?
③ If I go to Paris, I will visit the Eiffel Tower.
④ I will go out unless it will rain tomorrow.
⑤ The house was built one month ago, so it is very modern.

15 다음 밑줄 친 부분 중 어법상 어색한 것은?

① He does not look <u>like</u> his brother at all.

② <u>Though</u> the restaurant was crowded, we were seated quickly.

③ Let's buy popcorn <u>before</u> the movie begins.

④ Customers can order their food in their cars and <u>pick up it</u> at the window.

⑤ He did not have any cash, <u>so</u> he used his credit card.

[16~17] 다음 빈칸 ⓐ, ⓑ에 들어갈 말이 바르게 짝지어진 것을 고르시오.

16

_____ⓐ_____ you throw anything away, think about what kind of garbage it is. Don't just _____ⓑ_____ because it can be recycled.

	ⓐ		ⓑ
①	Before	⋯⋯	throw away it
②	After	⋯⋯	throw away it
③	Before	⋯⋯	throw it away
④	After	⋯⋯	throw it away
⑤	Before	⋯⋯	it throw away

17

The air pollution is getting worse and worse, _____ⓐ_____ we will have to carry air tanks _____ⓑ_____ we go outside.

	ⓐ		ⓑ
①	so	⋯⋯	when
②	because	⋯⋯	though
③	such	⋯⋯	when
④	that	⋯⋯	as
⑤	even if	⋯⋯	as

18 다음 대화의 빈칸에 가장 알맞은 것은?

A : Cheer up. There's no hope _____ you dream it.

B : I think you're right. I hope everything goes well next time.

① unless　　　② though

③ because　　　④ even if

⑤ if

19 다음 빈칸에 문맥상 어울리는 것을 〈보기〉에서 찾아 쓴 후, 완성된 문장을 해석하시오.

┌ 보기 ┐
ⓐ the wild horses fled
ⓑ you will save time
ⓒ I missed the important class
ⓓ the store was crowded

* fled: flee(도망치다)의 과거형

(1) Although the sale was over, _____.

해석:

(2) Because I overslept, _____.

해석:

(3) If you take a taxi, _____.

해석:

(4) While the barn burned, _____.

해석:

20 다음 빈칸에 알맞은 전치사를 〈보기〉에서 골라 쓰시오.

보기	at	from	like	in

(1) If you continue working for 15 hours a day, you could die _____ overwork.

(2) We are really surprised _____ the news of his accident.

(3) The woman _____ red is my co-worker, Elizabeth.

(4) Linda is really good at swimming _____ a fish.

1 다음 글의 빈칸 ⓐ, ⓑ에 들어갈 말이 바르게 짝지어진 것을 고르시오.

> _____ ⓐ _____ we had breakfast, we went hiking on the mountain. We went up to the top of the mountain. The air on the top was cool and fresh. We took a rest _____ ⓑ _____ we came down.

	ⓐ		ⓑ
①	Until	·········	when
②	Until	·········	so
③	After	·········	before
④	After	·········	if
⑤	As soon as	·········	though

2 다음 글을 읽고, ⓐ, ⓑ, ⓒ에 들어갈 알맞은 말을 고르시오.

> My boyfriend and I love to dance, so we have learned many kinds of dances ⓐ since / while we started dating. This time we decided to learn Samba. At first, we tried to learn how to dance ⓑ through / for books and videos but it is ⓒ such / so a difficult dance that we can't learn easily. So, we're going to go on a trip to Brazil. There are Samba classes every morning, and at night there are trips to nightclub so that we can practice the dance. This trip is for one month. I can't wait!

ⓐ _____　　ⓑ _____　　ⓒ _____

3 다음 글의 빈칸 ⓐ, ⓑ, ⓒ에 알맞은 것을 〈보기〉에서 골라 쓰시오.

> ┌─ 보기 ───┐
> when　　although　　if　　because　　turn them off　　turn off them
> └──┘

> I don't like it _____ ⓐ _____ I'm sitting on a bus or a train and a person near me is talking on a cell phone. It annoys me _____ ⓑ _____ I like to read or think about things. Why can't people just _____ ⓒ _____ or use only text messaging when they are in public?

ⓐ _____　　ⓑ _____　　ⓒ _____

1 다음 대화의 빈칸에 알맞은 것을 고르시오.

> A : What do you think of Mr. Lee?
>
> B : He seems very nice.
>
> A : Why do you think so?
>
> B : _____ he always tries to learn something.

① Though   ② After   ③ So

④ If   ⑤ Because

2 다음 대화의 빈칸 ⓐ, ⓑ, ⓒ에 들어갈 말이 바르게 짝지어진 것을 고르시오.

> A : How is she doing? I was shocked ⓐ _____ the news of her accident.
>
> B : Much better. When she was wounded, she wasn't able to receive any visitors
> ⓑ _____ family memebrs. But she still takes painkillers to ease her pain.
>
> A : Can she get out of bed and walk?
>
> A : No, it's still too early, but she can walk ⓒ _____ crutches soon.
>
>   * painkiller 진통제　ease (괴로움 · 고통 등을) 완화하다

	ⓐ		ⓑ		ⓒ
①	of	………	as	………	of
②	by	………	except	………	by
③	at	………	for	………	with
④	of	………	as	………	by
⑤	at	………	except	………	with

3 다음 대화의 밑줄 친 부분 중 어법상 어색한 것을 고르시오.

> A : I hear it's a beautiful place. ① If you go there, ② will you take some pictures for me?
>
> B : I'll try. But I won't be able to take pictures ③ unless I will catch really big fish.
>
> A : How is the fishing these days?
>
> B : It should be great. Do you want to come?
>
> A : Sure, I'm always free, ④ so I can go with you.
>
> B : Well, let's hurry then ⑤ because it's time for many fish to appear.

[1~3] 다음 빈칸에 가장 알맞은 말을 고르시오.

1

Wigs were first worn in ancient Egypt _____ protection from the sun.

* protection 보호, 보호물

① as   ② at
③ by   ④ to
⑤ for

2

He saw his own brother _____ by a strange man.

① murder   ② murdering
③ murdered   ④ to murder
⑤ to be murdered

3

The museum is a building _____ large numbers of interesting and valuable objects are kept and displayed to the public.   * display 전시하다

① what   ② which
③ whose   ④ where
⑤ how

[4~5] 다음 밑줄 친 부분 중 어법상 어색한 것을 고르시오.

4

① I saw her leaving the house.
② I myself reported the thief to the police.
③ I have never experienced the feeling before.
④ He stood up when the lady entered the room.
⑤ If I had the money, I would have taken a vacation.

5

① He met a girl whose name is Jane.
② That he was doing was cleaning the car.
③ The rumor that he will be fired may be true.
④ Students try to see the problems in their own minds.
⑤ Yesterday something happened which I can never forget.

6 다음 빈칸에 공통으로 들어갈 말로 가장 알맞은 것은?

• _____ you had to do was not too complicated.
• _____ he says is unbelievable.

① That   ② What
③ This   ④ Where
⑤ Which

7 다음 중 문장 전환이 잘못된 것은?

① I only did it because they made me do it.
→ I only did it because I was made do it.

② His success encouraged me to try the same thing.
→ I was encouraged to try the same thing by his success.

③ She studied really hard to pass the exam.
→ She studied really hard in order to pass the exam.

④ When I was asked to dance, I declined politely.
→ Being asked to dance, I declined politely.

⑤ These jeans are too expensive for me to buy.
→ These jeans are so expensive that I can't buy them.

[8~9] 다음 중 어법상 어색한 문장을 고르시오.

8

① Don't let the fire go out.
② You had better not be in a hurry.
③ What would you like eating for lunch?
④ My clothes were made of the skins of dead animals.
⑤ When I wanted a piece of wood, I had to cut down a tree.

9

① Sue isn't as old as she looks.
② She felt her heart beating faster.
③ Now stop to argue and get some sleep!
④ He got up early to catch the first train.
⑤ The garden is completely surrounded by a high wall.

10 다음 문장에서 어법상 어색한 곳을 찾아 바르게 고치시오.

> The house repairing by the Johnsons is quite unusual.

_____ → _____

11 다음 밑줄 친 부분을 문맥에 맞게 고치시오.

> Stress can feel when a person experiences changes in lifestyle.

12 다음 문장의 that과 쓰임이 같은 것은?

> There is something that you should know.

① Do you know the name of that girl?
② She thinks that he stole her car.
③ I don't like that kind of books.
④ He is so handsome that every girl likes him.
⑤ She is the only person that I believe.

13 다음 빈칸에 알맞지 <u>않은</u> 것은?

> Frank _____ traveling to Europe.

① gave up   ② planned
③ looked forward to   ④ enjoyed
⑤ considered

[14~15] 다음 밑줄 친 부분을 바르게 고친 것을 모두 고르시오.

14
> The plants in the garden need <u>water</u>.

① watering   ② to water
③ watered   ④ to be watered
⑤ waters

15
> Three men helped Nick <u>moving</u> the boxes out of the truck.

① to move   ② to be moved
③ moved   ④ move
⑤ moves

16 다음 빈칸에 공통으로 들어갈 말을 쓰시오.

> • I wonder _____ Angela applied for the job.
> • _____ I knew her phone number, I would call her.

17 다음 괄호 안의 단어를 이용하여 빈칸에 알맞은 말을 쓰시오.

> • I heard my name _____ (call) behind me.
> • I can hear someone _____ (knock).

18 관계대명사를 이용하여 두 문장을 한 문장으로 연결하시오.

(1) I saw a movie. The movie was about John F. Kennedy.

→ _____ .

(2) He bought a used bike. The bike's handle was broken.

→ _____ .

19 우리말과 같은 뜻이 되도록 밑줄 친 부분을 바르게 고치시오.

> 그는 의사에게서 담배를 피우지 말라는 말을 들었다.
> He <u>told</u> the doctor not to smoke.

수능전략 | 어법

수능에 꼭 나오는
필수 유형 ZIP 2

수능전략

영·어·영·역

어법

수능에 꼭 나오는
필수 유형 ZIP 2

차례 ② 권

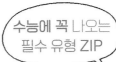

수능에 꼭 나오는
필수 유형 ZIP

Week 2 대명사, 형용사/부사, 가정법, 특수구문

01 관계대명사의 쓰임 (1)

대표 예문

1 Use <u>containers</u> **that** are the same size when you store food.
선행사   주격 관계대명사절의 동사의 인칭과 수는 선행사에 따른다.
음식을 보관할 때에는 같은 크기의 용기를 사용하세요.

2 It was my father's old cell phone **which** he had lost at the theater.
그것은 아버지가 극장에서 잃어버리셨던 옛날 휴대폰이었다.

3 The police found the car **whose** <u>number</u> was the same as told.
경찰은 알려준 것과 같은 번호의 차를 발견했다.

핵심 개념

관계대명사는 「접속사+대명사」 역할을 한다. 주격 관계대명사절의 동사의 인칭과 수는 선행사에 따른다. 관계대명사의 종류는 다음과 같다.

주격 관계대명사 who, which, that	• 선행사가 관계사절에서 **❶**〔　　　〕 역할 • 「선행사+관계대명사+동사」
목적격 관계대명사 who(m), which, that	• 선행사가 관계사절에서 **❷**〔　　　〕 역할 • 「선행사+관계대명사(생략 가능)+주어+동사」
소유격 관계대명사 whose	• 관계사절에서 소유격 역할 • 「선행사+관계대명사+명사(주어)+동사」

답 ❶ 주어 ❷ 목적어

개념 확인

다음 문장의 네모 안에서 어법상 알맞은 것은?

1 To acquire all these knowledge and information, organizations must rely on the data 〔 that / who 〕 they store. 학평

2 I could see a big crowd of people 〔 who / whose 〕 were going to help us. 학평

답 1 that 2 who

02 관계대명사의 쓰임 (2)

대표 예문

She sent me some flowers, **which** she
grew in her garden.
그녀는 나에게 꽃을 몇 송이 보냈는데, 그 꽃은 그녀가 정원에서 키웠다.

핵심 개념

관계대명사 앞에 [❶ _____](.)가 있는 계속적 용법일
때, 관계대명사절이 선행사를 보충 설명한다. that은
[❷ _____] 용법으로 쓰지 않는다.

답 ❶ 콤마 ❷ 계속적

개념 확인

다음 문장의 네모 안에서 어법상 알맞은 것은?

1 Her precious Blue Bunny was a gift from her father, who / that worked
   overseas. 모평

2 As I walked, brown sandstones gave way to pink limestones, that / which
   was a promising sign that fossils were in the neighborhood. 학평

답 1 who 2 which

03 관계대명사 what (1)

대표 예문

Prepare **what** you want to say to her.

그녀에게 하고 싶은 말을 준비하세요.

핵심 개념

관계대명사 what은 선행사를 ❶ [   ]하므로 선행사 없이 쓰고, '~하는 ❷ [   ]'이라고 해석한다. 계속적 용법으로는 쓰지 않는다.

> 선행사를 포함하고 있는 what은 the thing(s) which로 쓸 수 있어요!

Tip

답 ❶ 포함 ❷ 것

개념 확인

다음 문장의 네모 안에서 어법상 알맞은 것은?

1 The start of the boat tour was far from which / what I had expected. 수능

2 What / That she found in her paper was scribbled words, half sentences, and a pile of seemingly strange and disjointed ideas. 모평

답 1 what 2 What

04 관계대명사 what (2)

Week 1

대표 예문

1 I don't trust **what** I can't explain.
난 내가 설명할 수 없는 것을 믿지 않는다.

2 I don't trust the information **that** is found online.
<u>선행사</u>
저는 온라인에서 발견되는 정보를 신뢰하지 않습니다.

핵심 개념

관계대명사 that과 what의 쓰임을 구분해야 할 때, 선행사가 있으면 **❶** ⬚ 을,
선행사가 없으면 **❷** ⬚ 을 쓴다.

📖 **❶** that **❷** what

개념 확인

다음 문장의 네모 안에서 어법상 알맞은 것은?

1 Making a choice | that / what | is 1 percent better or 1 percent worse seems insignificant in the moment. 학평

2 It's all part of | that / what | Robert Pyle first called "the extinction of experience." 모평

📖 **1** that **2** what

05 전치사 + 관계대명사

1 You need to communicate with those **with whom** you work.
= who(m) you work with

당신은 당신이 함께 일하는 사람들과 소통할 필요가 있습니다.

2 I played a mobile game **in which** the player explores the jungle.

나는 플레이어가 정글을 탐험하는 모바일 게임을 했어요.

핵심 개념

선행사가 관계대명사절에서 전치사의 **❶** [ ]일 때, 전치사는 관계대명사 앞에 쓸 수 있다.

관계대명사 **❷** [ ] 은 전치사와 함께 쓰지 않는다.

Tip

답 ❶ 목적어 ❷ that

개념 확인

다음 문장의 네모 안에서 어법상 알맞은 것은?

1 Confirmation bias is not the same as being stubborn, and is not constrained to issues about [that / which] people have strong opinions. 학평

2 In the interdependent groups in [what / which] humans and other primates live, individuals must have even greater common ground to establish and maintain social relationships. 학평

답 1 which 2 which

06 관계부사의 쓰임 (1)

대표 예문

I know <u>the reason</u> **why** she left.
나는 그녀가 떠난 이유를 안다.

핵심 개념

관계부사는 선행사가 관계사절에서 ❶ [   ]의 역할을 하며, 「전치사+관계대명사」로 바꿔 쓸 수 있다.

when(시간)	선행사 the time, the day, the year 등	→ at, in, on + which
where(장소)	선행사 the place, the city, the town 등	→ at, in, on + which
why(이유)	선행사 the reason	→ for which
how(방법)	선행사 the way	→ in which

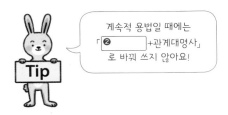

계속적 용법일 때에는
「❷ [   ]+관계대명사」
로 바꿔 쓰지 않아요!

Tip

답 ❶ 부사 ❷ 전치사

개념 확인

다음 문장의 네모 안에서 어법상 알맞은 것은?

1 During the time of year [why / when] other fruits are less plentiful, however, fig trees become important in sustaining fruit-eating vertebrates. 모평

2 There is a reason [why / when] so many of us are attracted to recorded music these days. 학평

답 1 when 2 why

07 관계부사의 쓰임 (2)

대표 예문

1 The library is **(the place) where** I spend most of my time.
도서관은 내가 대부분의 시간을 보내는 곳이다.

2 This film will show you **the way(how)** the Indians lived in
Alaska at that time.
그 영화를 보면 그 당시 알래스카에서 인디언이 생활한 방식을 너는 알 수 있을 것이다.

핵심 개념

선행사와 관계부사 중 하나를 생략할 수 있다. 특히 the way와 **❶ [   ]** 는 둘 중
하나를 반드시 **❷ [   ]** 한다.

the way와 how는
함께 쓸 수 없어요!

Tip

답 **❶** how **❷** 생략

개념 확인

다음 문장의 네모 안에서 어법상 알맞은 것은?

1 Confirmation bias acts at a subconscious level to control the way /
the way how we gather and filter information. 학평

2 The most dramatic and significant contacts between civilizations were
why / when people from one civilization conquered and eliminated the
people of another. 학평

답 **1** the way **2** when

08 관계대명사 vs. 관계부사

대표 예문

1 She visited the hall **where** her concert would take place
the next day.

완전한 형태의 절

그녀는 다음날 그녀의 콘서트가 열릴 홀을 방문했다.

2 I want to visit the hall **that** the famous architect designed.

❶ [   ] 가 없는 불완전한 형태의 절

나는 그 유명한 건축가가 디자인한 홀을 방문하고 싶다.

핵심 개념

관계대명사 뒤에는 불완전한 형태의 절이 오고, 관계부사 뒤에는 ❷ [   ] 형태의 절이 온다.

답 ❶ 목적어 ❷ 완전한

개념 확인

다음 문장의 네모 안에서 어법상 알맞은 것은?

1 This was the beginning of a close friendship [that / where] would last until Einstein's death in 1955. 학평

2 Later, he traveled to Germany, [that / where] he enrolled at the University of Berlin and studied philosophy for three years. 학평

답 **1** that **2** where

09 복합 관계대명사

1 As soon as harmony is disrupted, we do **whatever** we can to restore it.
<u>목적어가 없는 불완전한 형태의 절</u>

조화가 깨지는 즉시, 우리는 조화가 회복되도록 최선을 다한다.

2 **Whoever** wants to meet me, they are free to come and see me.
<u>주어가 없는 불완전한 형태의 절</u>

나를 만나고 싶은 사람은 누구든지 자유롭게 나를 보러 온다.

❶ 복합 관계대명사는 「❶[   ]+-ever」의 형태로, 강조의 명사절이나 양보의 부사절을 이끈다.

who(m)ever	명사절 ~하는 사람은 누구나
	부사절 누가 ~할지라도
whichever	명사절 ~하는 것은 어느 쪽이나
	부사절 어느 쪽이(을) ~할지라도
whatever	명사절 ~하는 것은 무엇이든
	부사절 무엇이(을) ~할지라도

❷ 복합 관계대명사는 관계대명사와 마찬가지로 뒤에 ❷[   ] 형태의 절이 온다.

관계대명사 that과 why는 복합형이 없어요!

Tip

답 ❶ 관계대명사 ❷ 불완전한

다음 문장의 네모 안에서 어법상 알맞은 것은?

1 Accepting | whoever / whatever | others are communicating only pays off if their interests correspond to ours. 수능

답 **1** whatever

10 복합 관계부사

대표 예문

1 They will find you **wherever** you hide.

그들은 당신이 어디에 숨든 당신을 찾을 것이다.

2 She trains the dogs to lie down

whenever she says, "Lie down."

그녀는 그녀가 "누워."라고 할 때마다 개들이 눕도록 훈련시킨다.

핵심 개념

복합 관계부사는 「❶　　　　　　+-ever」의 형태로, 부사절을 이끈다. 관계부사와 마찬가지로 뒤에 ❷　　　　　형태의 절이 온다.

whenever	언제 ~할지라도, ~하는 언제든지
wherever	어디에 ~할지라도, ~하는 어디든지
however	아무리 ~할지라도

답 ❶ 관계부사 ❷ 완전한

개념 확인

다음 문장의 네모 안에서 어법상 알맞은 것은?

1 Don't be afraid to move around and try different things, │ however / whenever │ old you are. 학평

2 We will be forced to live with a detailed record that will stay with us for life │ whenever / wherever │ we go, searchable and accessible from anywhere in the world. 학평

답 **1** however **2** wherever

11 명사절을 이끄는 접속사 that (1)

대표 예문

1 We hope **that** you have a pleasant time with us.
that절이 **①** ⬚ 역할
우리는 당신이 우리와 함께 즐거운 시간을 보내길 바랍니다.

2 The problem is **that** even doctors do not know the source of the pain.
that절이 보어 역할
문제는 의사들도 통증의 원인을 모른다는 점이다.

핵심 개념

접속사 that은 **②** ⬚ 절을 이끈다.

답 ❶ 목적어 ❷ 명사

개념 확인

다음 문장의 네모 안에서 어법상 알맞은 것은?

1 Average performers believe what / that their errors were caused by factors outside their control. 학평

2 I realized which / that his stern look had melted from his face, and there was a smile on his lips. 학평

답 1 that 2 that

12 명사절을 이끄는 접속사 that (2)

대표 예문

1 **It** is likely **that** the economy is going to recover to its precrisis levels.

경제가 위기 이전 수준으로 회복될 가능성이 높다.

2 **It** was expected **that** hundreds of thousands of the workers would protest.

노동자 수십만 명이 시위를 벌일 것으로 예상됐다.

cf. **It** was exactly a year ago **that** I opened my own store

(it ~ that 강조 구문)

here on this street.

내가 이곳에 가게를 연 것은 꼭 1년 전이다.

핵심 개념

접속사 that이 이끄는 명사절이 주어일 때 대개 **❶** [ ]을 뒤로 보내고 주어 자리에 **❷** [ ] it을 쓴다.

> it ~ that 강조 구문과
> 혼동하지 않도록 주의해요.

Tip

📑 **❶** that절 **❷** 가주어

개념 확인

다음 문장의 네모 안에서 어법상 알맞은 것은?

1 It has been claimed |which / that| no specific knowledge, or experience is required to attain insight in the problem situation. 학평

2 It follows |that / what| in the best building projects architects and engineers work together right from the start. 학평

📑 **1** that **2** that

13 동격의 that절

대표 예문

You have to face **the fact that you have the disease**.

(the fact = that you have the disease)

당신은 그 병에 걸렸다는 사실을 직시해야 한다.

핵심 개념

사실이나 의견을 나타내는 명사 뒤에 that절이 오면 **❶**[ ]의 내용이 **❷**[ ]를 설명한다. (명사 = that절의 내용)

뒤에 that절이 오는 명사: fact, truth, idea, notion, news, opinion, reply, result, conclusion 등

Tip

답 ❶ that절 ❷ 명사

개념 확인

다음 문장의 네모 안에서 어법상 알맞은 것은?

1 There are reports that / which marathon runners in the 1908 Olympics drank cognac to improve performance. 모평

2 Probably the biggest roadblock to play for adults is the worry that / which they will look silly, improper, or dumb if they allow themselves to truly play. 수능

답 1 that 2 that

14 접속사 that과 whether, 관계대명사 what

1 The theater did not confirm **whether** it would ban customers without masks.

극장 측은 마스크를 착용하지 않은 손님을 금지할지는 확인해 주지 않았다.

2 **What** the author says in this book may be true for most people.

저자가 이 책에서 말하는 것은 대부분의 사람들에게 사실일 것이다.

핵심 개념

접속사 that과 whether, 관계대명사 what은 모두 **❶** [   ] 을 이끌지만 쓰임이 다르다.

접속사 that	해석: ~라는 것	완전한 형태의 절이 옴
접속사 whether	해석: **❷** [ ]	완전한 형태의 절이 옴
관계대명사 what	해석: ~ 것	주어나 목적어 없는 불완전한 절이 옴

답 ❶ 명사절 ❷ ~인지 (아닌지)

개념 확인

다음 문장의 네모 안에서 어법상 알맞은 것은?

1 She wasn't even sure | what / whether | she could submit it on time. 수능

2 Research has shown | that / whether | this is not the correct way to perceive it.
모평

답 **1** whether **2** that

15 so ~ that

대표 예문

I was **so** <u>exhausted</u> after all the classes **that** I needed to take a break.

that절의 내용이 **❶**[　　　]를 나타냄

수업을 다 듣고 나니 너무 피곤해서 휴식이 필요했다.

핵심 개념

「so+형용사 or **❷**[　　　]+that+주어+동사」는 '매우 ~해서 …하다'라는 의미로 결과를 나타낸다.

답 ❶ 결과 **❷** 부사

개념 확인

다음 문장의 네모 안에서 어법상 알맞은 것은?

1 It was [so / too] hot and humid that I could not enjoy the tour fully. 수능

2 It became so dark while we were sitting on the bus [what / that] we began to shiver at the sense of dread. 학평

답 1 so **2** that

16 so that

대표 예문

Cut the pizza into eight pieces **so that** everyone can get one.

모두가 피자를 받을 수 있도록 8조각으로 잘라라. └that절의 내용이 **❶** 　　　 을 나타냄

핵심 개념

so **❷** 　　　 은 '~하기 위해서, ~하도록'라는 의미로 목적을 나타내며 대체로 뒤에 can, may, will 등의 조동사가 쓰인다.

목적의 의미를 나타내는 접속사로 in order that을 쓸 수 있어요!

Tip

답 ❶ 목적 ❷ that

개념 확인

다음 문장의 네모 안에서 어법상 알맞은 것은?

1 Post it wherever you need it most, such as on your refrigerator or at work, so / as that you see it every time. 학평

2 Share your favorites with your friends and family so / so that everyone can get a good laugh, too. 학평

답 1 so 2 so

17 접속사와 전치사

대표 예문

Some people are skipping medications **because of** high costs.

일부 사람들은 높은 비용 때문에 약을 거르고 있다.

핵심 개념

접속사 뒤에는 「주어＋동사」로 이루어진 **❶** [　　　] 이 오고, 전치사 뒤에는 **❷** [　　　] 가 온다.

접속사 + 주어 + 동사		전치사 + 명사(구)	
although, though	~에도 불구하고	despite in spite of	~에도 불구하고
because, since	~ 때문에	because of due to	~ 때문에
while	~ 동안	during for	~ 동안

답 ❶ 절 **❷** 명사(구)

개념 확인

다음 문장의 네모 안에서 어법상 알맞은 것은?

1 I'd better get some sleep [since / because of] a long, tough journey is ahead of me. 수능

2 She was confined to the house [because / because of] a broken leg. 모평

답 1 since 2 because of

18 병렬 구조 (1)

대표 예문

1 I know you <u>were there</u> **and** <u>saw something</u>.
동사구 두 개 연결

네가 거기 있었고 뭔가를 봤다는 걸 알아.

2 My eyes were <u>slowly</u> **but** <u>surely</u> acquainted with the darkness.
부사 두 개 연결

내 눈은 천천히, 그러나 확실히 어둠에 익숙해졌다.

핵심 개념

등위접속사 and(그리고), ❶_____(하지만), ❷_____(또는)가 연결하는 어구는 문법적으로 형태와 기능이 동일해야 한다.

and, but, or로 연결되는
요소는 문법적으로 대등하게
연결해요!

Tip

 ❶ but ❷ or

개념 확인

다음 문장의 네모 안에서 어법상 알맞은 것은?

1 I wish I could camp in the wild and enjoy / enjoying the company of mosquitos, snakes, and spiders. 수능

2 Pressed for time and stick / stuck in a deadlock, she had no idea how to finish the paper. 모평

답 **1** enjoy **2** stuck

19 병렬 구조 (2)

대표 예문

1 This space can be transformed into **either** a yoga studio **or**
a gallery.
명사구

① [　　]

이 공간은 요가 스튜디오나 갤러리로 변신할 수 있다.

2 The owl has excellent vision **both**

in the dark **and** at a distance.
　부사구　　　　　　　부사구

올빼미는 어두운 곳과 먼 곳 모두에서 뛰어난 시력을 가지고
있다.

핵심 개념

상관접속사가 연결하는 어구는 문법적으로 형태와 기능이 **②** [　　] 해야 한다.

Tip

상관접속사: both A and B
either A or B / neither A nor B
not only A but (also) B
not A but B

답 ❶ 명사구 ❷ 동일

개념 확인

다음 문장의 네모 안에서 어법상 알맞은 것은?

1 The pick-up day for trees will be a Saturday, in either / neither July or
August 2018 (dependent on weather conditions). 모평

2 Great scientists, the pioneers that we admire, are not concerned with results
and / but with the next questions. 수능

답 1 either 2 but

20 병렬 구조 (3)

대표 예문

The old ladies continued to walk **and** (to) talk to each other.

to부정사의 **❶**[　　　] 생략 가능

그 노부인들은 계속 걸으며 서로 이야기를 나누었다.

핵심 개념

접속사로 연결되는 진행이나 완료 시제의 be동사와 have, 반복되는 조동사, to부정사의 to 등은 **❷**[　　　]되는 경우가 많다.

답 ❶ to ❷ 생략

개념 확인

다음 문장의 네모 안에서 어법상 알맞은 것은?

1 They may look like jazz musicians and may have / have the appearance of jamming, but in the end they know nothing. 수능

2 There should exist ancient cultures for modern consumers to gaze at, or even step / should step into for a while, while travelling or on holiday. 모평

답 1 have 2 step

01 대명사의 수, 격, 인칭

1 I shook **the man**'s hand and thanked **him**. (him = the man)

나는 그 남자와 악수를 하고 감사를 표했다.

2 If **children** want to go inside the building, **they** must be accompanied by an adult. (they = ❶ ⬚)

아이들이 건물 안으로 들어가려면 어른을 동반해야 한다.

3 What do **your plans** look like, and what are you doing to achieve **them**? (them = your plans)

당신의 계획은 어떻게 생겼고, 그것을 이루기 위해 무엇을 하고 있습니까?

❶ 대명사는 앞에 나온 명사를 대신하며, 대신하는 명사와 성, ❷ ⬚ , 인칭이 일치해야 한다.

❷ 문맥을 파악하여 대명사가 가리키는 대상을 정확히 파악해야 한다.

답 ❶ children ❷ 수

다음 문장의 네모 안에서 어법상 알맞은 것은?

1 The baby still has to stay in the incubator because her / their health is still critical. 학평

2 The process asked for activity, and activity was what it / they got. 모평

답 **1** her **2** it

---

02 재귀대명사의 재귀 용법

1 You don't have to <u>bother</u> **yourself** with these concerns.

bother라는 동작의 주체(you)와 대상(yourself)이 모두 같을 때

너는 이 걱정들을 신경 쓸 필요가 없다.

2 He <u>threw</u> **himself** on the bed and closed his eyes.

threw라는 동작의 주체(He)와 ❶ ☐ (himself)이 모두 같을 때

그는 침대에 몸을 던지고 눈을 감았다.

핵심 개념

동작의 주체와 동작의 대상이 ❷ ☐ 때 목적어로 재귀대명사를 쓴다.

재귀대명사는 '~자신의'라는 뜻으로 인칭대명사의 소유격이나 목적격에 -self(단수)나 -selves(복수)를 붙여요!

Tip

🔑 ❶ 대상 ❷ 같을

개념 확인

다음 문장의 네모 안에서 어법상 알맞은 것은?

1 My heart was racing so fast that I could barely hear ☐ me / myself ☐ talking. 학평

2 You have to give ☐ you / yourself ☐ permission to improvise, to mimic, to take on a long-hidden identity. 수능

🔑 1 myself 2 yourself

03 형용사의 쓰임 (1)

대표 예문

1 They are enhancing ties through **cultural** exchanges.

└ 명사 exchanges를 꾸미는 **❶** [   ]

그들은 문화 교류를 통해 유대감을 증진시키고 있다.

2 Do not waste **precious** time on things you do not enjoy.

└ 명사 time을 꾸미는 형용사

여러분이 즐기지 않는 것에 귀중한 시간을 낭비하지 마세요.

핵심 개념

형용사는 **❷** [   ]를 꾸민다.

🗒 ❶ 형용사 ❷ 명사

개념 확인

다음 문장의 네모 안에서 어법상 알맞은 것은?

1 I've always wanted to explore the Amazon, the unknown mysterious / mysteriously world. 학평

2 Freshwater dolphins will escort me on the playful / playfully river. 수능

🗒 **1** mysterious **2** playful

---

04 형용사의 쓰임 (2)

대표 예문

1 She was **frustrated** when she failed the test.
└ 주격 **❶** [   ] 로 쓰인 형용사

그녀는 시험에 떨어졌을 때 좌절했다.

2 Their advice made <u>my symptoms</u> **worse**.
└ 목적격 보어로 쓰인 형용사 (bad의 비교급)

그들의 조언이 나의 증상을 더 악화시켰다.

핵심 개념 형용사는 주어나 목적어를 설명하는 보어로 쓴다.

부사는 보어로 쓸 수 **❷** [   ].

🖅 **❶** 보어 **❷** 없다

개념 확인

다음 문장의 네모 안에서 어법상 알맞은 것은?

1 The waves were | perfect / perfectly | for surfing. 수능

2 Listening to the bright warm sounds lifted her spirits and made her day
more | pleasant / pleasantly |. 모평

🖅 **1** perfect **2** pleasant

05 형용사의 쓰임 (3)

대표 예문

He sounded **impatient** when he asked me a question.

└ ❶ [   ] 동사 sound 뒤에 쓰인 형용사 주격 보어

그가 나에게 질문을 했을 때 그는 짜증난 것처럼 들렸다.

핵심 개념

look, feel, sound, taste, smell 등의 감각동사 뒤에 주격 보어로 ❷ [   ] 가 온다.

look troubled 난처해 보이다
taste sweet 달다
smell lovely 향기가 좋다

Tip

답 ❶ 감각 ❷ 형용사

개념 확인

다음 문장의 네모 안에서 어법상 알맞은 것은?

1 The landscape looked [fascinating / fascinatingly] as the bus headed to Alsace. 수능

2 Lindsay felt [calm / calmly] and comforted now that she had her toy again. 모평

답 1 fascinating 2 calm

06 형용사의 쓰임 (4)

대표 예문

My father remained **silent** for most of the evening.
나의 아버지는 저녁 내내 조용히 계셨다.

핵심 개념

become, remain, stay, seem 등의 동사 뒤에 주격 보어로 ❶ [   ] 가 온다.

seem surprised 놀란 듯 보이다
❷ [   ] awake 깨어 있다

집 ❶ 형용사 ❷ stay

개념 확인

다음 문장의 네모 안에서 어법상 알맞은 것은?

1 The visual preoccupation of early humans with the nonhuman creatures inhabiting their world becomes profoundly meaningful / meaningfully . 학평

2 One study showed that a certain word (e.g., boat) seemed more pleasant / pleasantly when presented after related words (e.g., sea, sail). 학평

집 1 meaningful 2 pleasant

07 부사의 쓰임

1 The girl **proudly** showed her sand castle to her parents.

└ **❶** ┘ showed를 꾸밈

그 소녀는 자랑스럽게 자신의 모래성을 부모님께 보여드렸다.

2 Sometimes, my dog is out of control.

└ my dog ~ control 문장 전체를 꾸밈

가끔, 우리 강아지는 통제 불능이다.

3 The city feels **completely** safe to walk around even at night.

└ 형용사 safe를 꾸밈

그 도시는 심지어 밤에도 걸어 다니기에 완전히 안전하다고 느껴진다.

부사는 동사, 형용사, 부사, **❷** ┘ 전체를 꾸민다. 단, 보어로는 쓰지 않는다.

📋 ❶ 동사 ❷ 문장

다음 문장의 네모 안에서 어법상 알맞은 것은?

1 The two scorpions were violent / violently attacking each other. 학평

2 Eventual / Eventually , his work traveled far beyond his core audience. 학평

📋 1 violently 2 Eventually

---

08 비교 구문의 기본 형태 (1)

대표 예문

1 The air is polluted **as badly as** the rivers. (원급 비교)
공기는 강만큼 심하게 오염됐다.

2 The population of Seoul is **larger than** that of Busan. (비교급 비교)
서울의 인구는 부산보다 많다.

3 February is **the shortest of** all the months. (최상급 비교)
2월은 모든 달 중에서 제일 짧다.

핵심 개념

비교 구문의 기본 형태는 다음과 같다.

원급	as+원급+as	(~만큼 …한/하게)
비교급	비교급+❶ ____	(~보다 더 …한/하게)
❷	the+최상급(+in/of ~)	(~ 중에서) 가장 …한/하게

답 ❶ than ❷ 최상급

개념 확인

다음 문장의 네모 안에서 어법상 알맞은 것은?

1 Mittag-Leffler was the more / most prominent and celebrated scientist in all of Sweden. 학평

2 As we agreed during the meeting, please send a service engineer as soon as / than possible to repair it. 수능

답 1 most 2 as

09 비교 구문의 기본 형태 (2)

1 The older we grow, **the weaker** our memory becomes.

나이를 먹으면 먹을수록 그만큼 기억력은 약해진다.

2 I have **no more than** [**no less than**] 10,000 won.

나는 만원밖에 없다./ 나는 만원이나 있다.

자주 쓰이는 비교 표현을 알아둔다.

compared to (with)	~와 비교하면
the + 비교급 ~, the + ❶ 　　　 …	~할수록 더 ~한/하게
no less than / no ❷ 　　　 than	무려 ~ 만큼이나 / ~에 불과한

답 ❶ 비교급 ❷ more

다음 문장의 네모 안에서 어법상 알맞은 것은?

1 The more you appreciate life, the | more/ less | reasons you have to celebrate it. 학평

2 | Comparing / Compared | with the old washers that squeezed out excess water by feeding clothes through rollers, modern washers are indeed an electrical-mechanical phenomenon. 학평

답 1 more 2 Compared

10 비교 표현의 강조

대표 예문

1 This scarf feels **much** better than that.

이 스카프는 그것보다 훨씬 더 촉감이 좋다.

2 My grandfather is the **very** oldest student in his class.

우리 할아버지는 반에서 가장 나이가 많은 학생이다.

핵심 개념

비교 표현은 다음과 같이 강조하여 쓴다.

비교급 **❶**	much, even, far, a lot 등
최상급 강조	quite, very, by far 등 * 'the most ~'인 최상급 앞에는 very 대신 by far를 씀

원급은 **❷** 로 강조한다.

Tip

답 **❶** 강조 **❷** very

개념 확인

다음 문장의 네모 안에서 어법상 알맞은 것은?

1 This road map is | much / by far | the most useful of all. 학평

2 Champion golfers are | very / much | less likely than average golfers to blame their problems on the weather, the course, or chance factors. 학평

답 **1** by far **2** much

11 비교 구문의 구조

대표 예문

1 She tried to be as **polite** as she could because we all need
to be respected.
└ polite가 be동사에 이어지는 구조, politely를 쓸 수 없음
우리 모두 존중받아야 하니까 그녀는 가능한 한 정중하게 대해 주려고 노력하셨다.

2 I slept **more** comfortably in the hotel room **than** in my
own room.
I did (= slept)가 생략됨
나는 내 방에서보다 호텔에서 더 편안하게 잤다.

핵심 개념

❶ 원급 비교 구문에서 as와 as 사이의 [**①**]에 유의한다.

❷ than이 이끄는 절에서는 주절과 [**②**]되는 부분이 대개 생략된다.

be 동사의 보어를 원급 비교할
경우에는 형용사로 써야 해요!

Tip

답 ❶ 품사 ❷ 공통

개념 확인

다음 문장의 네모 안에서 어법상 알맞은 것은?

1 Tim is as [arrogant / arrogantly] as when he was in high school.

2 Research shows that exclusivity in problem solving, even with a genius, is
not as effective [as / than] inclusivity. 학평

답 1 arrogant 2 as

12 가정법 과거 vs. 가정법 과거완료

대표 예문

1 If he were here, I **could ask** him to come to see my concert.

만약 그가 여기에 있다면, 나는 그에게 내 콘서트를 보러 오라고 부탁할 수 있을 것이다.
(그는 현재 여기에 없음)

2 If her mother **had allowed** her to play outside, she **would have played** at the beach all day.

만약 그녀의 어머니가 그녀가 밖에서 노는 것을 허락했다면, 그녀는 하루 종일 해변에서 놀았을 것이다.
(그녀의 어머니가 과거에 허락하지 않았음)

핵심 개념

❶ 가정법 과거는 [❶] 사실과 반대되거나 실현 가능성이 매우 낮은 일을 가정할 때 쓴다.
「If+주어+동사의 과거형/were ~, 주어+조동사의 과거형+동사원형 …」

❷ 가정법 과거완료는 과거 사실과 반대되는 일을 가정할 때 쓴다. 「If+주어+had+과거분사 ~, 주어+조동사의 과거형+have+[❷] …」

답 ❶ 현재 ❷ 과거분사

개념 확인

다음 문장의 네모 안에서 어법상 알맞은 것은?

1 Rather, say to yourself, "What will / would I do if I crashed my car?" 학평

2 If the great Renaissance artists like Michelangelo born / had been born only 50 years before they were, the culture of artistic patronage would not have been in place. 모평

답 1 would 2 had been born

13 as if 가정법

대표 예문

The house was clean **as if** nobody **had stayed** in it.

아무도 머물지 않았던 **❶** [   ] → 누군가 머무름

그 집은 아무도 머물지 않았던 것처럼 깨끗했다.

핵심 개념

as if 가정법은 아쉬움이나 유감을 나타낼 때 사실과 **❷** [   ] 되는 상황을 가정하는 가정법으로 '마치 ~인(이었던) 것처럼'의 뜻이다.

as if+가정법 과거 (주어+동사의 과거형)	주절과 같은 시점에서 사실과 반대되는 상황
as if+가정법 과거완료 (주어+had+과거분사)	주절보다 앞선 시점에서 사실과 반대되는 상황

📋 ❶ 것처럼 ❷ 반대

개념 확인

다음 문장의 네모 안에서 어법상 알맞은 것은?

1 Dogs have no memories about what the aged once were and greet them as if they was / were children. 수능

2 My parents worshipped / had worshipped medical doctors as if they were exceptional beings possessing godlike qualities. 모평

📋 1 were 2 worshipped

14 I wish 가정법

대표 예문

1 I wish I **could camp** in the wild alone. (현재 혼자 야영할 수 없어서 아쉬움)

나 혼자 야생에서 캠핑할 수 있었으면 좋을 텐데.

2 I wish my teachers **had taught** me those things in school.

(과거에 선생님들이 그것들을 가르쳐 주지 않아서 아쉬움)

선생님들이 학교에서 그런 것들을 가르쳐 줬으면 좋았을 텐데.

핵심 개념

❶ 「I wish+가정법 과거」는 ❶ [　　　　] 실현이 어려운 소망이나 사실에 대한 아쉬움을 나타낸다.

❷ 「I wish+가정법 과거완료」는 ❷ [　　　　] 에 이루지 못한 일에 대한 아쉬움을 나타낸다.

wish 뒤에는 that이 대개 생략돼요!

Tip

🔑 ❶ 현재 ❷ 과거

개념 확인

다음 문장의 네모 안에서 어법상 알맞은 것은?

1 I wish you | left / had left | that unsaid. 수능

2 I've lived my life taking risks and I wish I | can / could | tell you they were all successful, but they weren't. 학평

🔑 **1** had left **2** could

15 간접의문문

1 It was so dark that they wondered **whether it was night or day**.

너무 어두워져서 그들은 밤인지 낮인지도 모를 정도였다.

2 What do you <u>suppose</u> **is** in that box?

저 상자에 뭐가 들어 있는 것 같아?

❶ 문장 안에 의문문이 포함된 것을 ┃❶ ┃ 의문문이라고 말한다.

의문사가 없는 간접의문문	if/whether+주어+동사
의문사가 있는 간접의문문	의문사+주어+동사

❷ 주절의 동사가 생각이나 추측을 나타낼 때 ┃❷ ┃는 문장 맨 앞에 쓴다.

> What do you suppose ~? 유형의
> 동사: believe, consider, conclude,
> expect, guess, suggest, think 등

Tip

답 ❶ 간접 ❷ 의문사

다음 문장의 네모 안에서 어법상 알맞은 것은?

1 Unfortunately, there's no way to know that / whether the memories hypnotized people retrieve are true or not. 학평

2 Just before the strike, the famed hitter Ken Griffey, Jr., was asked what / that he thought about the upcoming strike. 학평

답 **1** whether **2** what

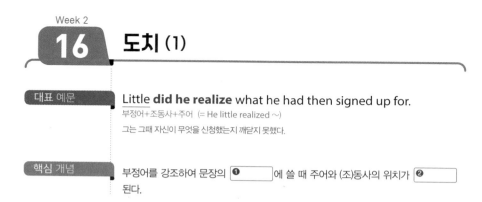

16 도치 (1)

대표 예문

Little **did he realize** what he had then signed up for.
부정어+조동사+주어 (= He little realized ~)
그는 그때 자신이 무엇을 신청했는지 깨닫지 못했다.

핵심 개념

부정어를 강조하여 문장의 **❶** ⬚ 에 쓸 때 주어와 (조)동사의 위치가 **❷** ⬚
된다.

🔑 ❶ 맨 앞 ❷ 도치

개념 확인

다음 문장의 네모 안에서 어법상 알맞은 것은?

1 He saw another scorpion and not far from that one was another one /
another one was . 학평

2 Nor do / does everyone leave the world in that state. 수능

🔑 **1** was another one **2** does

17 도치 (2)

1 On his left side **stood a girl** with a hat.
　　장소의 부사구　　　　동사+주어
그의 왼쪽에는 모자를 쓴 소녀가 서 있었다.

2 Down **came the heavy rain**.
　　방향의 부사구　　　　동사+주어
폭우가 내렸다.

3 So lucky **you are**!
　　보어　　주어+동사
운이 좋으시군요!

핵심 개념

장소·방향을 나타내는 부사구 또는 보어를 강조하여 문장의 맨 앞에 쓸 때 주어와 동사의 위치가 바뀐다. 단, 주어가 대명사면 **❶** 　　와 위치를 바꾸지 않는다.

주어가 **❷** 　　면
도치하지 않아요!

Tip

답 ❶ 동사 ❷ 대명사

개념 확인

다음 문장의 네모 안에서 어법상 알맞은 것은?

1 Right in front of his eyes [was / were] rows of delicious-looking chocolate bars waiting to be touched. 수능

2 Only in the last few decades [has / have] food become so plentiful and easy to obtain as to cause fat-related health problems. 학평

답 1 were 2 has

18 강조의 do

대표 예문

1 Pets **do make** you happier and healthier. (= really make)
애완동물은 정말로 여러분을 더 행복하고 건강하게 만들어 준다.

2 This vending machine **does need** to be repaired. (= really needs)
이 자판기는 수리가 정말 필요하다.

3 I **did believe** you were going to help me. (= really believed)
난 네가 날 도와줄 거라고 정말 믿었다.

핵심 개념

동사를 강조할 때 do/does/did를 주어의 수와 시제에 맞춰 동사 **❶** [   ]에 쓴다. 이때 동사는 **❷** [   ]으로 써야 한다.

📋 **❶** 앞 **❷** 동사원형

개념 확인

다음 문장의 네모 안에서 어법상 알맞은 것은?

1 If glaciers start / did start to advance again, what exactly would we do? 학평

2 When children are young, much of the work is demonstrating to them that they do / does have control. 학평

📋 **1** did start **2** do

19 대동사 do

대표 예문

1 Who let the dog out?

– I think Mr. Lewis **did**. (did = let it out)

누가 개를 풀어줬나요? – Lewis 씨가 한 것 같아요.

2 I counted to ten and blew out the candle, and my sister **did** the same.

= counted ~ the candle

나는 열까지 세고 촛불을 껐고, 내 여동생도 그렇게 했다.

핵심 개념

do는 앞에 나온 동사를 [❶]하는 대동사 역할을 한다. 이때 동사는 일반동사여야 하며, [❷]를 대신하지 않는다.

답 ❶ 대신 ❷ be동사

개념 확인

다음 문장의 네모 안에서 어법상 알맞은 것은?

1 I learned more from my failures than I do / did from my successes. 학평

2 Some researchers assumed early human beings ate mainly the muscle flesh of animals, as we do / did today. 학평

답 **1** did **2** do

20 it ~ that 강조 구문

대표 예문

1 It was <u>your testimony</u> **that** had him sentenced to 10 years in prison. (← Your testimony had him sentenced to 10 years in prison.)
당신이 증언한 덕분에 그는 징역 10년을 선고받았습니다.

2 It was <u>yesterday morning</u> **when** the prisoner vanished from his cell. (← The prisoner vanished from his cell yesterday morning.)
그 죄수가 감방에서 사라진 것은 바로 어제 아침이었다.

핵심 개념

❶ 「It is(was) ~ that ...」 강조 구문은 주어나 목적어, 부사(구) 등을 ❶ [   ] 할 때 쓰며, 강조하는 말을 It is(was)와 ❷ [   ] 사이에 쓴다.

❷ 강조하는 어구에 따라 that을 who(m), which, when, where 등으로 바꿔 쓸 수 있다.

 ❶ 강조 ❷ that

개념 확인

다음 문장의 네모 안에서 어법상 알맞은 것은?

1 It wasn't until the 1880s | that / what | the procedure was described in medical journals and taught in medical schools. 학평

2 Even then, it was not Lippershey but his children | when / who | discovered that the double lenses made a nearby weathervane look bigger. 학평

답 **1** that **2** who

01 **1.** 이 모든 지식과 정보를 얻기 위해 조직은 그것이 저장하는 데이터에 의존해야 한다.
2. 나는 우리를 도우려는 큰 무리의 사람들을 볼 수 있었다.

02 **1.** 그녀의 소중한 블루버니는 아버지께서 보내주셨던 선물인데, 그 분은 해외에서 일하신다.
2. 내가 걷다 보니, 갈색 사암이 분홍색 석회암으로 바뀌었는데, 그것은 화석이 근처에 있다고 기대하게 하는 신호였다.

03 **1.** 그 보트 여행의 시작은 내가 기대했던 것과는 거리가 멀었다.
2. 그녀가 자신의 논문에서 발견한 것은 휘갈겨 쓴 단어, 불완전한 문장, 겉보기에 이상하고 일관성이 없는 생각의 무더기였다.

04 **1.** 1퍼센트 더 나은 혹은 1퍼센트 더 나쁜 선택을 하는 것은 그 순간에는 대수롭지 않아 보인다.
2. 그것은 모두 Robert Pyle이 처음으로 '경험의 멸종'이라고 불렀던 것의 일부이다.

05 **1.** 확증 편향은 고집을 부리는 것과 동일하지 않고, 사람들이 강력한 의견을 갖고 있는 사안들에 국한되지도 않는다.
2. 인간과 그 외의 영장류들이 살아가는 상호의존적 집단에서, 개인은 사회적 관계를 확립하고 유지하기 위해 훨씬 더 큰 공통의 기반을 가져야 한다.

06 **1.** 그러나 무화과나무는 1년 중 다른 열매가 덜 열리는 시기에는 열매를 먹는 척추동물을 유지하는 데 중요한 역할을 한다.
2. 요즘 우리 중 그렇게나 많은 사람이 녹음된 음악에 끌리는 이유가 있다.

07 **1.** 확증 편향은 우리가 정보를 수집하고 가려내는 방식을 통제하기 위해 잠재의식 수준에서 작용한다.
2. 문명 간의 가장 극적이고 중대한 접촉은 한 문명의 사람들이 또 다른 문명의 사람들을 정복하고 제거할 때였다.

08 **1.** 이것이 1955년 Einstein이 사망할 때까지 지속될 긴밀한 우정의 시작이었다.
2. 나중에 그는 독일로 여행을 갔고 그곳에서 베를린 대학에 등록하여 3년 동안 철학을 공부했다.

09 **1.** 다른 사람들이 전달하고 있는 것이 무엇이든 받아들이는 것은 그들의 관심사가 우리의 것과 일치할 때에만 성공한다.

10 1. 여러분이 아무리 나이가 들었더라도 돌아다니거나 여러 가지를 시도하는 것을 두려워하지 마라.

2. 우리는 어디에 가든 평생 우리와 함께 할, 전 세계 어느 곳에서나 검색 가능하고 접근 가능한, 상세한 기록과 함께 살아야만 하게 될 것이다.

11 1. 평균적인 성취를 보이는 사람들은 그들의 잘못이 자신들의 통제 밖 요인들에 의해 유발되었다고 믿는다.

2. 나는 그의 근엄한 표정이 얼굴에서 사라졌다는 것과 그의 입술에 웃음기가 있었다는 것을 깨달았다.

12 1. 어떠한 특정 지식이나 경험도 문제의 상황에서 통찰력을 얻기 위해서 요구되지 않는다는 점이 지금껏 주장되어져 왔다.

2. 최고의 건축 계획의 경우, 시작부터 바로 건축가들과 공학자들이 함께 일한다.

13 1. 1908년 올림픽에서 마라톤 선수들은 기량을 향상하기 위하여 코냑을 마셨다는 보고가 있다.

2. 아마도 어른에게 있어서 노는 것에 가장 큰 장애물은 그들이 자신을 진정으로 놀 수 있도록 하면, 어리석거나, 부적절하거나, 혹은 바보같이 보일 것이라는 걱정일 것이다.

14 1. 그녀는 심지어 그것을 제때에 제출할 수 있을지조차 확신하지 못했다.

2. 연구는 이것이 관광을 인식하는 올바른 방법이 아니라는 것을 보여 주었다.

15 1. 너무 덥고 습도도 높아서 그 여행을 제대로 즐길 수가 없었다.

2. 우리가 버스에 있는 동안 날이 너무나 어두워져서 우리는 두려움에 떨기 시작했다.

16 1. 매번 볼 수 있도록 그것을 여러분이 가장 필요로 하는 곳, 냉장고든 직장에든, 어디에든지 붙여라.

2. 모든 사람들 역시 크게 웃을 수 있도록 여러분이 좋아하는 것을 친구들과 가족과 공유해라.

17 1. 나는 길고 힘든 여행을 앞두고 있으니 잠을 좀 자는 편이 낫겠다.

2. 그녀는 다리가 골절되어 집에 갇혀 있었다.

18 1. 나는 야생에서 야영을 하면서 모기, 뱀, 그리고 거미들과 함께 지낼 수 있다면 좋겠다.

2. 시간적 압박을 받고 막다른 상태에 처해, 그녀는 그 논문을 어떻게 끝마쳐야 할지 몰랐다.

19 1. 나무를 받아가는 날은 (날씨 상태에 따라서) 2018년 7월이나 8월의 어느 한 토요일이 될 것이다.

2. 위대한 과학자들, 즉 우리가 존경하는 선구자들은 결과가 아니라 다음 문제에 관심이 있다.

20 **1.** 그들은 재즈 음악가처럼 보이고 즉흥 연주를 하는 것처럼 보일 수도 있지만, 결국 그들은 아무 것도 모른다.

2. 요즘의 소비자들이 여행하면서 혹은 휴일에 보거나 혹은 심지어 잠시라도 들어가 볼 수 있는 고대 문화가 존재해야 한다.

Week 2 개념 확인 해석

01 **1.** 아기의 건강은 여전히 위태로운 상태이기 때문에 아기는 여전히 인큐베이터에 머물러야 한다.

2. 과정은 활동을 요구했고, 활동은 그것이 얻은 것이었다.

02 **1.** 심장이 너무 빨리 뛰어서 나는 스스로가 말하는 것을 거의 들을 수가 없었다.

2. 즉흥적으로 하고, 흉내 내고, 오랫동안 숨겨져 있던 정체성을 나타낼 수 있도록 스스로에게 허락해야 한다.

03 **1.** 나는 항상 미지의 신비스러운 세계인 아마존을 탐험하고 싶었다.

2. 민물 돌고래가 즐거운 강에서 나를 호위할 것이다.

04 **1.** 파도는 서핑하기에 완벽했다.

2. 밝고 다정한 소리를 듣자 그녀는 기운이 났고 하루가 더욱 즐거워졌다.

05 **1.** 버스가 Alsace로 향하는 동안 경치는 굉장히 아름다워 보였다.

2. Lindsay는 다시 자신의 장난감을 갖게 되어 마음이 차분해지고 편안해졌다.

06 **1.** 초기 인류가 자신들의 세계에 살고 있는 인간 이외의 생명체에 시각적으로 집착한 것은 대단히 의미 있다.

2. 한 연구는 특정 단어(예를 들면, 배)가 관련 단어(예를 들면, 바다, 항해하다) 이후에 제시되었을 때 더욱 호감이 느껴지는 것 같다는 점을 보여 주었다.

07 1. 두 마리 전갈은 서로 격렬하게 공격하고 있었다.

  2. 결국, 그의 작품은 핵심 독자층을 훨씬 넘어 전해졌다.

08 1. Mittag-Leffler는 스웨덴 전체 과학자들 중 가장 탁월하고 유명했다.

  2. 우리가 그때 만나 합의한 대로 가능한 한 빨리 그것을 수리할 서비스 기사를 보내주십시오.

09 1. 여러분이 삶에 고마워할수록, 삶을 찬양해야 할 이유도 더 많다.

  2. 롤러에 옷을 넣어서 남은 물기를 짜냈던 구식 세탁기와 비교할 때, 현대식 세탁기는 정말로 경이로운 전기·기계적 물건이다.

10 1. 이 도로 지도는 모든 것 중에서 단연코 가장 유용하다.

  2. 골프 우승자들은 자신의 문제를 날씨, 코스 혹은 우연적 요인의 탓으로 돌릴 가능성이 보통의 골퍼들보다 훨씬 덜하다.

11 1. Tim은 고교 시절과 똑같이 거만하다.

  2. 연구에 따르면 문제 해결에 있어서 배타성은, 심지어 천재와 함께하는 것이더라도, 포용성만큼 효과적이지 않다.

12 1. 차라리 "만약 교통사고가 난다면 나는 무엇을 할까?" 하고 스스로에게 말해라.

  2. 만일 Michelangelo 같은 르네상스 시대의 위대한 예술가들이 그들이 태어난 시기보다 50년만 먼저 태어났다면, 예술 후원의 문화는 자리 잡지 않았을 것이다.

13 1. 개들은 노인들이 예전에 어떠했는지에 대한 기억이 전혀 없어서 그들이 마치 어린이인 것처럼 그들을 반긴다.

  2. 내 부모님은 의사들이 마치 신과 같은 재능을 지닌 뛰어난 존재인 것처럼 우러러보았다.

14 1. 네가 그것을 말하지 않고 내버려 두었더라면 좋았을 텐데.

  2. 나는 위험을 감수하면서 인생을 살아왔고, 여러분에게 그 모험들이 모두 성공적이었다고 말하고 싶지만, 그렇지는 않았다.

15 1. 안타깝게도, 최면에 걸린 사람들이 상기해 낸 기억이 사실인지 아닌지를 알 방법은 없다.

  2. 유명한 타자 Ken Griffey Jr.는 파업 직전에 다가오는 파업에 대해 어떻게 생각하는지 질문을 받았다.

16 **1.** 그는 또 다른 전갈을 보았고, 그것에서 멀지 않은 곳에 또 다른 한 마리가 있었다.

2. 또한 모든 이가 그 상태로 세상을 떠나지도 않는다.

17 **1.** 바로 그의 눈앞에 맛있어 보이는 초코바가 진열된 줄이 손을 대 주기를 기다리고 있었다.

2. 겨우 지난 몇 십 년 동안, 식량이 매우 풍부해지고 구하기 쉬워져서 지방과 관련된 건강 문제를 야기하게 되었다.

18 **1.** 만약 빙하(의 형성)가 실제로 다시 진행하기 시작한다면 우리는 정확히 무엇을 할 것인가?

2. 아이들이 어릴 때, 일의 많은 부분은 아이들이 정말로 통제권을 가지고 있음을 그들에게 보여 주는 것이다.

19 **1.** 나는 성공에서보다 실패에서 더 많은 것을 배웠다.

2. 몇몇 연구가들은 초기 인류가 오늘날 우리가 하듯이 주로 동물의 (기름기 없는) 살코기를 먹었을 것으로 추정했다.

20 **1.** 1880년대가 되어서야 그 수술이 의학 학술지에 기술되고 의과 대학에서 교육되었다.

2. 심지어 그 때도, 이중의 렌즈가 근처의 풍향계를 더 크게 보이게 한다는 것을 발견한 사람은 Lippershey가 아니라 그의 아이들이었다.

7 다음 중 문장 전환이 잘못된 것은?

① I only did it because they made me do it.
  → I only did it because I was made do it.

② His success encouraged me to try the same thing.
  → I was encouraged to try the same thing by his success.

③ She studied really hard to pass the exam.
  → She studied really hard in order to pass the exam.

④ When I was asked to dance, I declined politely.
  → Being asked to dance, I declined politely.

⑤ These jeans are too expensive for me to buy.
  → These jeans are so expensive that I can't buy them.

[8~9] 다음 중 어법상 어색한 문장을 고르시오.

8
① Don't let the fire go out.
② You had better not be in a hurry.
③ What would you like eating for lunch?
④ My clothes were made of the skins of dead animals.
⑤ When I wanted a piece of wood, I had to cut down a tree.

9
① Sue isn't <u>as old as</u> she looks.
② She felt her heart <u>beating</u> faster.
③ Now stop <u>to argue</u> and get some sleep!
④ He got up early <u>to catch</u> the first train.
⑤ The garden <u>is completely surrounded</u> by a high wall.

10 다음 문장에서 어법상 어색한 곳을 찾아 바르게 고치시오.

> The house repairing by the Johnsons is quite unusual.

_____ → _____

11 다음 밑줄 친 부분을 문맥에 맞게 고치시오.

> Stress can <u>feel</u> when a person experiences changes in lifestyle.

12 다음 문장의 **that**과 쓰임이 같은 것은?

> There is something <u>that</u> you should know.

① Do you know the name of <u>that</u> girl?
② She thinks <u>that</u> he stole her car.
③ I don't like <u>that</u> kind of books.
④ He is so handsome <u>that</u> every girl likes him.
⑤ She is the only person <u>that</u> I believe.

13 다음 빈칸에 알맞지 <u>않은</u> 것은?

> Frank _____ traveling to Europe.

① gave up   ② planned
③ looked forward to   ④ enjoyed
⑤ considered

[14~15] 다음 밑줄 친 부분을 바르게 고친 것을 모두 고르시오.

14

> The plants in the garden need <u>water</u>.

① watering   ② to water
③ watered   ④ to be watered
⑤ waters

15

> Three men helped Nick <u>moving</u> the boxes out of the truck.

① to move   ② to be moved
③ moved   ④ move
⑤ moves

16 다음 빈칸에 공통으로 들어갈 말을 쓰시오.

> • I wonder _____ Angela applied for the job.
> • _____ I knew her phone number, I would call her.

17 다음 괄호 안의 단어를 이용하여 빈칸에 알맞은 말을 쓰시오.

> • I heard my name _____ (call) behind me.
> • I can hear someone _____ (knock).

18 관계대명사를 이용하여 두 문장을 한 문장으로 연결하시오.

(1) I saw a movie. The movie was about John F. Kennedy.

→ _____.

(2) He bought a used bike. The bike's handle was broken.

→ _____.

19 우리말과 같은 뜻이 되도록 밑줄 친 부분을 바르게 고치시오.

> 그는 의사에게서 담배를 피우지 말라는 말을 들었다.
> He <u>told</u> the doctor not to smoke.

Kevin saw his father ⓐ lain on the sofa. He closed his eyes and looked very peaceful. Kevin took his roller blade and quietly left the room. A few minutes later, ⓑ Kevin's mother asked, "Where is John?"

20 위 글의 밑줄 친 ⓐ를 문맥에 맞게 알맞은 형태로 바꾸시오.

21 위 글의 밑줄 친 ⓑ를 간접의문문으로 바꾸시오.

22 다음 밑줄 친 부분을 분사구문으로 바꾸시오.

While I lived in Korea for a few months after my marriage, I tried to learn Korean and my Korean gradually improved to the point where I could take part in simple conversations with my husband, his family and friends.

→ _____

23 다음 빈칸에 공통으로 들어갈 전치사를 쓰시오.

• He bought his used car _____ 1,000 dollars.
• New York is very famous _____ many reasons.

A fellow went to his doctor for a ① yearly examination. ② After consulting the X-rays, EKG and charts, the physician ③ said to the patient, "I have a good news and a bad news. ④ What do you want first?" "The good news," the patient answered. Then the doctor said, "Okay. My son ⑤ has been accepted to Yale School of Medicine." The patient asked, "And the bad news is?" "ⓐ You are going to pay for it," the doctor answered.   * EKG 심전도

24 위 글의 밑줄 친 ⓐ의 의미로 가장 적절한 것은?

① 당신은 신용불량자이다.
② 당신의 건강 상태가 매우 나쁘다.
③ 내 아들의 합격이 부러울 것이다.
④ 내 아들 등록금을 빌려 달라.
⑤ 진료비를 내면 말해 주겠다.

25 위 글의 밑줄 친 부분 중 어법상 어색한 것을 고르시오.

[1~3] 다음 빈칸에 가장 알맞은 말을 고르시오.

1

He is not _____ in what we are saying.

① interested
② interesting
③ interest
④ to interest
⑤ to be interested

2

I must have someone _____ this box for me.

① carried
② to carrying
③ carry
④ to carry
⑤ carrying

3

I don't feel like _____ out tonight.

① going
② to go
③ go
④ to going
⑤ being been

4 다음 밑줄 친 부분의 쓰임이 나머지와 다른 하나는?

① The boy has just broken the window.
② Have you finished writing a report?
③ My cousin has stayed with us since last Christmas.
④ Mandy has not had lunch yet.
⑤ He has already done his homework.

[5~7] 다음 밑줄 친 부분 중 어법상 어색한 것을 고르시오.

5

① I can get him to help.
② They made him accept the offer.
③ My father forbad me to go out.
④ Why don't you let me follow you home?
⑤ He forced himself not looking down into the water.

6

① He is more shy than usual today.
② He has the smallest camera I have ever seen.
③ Venice is one of the most beautiful cities in the world.
④ Tom is many healthier than James.
⑤ She is more clever than any other student in our class.

7

① I was moved by the novel.
② Don't step on the broken glass.
③ What is the language speaking in Egypt?
④ The boy climbing the tree is my brother.
⑤ There were many people protesting against going to war.

8 다음 밑줄 친 부분을 분사구문으로 알맞게 바꾼 것은?

Because it got dark, we camped there.

① Getting dark
② Being got dark
③ It getting dark
④ Because getting dark
⑤ Got dark

9 다음 우리말과 의미가 같도록 할 때 빈칸에 가장 알맞은 것은?

> 그들은 그 문을 잠그지 않은 채로 계속 두었다.
> They kept leaving the gate _____.

① unlock   ② unlocked
③ unlocking   ④ to unlock
⑤ to unlocking

10 다음 문장의 빈칸에 알맞은 것을 모두 고르면?

> Some programs help us learn more about the world _____ we live.

① where   ② in which
③ in that   ④ in where
⑤ in what

11 다음 글의 빈칸 ⓐ, ⓑ에 공통으로 들어갈 말은?

> The clerk can get an instant update of the room situation with help of a computer ____ⓐ____ tells him ____ⓑ____ rooms are available to guests.

① that   ② which
③ whose   ④ what
⑤ where

12 다음 중 어법상 어색한 문장은?

① It was easy for us to find her house.
② I don't believe what you have just said.
③ Could you tell me why are you laughing?
④ You cannot build your house by yourself.
⑤ We have eaten in that garden restaurant many times.

13 다음 중 문장 전환이 잘못된 것은?

① We should teach children to tell the truth.
  → Children should be taught to tell the truth.
② I heard a rapid step approach my office.
  → A rapid step was heard to approach my office by me.
③ When Mary was six, she started school.
  → Being six, Mary started school.
④ She is studying because she has a test tomorrow.
  → She is studying to have a test tomorrow.
⑤ She was too poor to go to college.
  → She was so poor that she could go to college.

14 다음 문장의 빈칸에 들어갈 말로 가장 알맞은 것은?

> A good teacher must know _____ students to develop their personal opinions and to think in new ways.

① encourage
② encouraging
③ to encourage
④ to be encouraged
⑤ how to encourage

15 다음 글의 빈칸에 들어갈 말로 가장 알맞은 것은?

> If she had not attacked me, I _____ a friend of her.

① have made
② would make
③ would not make
④ would have made
⑤ would not have made

16 다음 빈칸 ⓐ, ⓑ에 들어갈 말이 바르게 짝지어진 것은?

> • I would rather ___ⓐ___ than clean the house.
> • He used to ___ⓑ___ fishing every Sunday when he was young.

① study ········ going
② studying ········ going
③ to study ········ go
④ study ········ go
⑤ studying ········ to go

[17~18] 다음 밑줄 친 부분 중 어법상 어색한 것을 고르시오.

17
① When do you know the movie begins?
② Some people like spring and others like autumn.
③ The point is whether or not he will assent to our plan.
④ The prime minister was asked to comment on the crisis.
⑤ If we had gone by car, we would have got there in time.

18
① You must gave them what they need.
② There are many sights to see here.
③ What I can't understand is that he refused my offer.
④ King John made his name feared by everybody in England.
⑤ Mother said I had to take the medicine regularly to get well soon.

19 다음 빈칸에 들어갈 말이 나머지와 다른 하나는?

① How kind _____ you to help me!
② His question is too difficult _____ me to answer.
③ This shirt is too big _____ me to wear.
④ It is impossible _____ us to catch the first train.
⑤ It is necessary _____ me to be there on time.

20 다음 빈칸에 들어갈 말을 괄호 안의 단어를 이용해 쓰시오.

> She had her purse _____ yesterday. (steal)

21 다음 빈칸에 알맞은 말을 쓰시오.

(1) The boy is too short to reach the door handle.
→ The boy is _____ short that he _____ reach the door handle.

(2) The room is big enough to accommodate 20 people.
→ The room is so _____ that it _____ accommodate 20 people.

[22~23] 다음 글을 읽고, 물음에 답하시오.

My little girl was sitting on my lap ① facing a mirror. After ② looked at her reflection ③ for some minutes, she said, "Papa, did God make you?" "Certainly, my dear," I told her. "And did God make me, too?" she said, ④ taking another look in the mirror. "Certainly, dear. What makes you ⑤ ask?" I asked. "It seems to me that ⓐ God is doing better work lately," she answered.

22 위 글의 밑줄 친 ⓐ의 의미로 가장 적절한 것은?

① 아버지는 뛰어난 미남이다.
② 신은 누구에게나 공평하다.
③ 자신의 용모가 가장 뛰어나다.
④ 자신의 용모가 동생만 못하다.
⑤ 자신의 용모가 아버지보다 낫다.

23 위 글의 밑줄 친 부분 중 어법상 어색한 것을 고르시오.

[24~25] 다음 글을 읽고, 물음에 답하시오.

ⓐ 여가 시간은 아무 것도 하지 않는 시간 이상이다. In fact, there are many things ① to be done during this free time. There are no set rules, of course, for ② what qualifies as leisure because ③ what might be leisure for one person, might not be for another. In any case, leisure is never ④ what one considers 'work.' For instance, many people would consider a game of golf to be leisure, but to the professional golf player, it would be work. Many ways ⑤ spend leisure time are up to each person to discover, and they all share the same rewards: a healthy mind and a strong body.

* leisure 여가   qualify 한정하다

24 위 글의 밑줄 친 ⓐ의 우리말에 맞게 주어진 단어를 바르게 배열하시오.

→ Leisure time is _____.
(than, just, nothing, to do, with, time, more)

25 위 글의 밑줄 친 부분 중 어법상 어색한 것을 골라 바르게 고치시오.

1 다음 글의 빈칸에 가장 알맞은 것은?

> My friend knows _____ a good used car for you at a very reasonable price.

① where can he gain
② where can gain he
③ he where can gain
④ where he can gain
⑤ he can gain where

2 다음 문장의 ⓐ, ⓑ에 들어갈 말이 바르게 짝지어진 것은?

> If Napoleon ⓐ alive in 1940, he ⓑ fighting the Germans.

	ⓐ		ⓑ
①	was	········	was
②	were	········	would be
③	had been	········	would be
④	had been	········	would have been
⑤	were	········	would have been

3 다음 문장에서 어법상 <u>어색한</u> 것을 찾아 바르게 고치시오.

> A device has recently been developed to enable a blind person detecting objects by sound.
> * detect 찾다   object 물건

_____ → _____

4 다음 우리말과 같도록 할 때 빈칸에 들어갈 가장 알맞은 말은?

> 15명의 경쟁자들 중 3명이 상을 받았다. 나머지는 아무 것도 받지 못했다.
> Three of the 15 competitors won prizes; _____ got nothing.

① another
② other
③ others
④ the other
⑤ the others

5 다음 글의 빈칸에 가장 알맞은 것은?

> He talked about the men and the things _____ he had seen abroad.

① whose
② whom
③ which
④ what
⑤ that

[6~7] 다음 빈칸에 가장 알맞은 말을 고르시오.

6

> If you _____ the chance, you will regret it.

① won't catch
② won't be caught
③ have not caught
④ don't catch
⑤ didn't catch

7

> They were good friends_____ they were in school.

① when
② if
③ so
④ though
⑤ that

8 다음 중 어법상 올바른 문장은?

① She doesn't has no relative to depend on.
② He loved and respected by all his friends.
③ This is the most worst meal that I've ever made.
④ We have had three successive years of low rain fall.
⑤ If David was honest, he could get the chance.

9 다음 주어진 문장의 밑줄 친 that과 쓰임이 같은 것은?

> This is the car that I've been looking for.

① It is unbelievable that he is a genius.
② I told him that I could not attend the meeting.
③ This is the first thing that you have to do.
④ That black computer is out of order.
⑤ Is it that difficult for you to come over to my place?

10 다음 중 어법상 어색한 문장은?

① Do you know if he saw you?
② I used to work for a moving company.
③ She was made to sing a song by her colleagues.
④ For several reasons, I would not rather meet her.
⑤ My friends ran away as quick as they could.

11 다음 중 문장 전환이 잘못된 것은?

① I could go out, if it weren't raining.
  → As it is raining, I can't go out.
② You may as well start at once.
  → You had better start at once.
③ We found the animal hopping around outside.
  → The animal was found hopping around outside.
④ All the students listened to his speech.
  → His speech was listened by all the students.
⑤ If I possessed a knife, I would lend it to you.
  → Did I possess a knife, I would lend it to you.

12 다음 문장의 빈칸에 들어갈 말로 가장 알맞은 것은?

> Her heart was not beating _____ as usual and she felt weary and old.

① strong
② strongly
③ as strong
④ as strongly
⑤ as more strong

13 우리말과 같은 뜻이 되도록 주어진 단어를 이용하여 문장을 쓰시오.

> They climbed slowly into the truck and he heard the engine start and then heard the truck moving away in low speed. 만약 그녀가 그와 같이 있지 않았다면, 그는 외로웠을 텐데.

(If, she, be, with him, he, feel, lonely)

→ _____.

14 다음 빈칸에 들어갈 말로 가장 알맞은 것은?

> Fossil fuels _____. Once they are used, they are gone forever.

① can recycle
② should not recycle
③ cannot be recycled
④ cannot have been recycled
⑤ should not have been recycled

15 다음에서 어법상 어색한 곳을 찾아 바르게 고치시오.

> This is the way how he solved the problem.

16 다음 밑줄 친 부분의 쓰임이 나머지와 다른 하나는?

① I am looking for a house which I live in.
② Tim wondered which suit he would wear.
③ The dog which is barking loudly is mine.
④ Get into the hotel room in which you are staying.
⑤ She is trying to use the dictionary, which is mine.

17 다음 밑줄 친 동사 ⓐ, ⓑ를 어법에 맞게 바꿔 쓰시오.

> • The firm decided ⓐ do away with the old machinery.
> • Don't put your finger into the water ⓑ boil in the kettle.

ⓐ : _____

ⓑ : _____

[18~19] 다음 밑줄 친 부분 중 쓰임이 바른 것을 고르시오.

18 ① I had him checked the package.
② Do you know that will happen next?
③ Don't carry most money than is needed.
④ It started raining, so she left for the house.
⑤ Several American tourists were beated by taxi drivers.

19 ① Who is that girl worn a big straw hat?
② I would like to introduce me to you.
③ I'm not sure whether will he make it or not.
④ As it is twelve o'clock, we will wait no longer.
⑤ You know how to find the information what you need.

20 우리말과 같은 뜻이 되도록 할 때 빈칸에 들어갈 말이 바르게 짝지어진 것은?

> 어떠한 책이라도 재미만 있으면 된다.
> _____ ⓐ _____ book will do if it is only _____ ⓑ _____.

	ⓐ		ⓑ
①	Any	....	interested
②	Any	....	interesting
③	Some	....	interesting
④	Some	....	interested
⑤	Every	....	interested

[21~22] 다음 글을 읽고, 물음에 답하시오.

If the sun ⓐ will be to die, what would happen then? Could people find a way to survive? Perhaps they could split atoms for heat. Perhaps they could produce man-made foods to eat. Perhaps they could create a new sun. Maybe there would be many new suns, one for each city, and some man-made stars along the freeways so that people could get from one place to another. Just think, the world would be filled with people who had never seen the sun. Grandparents would be respected for their tales of what it was like before the sun died.

* atom 원자

21 위 글의 제목으로 가장 적절한 것은?

① Science of the Future
② World without the Sun
③ Creation of the Sun
④ Man-made Materials
⑤ Legends about the Sun

22 위 글의 밑줄 친 ⓐ를 어법에 맞게 고치시오.

[23~24] 다음 글을 읽고, 물음에 답하시오.

A family comes into being when a couple is married. The family gains in size with the birth of each ① child. From the time ② when the last child ③ is born until the first child leaves home, the family remains stable in size. As the children leave home for employment or marriage, the size of the family ④ shrinks gradually back to the original two persons. Eventually one and then ⑤ another of the parents die and the family has come to an end.

* stable 안정적인   shrink 줄다, 감소하다

23 위 글의 주제로 가장 적절한 것은?

① roles of a family
② a happy marriage
③ families in danger
④ events in a family
⑤ a cycle of a family

24 위 글의 밑줄 친 부분 중 어법상 어색한 것을 고르시오.

25 다음 글의 밑줄 친 부분 중 어법상 어색한 것은?

He went up to his room, ① listening to the wind in the long hallway, and the first drops of rain beginning ② to hit the windows. In the distance, he could hear the thunder ③ coming nearer. Feeling more and more nervous, he got into bed with half his clothes on, and lay listening to the wind against the window, and the thunder ④ to get nearer. Finally, he fell ⑤ asleep, but he slept very badly, and had terrible dreams.

Words Pre-Test Answers

Chapter 1

교수
~인가 하고 생각하다
한밤중, 자정
~에 참석하다
우주비행사
곤충, 벌레
~에게 조언하다
고객, 손님
~을 소개하다
기어가다, 기다
긴장[피로]를 풀다
시내, 개울
인기 있는
불편한
이유, 동기
불쾌한
~의 소유물이다
거지
번쩍이다, 빛나다
생물학
반짝반짝 빛나다
낯선 사람

Chapter 2

회사
이미
사고
~을 끝내다, 완성하다
날씨
해변
아주 좋아하는
외국의
~을 만족시키다
연설
열
공식적인
~을 껴안다
죄, 범죄
최근, 근래
탈출하다
~을 뒤쫓다, 추적하다
~을 붙잡다
~을 축하하다, 기념하다
~을 나누다, 공유하다
~을 지키다, 보호하다
대학

Chapter 3

~을 의도하다
미래
입장, 입구
~을 기쁘게 하다
~을 찾다
행동하다
~에게 먹이를 주다
건축가
능력
위험한
감독
~을 모으다, 저축하다
불가능한
붐비는, 복잡한
천장
문화
연구
기후
~을 감소시키다
~ 대신에
불평하다
사라지다

Chapter 4

정신의
건강
퍼지다
소문
~을 용서하다
~을 인정하다, 시인하다
엽서
~을 반복하다
초대, 초대장
~을 방해하다
~을 둘러싸다
교과서
몇몇의
방긋 웃다
~을 깨닫다
~를 찰싹 때리다
걱정하여
봉투
~를 접다
반
기어가다
기회

Chapter 5

암
~을 설득하다
~을 제거하다
동료
~를 염색하다
부끄럼, 수치심
작문
공동 사회, 공동체
강의, 강연
~을 준비하다
차고
거위, 야생 기러기
온도, 체온
전통적인
옷, 의복
여행
~을 거절하다
진실, 사실
~에 의존하다
제안
내일
세탁물, 빨랫감

Chapter 6

~을 물다
딸
~을 알아차리다
~을 심다
의장, 위원장
~을 선출하다
주의 깊게
땅, 흙
(차가) ~을 치다
~을 발명하다
부끄러워하는
~을 고정시키다, 붙들어매다
시
유년 시절
운동장
~에 피해를 주다
미, 아름다움
4분의 1
회견하다, 면접하다
~을 발행하다, 출판하다
~을 싸다, 포장하다
~을 할인하다

Chapter 7

주소
살아 있는
~를 벌다
~을 구하다
날씬한
분
~을 생산하다
밀가루
운이 없는
비서
충고, 조언
~을 존경하다
~을 얻다
~을 소비하다
극장
~을 받아들이다
귀중한
오염
제품
공손한, 예의바른
백만(100만)
~을 상상하다

Chapter 8

지적인, 총명한
금속, 쇠붙이
이상한, 비범한
재능
탐욕스러운
관습, 풍습
매력적인
~을 치다, 때리다
가격
근면한, 부지런히 일하는
기억
~을 보존하다
교통
버릇없는, 무례한
제 2의, 두 번째의
~을 제공하다
~을 흔들다
비밀
긍정적인
~을 예언[예측]하다
매력있는
비평가

Chapter 9

~에 있는, 존재하는
결석한, 부재의
외부, 바깥쪽
상(품)
~을 나누다
가벼운
숲
스웨터
다른
성공하다
방향
특별한
사회
다리
정면으로 맞서다
배
보고; 보고하다
의견
고체의
높이
위치
긴장한, 초조한

Chapter 10

공장
큰 소리로
다양한
지붕
병원
정직, 성실
판매원
~을 빼앗다, 강탈하다
~을 가로질러
사촌
자유롭게 하다
노예
소음
불필요한
자연
대화
진지한, 심각한
10대 청소년
영수증
~을 발견하다
~를 속이다
화장실

Chapter 11

밀
과로
치료하다
떨다
대나무
사막
~을 묻다
이웃
~을 알아보다
궁전
외국인
여분의
무게
숨을 쉬다
변호사
무딘, 어리석은
정보
가구
~를 계속하다
~을 괴롭히다, 귀찮게 굴다
방문객
나타나다, 출현하다

수준별 맞춤

Vocabulary 시리즈

The VOCA+BULARY
완전 개정판 1~7

This Is Vocabulary
초급, 중급, 고급,
어원편

Grammar 시리즈

Grammar 공감
Level 1~3

도전 만점 중등 내신 서술형 1~4

Grammar Bridge
Level 1~3
개정판

After School Grammar
Level 1~3

The Grammar with Workbook starter
Level 1~2

OK Grammar
Level 1~4

The Grammar Starter
Level 1~3

This Is Grammar
초급 1·2
중급 1·2
고급 1·2

상위 5%를 위한

중학 영문법

뽀개기

정답 및 해설

중등교과서 완전 분석·정리
중간·기말 고사 완벽 대비 문제
독해와 회화로 이어지는 통합형 문법학습

2
LEVEL

김대영, 박수진 지음

Grammar

NEXUS Edu

상위 **5%**를 위한

중학 영문법

뽀개기

정답 및 해설

2 LEVEL

김대영, 박수진 지음

Grammar

NEXUS Edu

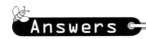

:: 권두부록

A

Check-up

1 3형식	2 3형식	3 4형식
4 1형식	5 1형식	6 5형식
7 4형식	8 3형식	9 2형식
10 1형식		

➡ 문제해결

1 How는 의문부사이고 목적어 it이 있으므로 3형식 문장이다.

2 after school는 전치사구이고, 목적어 tennis가 있으므로 3형식 문장이다.

3 목적어가 us와 warmth and light로 두 개이다. 따라서 give는 수여동사로 4형식 문장이다.

4 all day yesterday는 부사구이다.

5 to the park는 전치사구, yesterday는 부사로 주어와 동사로만 이루어진 1형식 문장이다.

6 open은 목적어 window의 상태를 나타내는 목적격보어이다. 따라서 5형식 문장이다.

7 목적어가 him과 some questions로 두 개이므로 4형식 문장이다.

8 simply because he is honest는 부사절이고 목적어가 him인 것으로 보아 3형식 문장이다.

9 on the sofa는 전치사구이고, my father는 주어를 보충해주는 주격보어로 쓰였다. 따라서 2형식 문장이다.

10 There는 유도부사, in the woods는 전치사구로 주어와 동사로 이루어지는 1형식 문장이다.

◎ 어휘

warmth 따뜻함 **light** 빛
simply because 단지 ~라는 이유만으로

B

Check-up

1 ⓐ 1형식 ⓑ 2형식	2 ⓐ 1형식 ⓑ 2형식
3 ⓐ 4형식 ⓑ 5형식	4 ⓐ 5형식 ⓑ 3형식
5 ⓐ 3형식 ⓑ 1형식	6 ⓐ 4형식 ⓑ 3형식

➡ 문제해결

1 ⓐ well(부사: 잘) ⓑ well(형용사: 건강한)

2 ⓐ 진행형 ⓑ bright(형용사: 밝은)

3 ⓐ leave(4형식: 남겨두다) ⓑ leave(5형식: 내버려두다)

4 ⓐ easy(형용사) ⓑ easily(부사)

5 ⓐ stand(~을 참다, 견디다)
　ⓑ stand(~에 있다), on the hill(전치사구)

6 ⓐ made(수여동사), me(간목), a yellow skirt(직목)
　ⓑ made(완전타동사), for me(전치사구)

◎ 어휘

had better 동사원형 ~하는 게 낫다

C

Check-up

1 동사	2 형용사	3 부사
4 명사	5 형용사	6 동사
7 동사	8 동사	9 명사
10 전치사	11 명사	12 접속사

➡ 문제해결

1 주어와 목적어 사이에 있으므로 동사이다.

2 5형식 문장으로 목적격보어 자리에 형용사가 와야 한다.

3 동사 like를 수식하므로 부사이다.

4 there는 유도부사이고, 실직적으로 문장의 주어 역할을 하는 furniture는 명사이다.

5 뒤의 명사 luck을 수식하므로 형용사이다.

6 let's 다음에는 동사원형이 온다.

7 주어 다음에 오므로 동사이다.

8 didn't 다음에 오므로 동사이다.

9 동사 gave 앞에 쓰였으므로 명사이다.

10 앞에 절이 있고, until 다음에 명사가 왔으므로 전치사이다.

11 전치사 of 다음에 오는 것이므로 명사이다.

12 앞에 절이 있고, until 다음에 절이 왔으므로 접속사이다.

◎ 어휘

water (식물에) 물을 주다
manner 방법, 방식 **furniture** 가구

D

Check-up

1 good	2 carefully	3 discuss
4 carried	5 greeted	6 become

➡ 문제해결

1 2형식 문장에서 지각동사의 주격보어로 올 수 있는 것은 부사가 아니라 형용사이다.

2 3형식 문장으로 her car라는 목적어 뒤에 있는 careful은 동사를 수식하는 부사가 되어야 한다.

3 discuss는 완전타동사로 뒤에 전치사가 오지 않는다.

4 5형식 문장으로 목적어와 목적격보어의 관계가 수동이기 때문에 carrying을 과거완료 형태로 바꿔야 한다.

5 greet은 완전타동사로 뒤에 전치사가 오지 않는다.

6 5형식 문장으로 동사 make의 목적격보어로 올 수 있는 것은 동사원형, 명사, 형용사이다.

◎ 어휘

luggage 가방, 수화물
greet ～에게 인사하다
host 주인, 주최자
chemist 화학자

Chapter | 다양한 문장의 형태 살펴보기

Unit 01
p.20

A

◤ Check-up ◥

1 or   2 or   3 Which
4 Which

⇨ 문제해결

1, 2   둘 중 하나를 선택하는 선택의문문이므로 or가 적절하다.

3, 4   선택을 하는 것이므로 Which가 적절하다.

◎ 어휘

season 계절

B

◤ Check-up ◥

1 Which do you like better
2 Which is higher
3 Was the movie
4 Is your mother
5 Which does he
6 Who is going to go / Who will go

⇨ 문제해결

1, 2, 5   둘 중 하나를 선택을 하는 의문문으로 Which를 쓴다.

3, 4   be동사에는 '～있다'는 뜻이 있으므로 be동사를 이용해서 영작한다.

6   선택을 하는 것이지만 누구에 해당하는 의문사가 들어가야 하기 때문에 Who를 이용해서 영작한다.

◎ 어휘

prom 무도회, 댄스 파티

Unit 02
p.22

A

◤ Check-up ◥

1 I am   2 she called
3 I can   4 Who do you believe

⇨ 문제해결

1～3   간접의문문의 어순은 〈의문사+주어+동사〉 ～가 되어야 한다.

4   Yes/No의 대답을 요구하지 않은 think, believe, guess 등과 같은 타동사인 경우의 간접의문문은 의문사를 문장 앞에 둔다.

◎ 어휘

midnight 자정

B

◤ Check-up ◥

1 Tell me who she loved
2 I don't know what she did
3 Do you know why she cried
4 Can you tell me if/whether the baby can swim
5 What do you guess the answer will be
6 What do you think he wants to eat

⇨ 문제해결

1, 2   전체 평서문에 간접의문문이므로 〈타동사+의문사+주어+동사 ～〉 어순이 되어야 한다.

3   전체 의문문에 간접의문문이고, Yes/No를 요구하는 타동사 know이므로 〈타동사+의문사+주어+동사 ～?〉 어순이 되어야 한다.

4   전체 의문문에 간접의문문이고, 의문사가 없으므로 〈타동사+접속사(if/whether)+주어+동사 ～?〉 어순이 되어야 한다.

5, 6   전체 의문문에 간접의문문이고, Yes/No를 요구하지 않는 타동사 guess, think이므로 〈의문사 ～ 타동사+주어+동사 ～?〉 어순이 되어야 한다.

🐝 **개념확인문제**
p.22

1 ③   2 ②   3 ⑤   4 ⑤   5 ③
6 Who is taller, Min-su or Andrew
7 Try to decide which is better   8 where
9 Can you tell me if/whether she is at home
10 I asked what he bought

1-2

해석

1 A : 소고기와 생선 중에서 어떤 것을 원하시나요?
  B : 생선으로 부탁합니다.

2 나는 그녀가 그 회의에 참석했는지 궁금하다.

⇒ **문제해결**

1 선택의문문이므로 which를 사용한다.

2 전체 평서문에 간접의문문이므로 의문사가 없으므로 〈타동사+접속사(if/whether)+주어+동사 ～〉 어순이 되어야한다.

◎ **어휘**

beef 소고기

3

해석

선택의문문의 대답은 Yes/No가 아닌 둘 중 하나를 고르거나, 둘 다 좋다 또는 둘 다 싫다라는 형식으로 대답을 한다. ①은 Yes로 대답했고, ② ③ ④는 질문과 무관한 대답을 하고 있다.

◎ **어휘**

famous 유명한   **astronaut** 우주 비행사

4

해석

간접의문문이기 때문에 〈의문사+주어+동사〉 순서가 되어야한다.

◎ **어휘**

have no idea ～을 모르다

5

해석

A : 너는 왜 그녀가 학교에 오지 않았는지 아니?

B : _____

⇒ **문제해결**

Yes/No의 대답을 요구하는 간접의문문으로 You로 물었으므로 I로 대답해야 한다. ⑤ Yes 이후에 학교에 오지 않은 구체적인 이유를 말해주고 있다.

6-7

⇒ **문제해결**

6 선택의문문으로 사람을 선택하는 것이기 때문에 의문사이면서 주어인 who를 사용한다.

7 선택의문문에서 의문사가 뒤에 나오는 명사를 수식하는 의문형용사 역할을 하면서 주어 역할을 한다.

8

해석

너는 영어 단어 'cash'가 어디에서 유래했는지 아니? 어떤 사람들은 '압축된 차'를 의미하는 인디언 말로부터 나왔다고 믿고있어.

⇒ **문제해결**

간접의문문을 써서 단어의 유래를 물어보는 것이므로 의문사 where가 적절하다.

◎ **어휘**

cash 현금   **compress** ～를 압축시키다

9-10

해석

9 그녀가 집에 있는지 나에게 말해줄 수 있니?

10 나는 그가 무엇을 샀는지 물었다.

⇒ **문제해결**

9 전체 의문문에 간접의문문이고 의문사가 없으므로 〈타동사+접속사(if/whether)+주어+동사 ～?〉 어순이 되어야한다.

10 전체 평서문에 간접의문문이므로 〈타동사+의문사+주어+동사 ～〉 어순이 되어야 한다.

Unit 03   p.23

A

Check-up

1 called   2 to go   3 me
4 angry   5 to see

⇒ **문제해결**

1 이름(name)은 사람에 의해 불리우는 것이다. 즉, 목적어와 목적격보어의 관계가 수동이기 때문에 과거분사가 와야 한다.

2, 5 5형식 문장으로 동사 각각 tell, want이다. 이 동사는 목적격보어로 to부정사를 취한다.

3 목적어가 와야 하므로 목적격이 되어야 한다.

4 5형식 구문은 목적격보어 자리에 부사가 올 수 없다.

B

Check-up

1 interesting   2 easy   3 clean / cleaned
4 to come   5 dangerous

⇒ **문제해결**

1 her story가 감정을 느끼는 것이 아니라 감정을 유발하는 것이기 때문에 현재분사로 고쳐야 한다.

2, 5 5형식 문장으로 목적격보어 자리에 부사가 아니라 형용사가 온다.

3 desk와 clean의 관계가 수동이기 때문에 과거분사인 cleaned로 고치거나 형용사 clean으로 바꾼다.

4 동사 allow는 목적격보어로 to부정사를 취한다.

◎ 어휘

heavy rain 폭우 **allow** ~을 허락하다
dangerous 위험한

Unit 04 p.24

A
Check-up

1 clean 2 to paint 3 go
4 cook 5 cut(과거분사)

⇒ 문제해결

1, 3 make와 let은 5형식 사역동사로 쓰였고 목적어와 목적격보어의 관계가 능동이기 때문에 동사원형을 고른다.

2 get이 5형식 일반동사로 쓰였고 목적어와 목적격보어의 관계가 능동이기 때문에 to부정사를 고른다.

4 help가 5형식 준사역동사로 쓰였고 목적어와 목적격보어의 관계가 능동이기 때문에 동사원형을 고른다.

5 have가 5형식 사역동사로 쓰였고 목적어와 목적격보어의 관계가 수동이기 때문에 과거분사를 고른다.

B
Check-up

1 I had him repair my house
2 Let me know her news
3 He made me study

⇒ 문제해결

1, 2, 3 5형식 사역동사 have, let, make를 이용하고, 목적어가 사람이므로 목적격보어 자리에는 원형부정사를 사용하여 영작한다.

◎ 어휘

repair ~을 수리하다

Unit 05 p.25

A
Check-up

1 cross 2 cry 3 beating
4 called 5 run

⇒ 문제해결

1, 2, 5 지각동사 see, hear, watch가 5형식으로 사용될 경우 목적격보어 자리에는 원형부정사가 온다.

3 지각동사 feel이 5형식에서 사용되고, 목적어인 심장 (heart)은 직접 뛰는 것이므로 목적격보어 자리에 현재분사를 쓴다.

4 지각동사 hear가 5형식에서 사용되고, 목적어인 이름 (name)은 불리는 것이므로 목적격보어 자리에 과거분사를 쓴다.

◎ 어휘

cross 건너다
beat (심장, 맥박 등이) 뛰다; 때리다

B
Check-up

1 I saw a stranger enter my house
2 He heard her weeping in the room
3 I felt something crawling on my back

⇒ 문제해결

1 5형식 지각동사 see를 이용하고, 낯선 사람이 나의 집으로 들어가는 단순한 사실을 나타내므로 목적격보어 자리에는 원형부사를 사용하여 영작한다.

2 5형식 지각동사 hear를 이용하고, 목적어가 능동 진행을 나타내므로 목적격보어 자리에는 현재분사를 사용하여 영작한다.

3 5형식 지각동사 feel를 이용하고, 목적어가 능동 진행을 나타내므로 목적격보어 자리에는 현재분사를 사용하여 영작한다.

◎ 어휘

stranger 낯선 사람 **weep** 울다
crawl 기어가다

개념확인문제 p.26

1 ② 2 ④ 3 ② 4 ① 5 ⑤
6 ④ 7 to go 8 wonderful
9 love makes people blind
10 help me wallpaper your room

1-2

해석

1 나는 식당 근처에서 누군가가 소리치는 것을 들었다

2 나는 이런 차이점들이 한국에서의 생활을 흥미롭게 만든다는 것을 확신한다.

⇒ 문제해결

1 5형식 문장으로 지각동사 hear가 있다. 목적어 someone

과 shout의 관계가 능동이기 때문에 현재분사나 동사원형을 고르면 된다.

2 make가 5형식 동사로 쓰일 때 목적격보어 자리에 동사원형, 명사, 형용사가 올 수 있다.

◎ 어휘

shout 외치다　　　　　　**difference** 차이점
sure 확신하고 있는

3 ⇨ 문제해결
5형식 문장으로 동사가 found이다. 목적격보어로 올 수 있는 것은 동사, 명사, 형용사이다. 따라서 부사인 easily는 올 수 없다.

4 해석
A : 너는 왜 초록색 방을 좋아하니?
B : 그것은 나의 눈을 편안하게 해주기 때문이야.
A : 하지만 나는 노란색이 좋아. 노란색은 내가 밝게 느끼게 만들어줘.

⇨ 문제해결
make가 사역동사이기 때문에 목적격보어 자리에 동사원형이나 과거분사가 와야 하는데, ⓐ 눈 자체가 편안한 것이므로 동사원형이 적절하다. ⓑ 내가 직접 느끼는 능동적 의미이므로 역시 동사원형이 적절하다.

5 해석
① 나는 스포츠가 우리를 더 가깝게 해준다고 확신한다.
② 그 경기가 어떻게 되는지를 너에게 알려줄게.
③ 사람들은 그 공원을 깨끗하게 유지하지 않았다.
④ 그녀는 엄마가 상 차리는 것을 도왔다.
⑤ 나는 컴퓨터를 고치게 했다.

⇨ 문제해결
⑤ computer의 입장에서는 고쳐지는 것이므로 과거분사 repaired가 와야 한다.

6 해석
① 그는 자신의 아내를 기쁘게 해주었다.
② 내 할아버지는 나를 sweetie라고 부르신다.
③ 그들은 자신의 아들을 James라고 이름 지었다.
④ 나는 새들이 나무 근처에서 노래하는 것을 들었다.
⑤ 우리는 서로 냇물을 건너는 것을 도와주었다.

⇨ 문제해결
'새들이 노래한다'고 능동으로 해석되므로 동사원형(sing)이나 현재분사(singing)가 와야 한다.

◎ 어휘

get across ~을 건너다
stream 개울

7-8

해석

7 그녀는 그녀의 아들이 밤에 밖에 나가는 것을 절대 허락하지 않는다.

8 그 드레스를 입으니 정말 멋있어 보인다.

⇨ 문제해결

7 5형식 문장으로 동사 allow는 목적격보어로 to부정사를 취한다.

8 2형식 문장으로 동사로는 지각동사 look이 왔다. 동사가 지각동사일 경우 주격보어로 부사가 아니라 형용사가 온다.

9-10

⇨ 문제해결

9 make를 넣어 5형식 문장으로 영작하면 되는데 목적격보어로 형용사 blind를 쓴다.

10 〈help+목적어+동사원형〉을 이용하여 작문하면 된다.

◎ 어휘

blind 눈먼
wallpaper ~에 벽지를 바르다

Review Test　p.27

1 ③　　2 ①　　3 ④　　4 ③　　5 ①
6 ③　　7 ②　　8 ⑤　　9 ①, ④　　10 ④
11 ④　　12 ①　　13 ①
14 무슨 일이 일어나는지 or 무엇이 발생하는지　　15 ②
16 ⑤　　17 (1) great (2) yell / yelling (3) sleep
18 What do you think will happen　　19 to paint
20 (1) Do you know who this book belongs to
(2) Could you tell me what time it is
(3) I wonder if/whether my mom remembers him

1-2

해석

1 수학과 과학 중 넌 어떤 과목을 더 좋아하니?

2 나는 한국인들이 여기 한국에서 언제 자신들의 생활을 시작했는지 모른다.

⇨ 문제해결

1 선택의문문은 의문사로 시작할 경우에는 〈의문사+동사+주어~, or〉의 형식을 가진다.

2 간접의문문으로 〈의문사+주어+동사〉 어순이 되어야 하고,

내용상 의문사는 when이 적절하다.

◎ 어휘

subject 과목 　　　　　**life** 인생, 삶 (복수형 **lives**)

3 해석

• 그녀는 치마를 입고 있니? 아니면 반바지를 입고 있니?
• 화성과 목성 중 어느 것이 더 크니?

⇒ 문제해결

첫 번째 문장은 의문사가 없는 선택의문문으로 문맥상 '~을 입고 있니?'가 되어야 하므로 Is를 써야 하고, 두 번째 문장은 의문사를 포함하는 선택의문문으로 한정된 대상에서 하나를 고를 때는 which를 쓴다.

◎ 어휘

shorts 반바지 　　　　　**Mars** 화성
Jupiter 목성

4 해석

그들은 내가 숙제를 하게 했다.

⇒ 문제해결

목적격보어로 to부정사를 취하는 ③의 get을 제외하고는 모두 목적격보어로 동사원형을 취한다.

5-6

⇒ 문제해결

5 Yes/No 대답을 요구하지 않는 타동사 즉, think, believe, guess 등을 포함한 의문문을 간접의문문으로 만들 경우 의문사는 문장 앞으로 이동시킨다.

6 5형식 문장으로 지각동사 see가 이 문장의 동사이다. 목적어 my girlfriend와 walk의 관계가 능동이기 때문에 현재분사나 동사원형을 고르면 된다.

7 해석

A : 실례합니다만 시청이 어디에 있는지 아시나요?
B : 그것은 Bank Street과 5번가의 모퉁이에 있습니다.

⇒ 문제해결

② 간접의문문은 〈의문사+주어+동사〉 어순이 되어야 한다.

◎ 어휘

City Hall 시청

8 해석

너는 아니? + 호주에서 가장 인기 있는 동물은 무엇이니?

⇒ 문제해결

know는 Yes/No 대답을 요구하는 타동사이다. 따라서 〈의문사+주어+동사〉 어순이 되어야 한다.

9 해석

A : 와, 짐을 많이 들고 있네요. 내가 저 상자들을 옮기는 것을 도와줄까요?
B : 물론이죠. 정말 친절하시군요!

⇒ 문제해결

① help는 준사역동사로 목적격보어 자리에 원형부정사나 to부정사가 올 수 있다.

10 해석

A : 안녕, Mary! 만나서 반가워요.
B : 안녕, 이씨. 만나서 반가워요.
A : 왜 여기에 왔나요?
B : 한국 화가들의 작품을 감상하기 위해서요.

⇒ 문제해결

③ make가 사역동사이므로 목적격보어는 동사원형인 bring이 되어야 한다.

◎ 어휘

appreciate ~을 감상하다; 감사하다

11-12

해석

11 ① 너는 그 파티에 누가 오는지 아니?
② 그는 언제 우리에게 올 거라고 말했니?
③ 나는 무언가가 나의 등에서 움직이는 것을 느꼈다.
④ 그녀는 그가 가게에 갈 거라고 기대했다.
⑤ 나는 왜 그녀가 자기 그림에 대해서 너에게 말하지 않았는지 모르겠다.

12 ① 추운 날씨가 나를 불편하게 느끼도록 만들었다.
② 그들은 우리가 누구를 만나기를 원했니?
③ 그녀는 기쁨으로 가슴이 뛰는 것을 느꼈다.
④ 어느 누구도 그가 갔던 곳을 모른다.
⑤ 그녀는 그에게 우유를 좀 사달라고 요청했다.

⇒ 문제해결

11 ④ expect는 목적격보어 자리에 to부정사를 취하는 동사이다. (→ to go)

12 ① make가 사역동사이기 때문에 목적격보어 자리에는 원형부정사나 과거분사가 와야 한다. (→ feel)

◎ 어휘

back 등 　　　　　**painting** 그림
uncomfortable 불편한

13 해석

① 그는 뭔가가 자기 팔을 건드리는 것을 느꼈다.
② 내 여동생은 나에게 문을 닫아달라고 부탁했다.
③ 나는 그 방이 페인트칠해지는 것을 보았다.

④ 그녀는 자기 어머니가 음식을 만드는 것을 도와주었다.

⑤ 그녀는 아들이 TV를 너무 많이 보는 것을 허락하지 않는다.

⇨ 문제해결

① 5형식 문장으로 목적어와 목적격보어의 관계가 능동이기 때문에 touching이 맞다.

② ask는 목적격보어로 to부정사를 취하는 동사이다.

③ the room과 paint의 관계가 수동이기 때문에 과거분사 painted로 바꿔야 한다.

④ help는 준사역동사로 목적격보어 자리에 동사원형이나 to부정사가 온다.

⑤ let은 사역동사로 목적격보어 자리에 동사원형이 온다.

14 해석

오늘날, 우리는 몇 시간만에 세계의 반대편에서 무슨 일이 일어나는지 알 수 있다.

⇨ 문제해결

ask, know, wonder 다음에 오는 what은 의문사로 '무엇'이라고 해석한다.

15-16

해석

15 ① 나는 그녀가 언제 갔는지 궁금하다.

② 나는 당신이 그를 용서해줄 것을 충고한다.

③ 당신은 그 단어가 어디에 있는지 찾아야 한다.

④ 당신은 그가 그 이유를 듣게 할 수 없다.

⑤ 남자는 여자가 먼저 들어오고 나가는 것을 허락한다.

16 ① Jim은 자기 아들이 연주하는 것을 보는 것을 좋아한다.

② 그것은 사람들이 많은 돈을 절약하도록 도와준다.

③ 싱크대에 물이 흐르도록 두지 마라.

④ 쓰레기는 너의 나라를 불쾌한 곳으로 만들 수 있다.

⑤ 그녀는 자기 셔츠가 어디에 있는지 모른다.

⇨ 문제해결

15 ② 여기서 advise는 5형식 동사로 목적격보어 자리에 to부정사가 와야 한다. (→ to forgive)

16 ⑤ 간접의문문은 〈의문사+주어+동사〉 어순이 되어야 한다. (→ where her shirts were)

◎ 어휘

advise 충고하다   **forgive** 용서하다

reason 이유   **litter** 쓰레기

unpleasant 불쾌한

17 해석

(1) 그거 정말 멋지겠다.

(2) 나는 누군가가 도움을 요청하려 소리를 지르는 것을 들었다.

(3) 내 부모님은 내가 친구 집에 가서 자고 오는 것을 허락하시지 않을 거야.

⇨ 문제해결

(1) 2형식 문장으로 주격보어 자리에 부사가 올 수 없다.

(2) someone과 yell의 관계가 능동으로 현재분사로 써야 한다.

(3) 사역동사 let이 왔으므로 동사원형이 와야 한다.

18 해석

A : 자, 이 뜨거운 캔을 차가운 물에 두어보자.

B : 너는 무슨 일이 일어날 것이라고 생각하니?

A : 자, 흥미로운 일이 일어날 거야.

⇨ 문제해결

Yes/No의 대답을 요구하지 않는 간접의문문이므로 의문사가 앞으로 이동해야 한다.

◎ 어휘

can 깡통

19 해석

나는 내 아들이 그 벽을 칠하게 했다.

⇨ 문제해결

get은 사역의 의미를 지닌 일반동사로 목적어와 목적격보어가 능동 관계에 있기 때문에 to부정사를 사용한다.

20 해석

(1) 너는 아니? + 이 책이 누구의 것인지?

(2) 얘기해 주실 수 있나요? + 지금 몇 시인가요?

(3) 나는 궁금해. + 나의 엄마가 그를 기억할까?

⇨ 문제해결

(1) 의문사를 포함하는 간접의문문으로 know는 Yes/No 대답을 요구하는 타동사이다. 따라서 〈의문사+주어+동사〉 어순이 된다.

(2) 간접의문문의 어순은 〈의문사+주어+동사〉이다.

(3) 의문사가 없는 의문문일 경우에는 간접의문문 앞에 if나 whether를 쓴다.

Reading
p.30

1 Which do you like more/better, a cheese burger or a turkey sandwich?

2 (1) ④   (2) Why do you think the beggar returned to his uncomfortable bench

3 ⓐ flashing   ⓑ moving

ⓒ called   ⓓ beautiful

1 해석

당신은 치즈버거 혹은 칠면조 샌드위치 중에서 어떤 것을 더 좋아하나요? 모든 사람들은 대답이 칠면조 샌드위치라는 것을 알고 있다. 많은 지방이 들어 있지 않고, 칼로리가 더 적기 때문에 칠면조 샌드위치가 더 좋다.

⇒ 문제해결

둘 중 하나를 선택하는 것이므로 which를 이용해 영작한다.

◎ 어휘

turkey 칠면조   **fat** 지방

2 해석

한 부유한 남자가 공원에서 산책을 하고 있을 때 벤치에서 웅크린 자세로 잠을 자고 있는 거지를 발견했다. 그 남자는 거지도 꿈을 가지고 있는지 궁금했다. 그래서 그에게 꿈이 무엇인지 물었다. 그는 좋고 따뜻한 호텔 방에서 묵는 것이라고 대답했다. 그는 그 거지에게 최고급 호텔에서 지낼 수 있도록 해 주었다. 그러나, 이튿날 호텔로 갔을 때 그는 이미 차갑고 딱딱한 공원 벤치로 돌아가고 없었다.

⇒ 문제해결

(1) ⓐ 의문사를 포함하고 있지 않은 간접의문문은 if/whether 를 사용한다.
　　ⓑ 사역동사 let이 문장의 동사이므로 동사원형을 쓴다.
(2) Yes/No 대답을 요구하지 않는 타동사 think를 포함한 간접의문문은 의문사를 문장 앞으로 이동시킨다.

◎ 어휘

beggar 거지   **crouch** 쭈그리다, 웅크리다

3 해석

나의 잊지 못할 추억 중 하나는 반딧불이를 본 것이다. Jason 과 나는 작년 여름에 Aowanda 국립 산림지대로 하이킹을 갔다. 우리는 길을 잃었고 어디로 가야 할지 몰랐다. 이미 어두워져 있었기 때문에 우리는 걱정이 되기 시작했다. 갑자기, 나는 깜박거리며 빛을 내는 것을 보았고, 그것은 어둠 속에서 이곳 저곳을 날아다녔다. 나는 그 움직이는 빛을 보고는 무서워서 죽는 줄 알았다. 나는 그것들이 유령이라고 생각했고, 그것들은 우리를 잡으려고 점점 다가오고 있다고 생각했다. 그 순간 Jason이 생물 시간에 배운 것을 기억해 냈다. 그것들이 반딧불이라고 불린다는 것을 듣자마자, 공포는 사라지고 그들이 밤하늘에 반짝이는 별처럼 아름답게 보였다.

⇒ 문제해결

ⓐ, ⓑ 목적어와 목적격보어의 관계가 능동이기 때문에 현재분사를 고른다.
ⓒ 문맥상 '그들이 반딧불이라고 불리는 것', 즉 목적어와 목적격보어의 관계가 수동이기 때문에 과거분사를 고른다.
ⓓ 2형식 문장에서 주격보어로 부사가 아니라 형용사가 온다.

◎ 어휘

unforgettable 잊을 수 없는
firefly 반딧불이   **forest** 숲
flash 번쩍이다
on and off 때때로, 불규칙적으로
be scared to death 무서워 죽을 뻔하다
twinkle 반짝이다

❮❮ Grammar in Conversation　　p.31

1 ⑤　　　　2 ②　　　　3 ⓐ move ⓑ keep ⓒ to call

1 해석

A : 안녕하세요. 무엇을 도와드릴까요?
B : 예, 저는 일자리를 찾고 있어요.
A : 그럼, 당신은 제대로 찾아 오셨네요. GE 회사에 관해서 어떻게 알게 되셨나요?
B : 저의 형이 여기에 가라고 말해줬어요.
A : 좋아요. 먼저 이 양식을 채워주세요.

⇒ 문제해결

ask는 지각동사, 사역동사도 아니기 때문에 목적격보어 자리에 동사원형이 올 수 없다. (→ to fill out)

◎ 어휘

right 올바른   **employment** 고용
company 회사   **fill out** (서류 등을) 기입하다
form 양식

2 해석

① A : 우리는 환경을 깨끗이 유지해야만 해.
　 B : 맞아. 우리는 쓰레기를 재활용해야 한다고 생각해.
② A : 사람들이 왜 그렇게 말하는지를 아니?
　 B : 응, 알아.
③ A : 미국 남자들은 일반적으로 여자가 코트를 입을 때 도와줘. 그렇지 않니?
　 B : 그래. 그리고 여자들이 코트를 벗을 때도 역시 도와줘.
④ A : 가장 가까운 우체국이 어디에 있는지 아세요?
　 B : 미안합니다만 모릅니다.
⑤ A : Jane이 점심 먹으러 집에 올까?
　 B : 그렇게 생각하지 않아. 우리는 그녀가 점심 먹으러 집에 올 거라고 기대하지 않아.

⇒ 문제해결

② 간접의문문의 어순은 〈의문사+주어+동사〉가 되어야 한다. (→ people are)

◎ 어휘

environment 환경   **recycle** ~을 재활용하다
waste 쓰레기

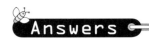

3 해석

A : 나는 네가 보스턴으로 이사 갈 것이라고 들었어.

B : 그래. 나는 대학원 입학 허가를 받았거든. 나의 부모님은 나를 보스턴으로 이사시킬 거야.

A : 오, 대단해! 하지만 네가 그리울거야.

B : 나도 그래. 계속 연락하자.

A : 그래. 네가 자리 잡으면 나에게 전화하는 것을 잊지 마.

B : 나를 믿어. 그리고 너에게 편지 쓰는 것을 잊지 않을게.

A : 내 주소를 가지고 있니?

B : 네 전화번호를 가지고 있어.

A : 좋아. 그러면 네가 나에게 곧 전화하기를 기대할게.

⇨ 문제해결

ⓐ have가 사역동사이므로 동사원형 move가 온다.

ⓑ Let's 뒤에는 항상 동사원형이 온다.

ⓒ 5형식에서는 〈expect+목적어+to부정사〉를 쓴다.

◎ 어휘

graduate school 대학원
admission 입학 허가
keep in touch (with) (~와) 연락을 유지하다
settle down 정착하다

Chapter 2 동사를 타고 떠나는 시제 여행

Unit 06   p.34

A) Check-up

1 has gone   2 has been   3 have cleaned
4 has rained / has been raining   5 has met

⇨ 문제해결

1 과거에 가서 지금 여기에 없으므로 현재완료 결과를 나타낸다.

2 과거에 갔다가 와서 지금은 여기에 있으므로 현재완료 경험을 나타낸다.

3 과거에 방이 더러웠으나 지금은 깨끗하므로 현재완료완료를 나타낸다.

4 지난주에 비가 내리기 시작해서 여전히 비가 내리고 있는 것이기 때문에 과거의 상태가 지금까지 계속되는 현재완료나 현재완료 진행을 사용한다.

5 Jill은 Jack을 지금까지 두 번 만났다는 문장으로 현재완료 경험을 나타낸다.

B) Check-up

1 I have not / haven't lost my bag
2 Has someone broken the window
3 She's lived here since 2000
4 You've not / You haven't called him yet

⇨ 문제해결

1 현재완료에서 have가 조동사이기 때문에 바로 뒤에 not을 쓰면 된다.

2 현재완료에서 has가 조동사이기 때문에 has가 맨 앞에 와서 의문문이 된다.

3 현재완료에서는 주어와 has 동사를 축약시킨다.

4 현재완료에서는 주어와 have 동사를 축약시키거나, have와 not을 축약시킬 수 있다.

Unit 07   p.35

A) Check-up

1 met   2 since   3 has
4 joined   5 has listened

⇨ 문제해결

1, 4 ago와 last year는 과거 시제에만 쓸 수 있다.

2 현재완료 문장으로 전치사 in은 2006년이라고 기간을 한정해 주기 때문에 since가 적절하다.

3, 5 과거부터 시작해서 지금 이 순간까지 적용되는 내용이므로 현재완료가 적절하다.

B) Check-up

1 ⓐ 그는 그녀를 사랑했었다 (지금은 모른다.)
   ⓑ 그는 그녀를 사랑해왔다 (지금도 사랑한다.)

2 ⓐ 나는 5년 동안 영어를 공부했다 (지금은 모른다.)
   ⓑ 나는 5년 동안 영어를 공부해왔다 (지금도 공부한다.)

3 ⓐ 그녀는 5주 동안 Seattle에 머물렀다 (지금은 모른다.)
   ⓑ 그녀는 5주 동안 Seattle에 머물고 있다 (지금도 머물고 있다.)

🐝 개념확인문제   p.36

1 ②   2 ③   3 ①   4 ⑤   5 ③
6 ②   7 ⑤   8 ⑤   9 (ever) been
10 have lived

1-2

⇨ **문제해결**

1 read의 과거분사형은 read이다.

2 eat의 과거분사형은 eaten이다.

3 **해석**

그녀는 2000년에 그 회사에서 일을 하기 시작했다. 그녀는 아직도 그 회사에서 일하고 있다.

⇨ **문제해결**

과거의 상태가 아직도 계속되고 있는 것이므로 현재완료를 사용한다. 현재완료의 형식은 〈have/has+과거분사〉이다.

4 **해석**

Joe는 1999년 이래로 여기에 살고 있다.

⇨ **문제해결**

문장의 내용상 '1999년 이후로 계속 살고 있다' 즉, 과거의 상태가 지금까지 계속되는 현재완료가 되어야 하므로 현재완료나 현재완료 진행을 고른다.

5-6

해석

5 A : 너는 burrito 먹어 본 적 있니?
B : 응. 먹어 봤어. 그거 정말 맛있었어.

6 • 그녀는 20년 동안 결혼 생활을 하고 있다.
• 나는 작년 이후로 내 여권을 찾지 못했다.

⇨ **문제해결**

5 과거에서 현재까지 경험을 나타내고 있으므로 현재완료를 써야 하며, have로 물으면 have로 답한다.

6 현재완료의 계속적 용법으로 문맥상 첫 번째 문장에는 '~동안'이라는 의미의 for가, 두 번째 문장에는 '~ 이래'라는 의미의 since가 알맞다.

◎ **어휘**

passport 여권

7 **해석**

① 그는 많은 돈을 썼다.
② 그녀는 몇 통의 편지를 썼다.
③ 그는 얼마동안 영어를 공부했니?
④ 그는 5시부터 계속 TV를 보고 있다.
⑤ 그들은 지난주에 Canada에 가지 않았다.

⇨ **문제해결**

⑤ 명확한 과거를 나타내는 부사 last가 있을 경우는 과거 시제를 써야 한다. (→ They didn't go to Canada last week.)

8 **해석**

나는 그 이야기를 두 번 들었다.

① 나는 6살 때 이후로 여기에 살고 있다.
② July는 막 집에 도착했다.
③ Jason은 그의 차를 잃어버렸다.
④ 나는 아직 저녁을 다 먹지 못했다.
⑤ 나는 전에 그를 만난 적이 있다.

⇨ **문제해결**

주어진 문장은 현재까지의 경험을 나타내는 문장이다. 따라서 현재완료의 경험을 고르면 되는데 ①은 계속, ②, ④는 완료, ③은 결과이다.

9 ⇨ **문제해결**

'~에 가본 적이 있다'는 〈have been to 장소〉 구문을 사용한다.

10 **해석**

나는 내가 벌써 거의 3년 동안 한국에 있는 것을 믿을 수 없다. 나는 많은 것을 배우고, 많은 것을 했다.

⇨ **문제해결**

과거의 상태나 사건이 현재까지 계속되는 것으로 현재완료를 사용해야 한다.

Review Test
p.37

1 ③	2 ①	3 ⑤	4 ④	5 ②
6 ③	7 ①	8 ③	9 ③	10 ①
11 ⑤	12 ②	13 ⑤	14 ④	15 ⑤
16 ②	17 ③			

18 Who has he been avoiding

19 What has he read

20 Where has Nick spent his afternoon

1-2

해석

1 그 저자는 작년부터 몇 권의 책을 썼나요?
나는 캥거루를 세 번 본 적 있어요.

2 마지막 싸움이 있은 후로 그는 Allen과 말을 하지 않고 있다.
나는 그녀와 20년 동안 알고 지냈다.

⇨ **문제해결**

1, 2 과거의 사건이나 상태가 현재까지 계속되거나 영향을 미치는 것으로 현재완료 문장이다. 모두 과거분사형으로 쓰면 된다. 동사 변화는 write-wrote-written, see-saw-seen, speak-spoke-spoken, know-knew-known이다.

◎ 어휘

kangaroo 캥거루　　　　**fight** 싸움

3-4

해석

3　3일 동안 비가 오고 있다. 비가 언제 그칠지 궁금하다.

4　Tom은 오랫동안 택시 운전을 하고 있는데, 사고를 낸 적이 한 번도 없다.

⇒ **문제해결**

3　과거부터 지금까지 비가 오고 있으므로 현재완료나 현재완료 진행이 적절하다.

4　과거부터 지금까지 운전을 하고 있는 것이므로 현재완료가 적절하다.

◎ 어휘

wonder ～을 궁금해하다　　**accident** 사고

5

해석

나는 2년 전에 영어를 공부하기 시작했다.
나는 여전히 영어를 공부한다.

⇒ **문제해결**

과거에서부터 시작해 지금까지 공부하고 있는 것이므로 현재완료 시제를 사용하고, 〈for+기간〉을 이용한다.

6-7

해석

6　① 그는 16살 때부터 운전을 해 왔다.
　　② 그녀는 5년 동안 대학에서 공부하고 있다.
　　③ 연을 다 완성했니?
　　④ 우리는 이번 달에 멋진 날씨가 있었다.
　　⑤ Linda는 해변에서 많은 시간을 보냈다.

7　① 어젯밤 이후로 눈이 하루 종일 왔다.
　　② 나는 작년에 나의 가족에게 편지 몇 통을 썼다.
　　③ 너는 텔레비전을 너무 많이 봤다.
　　④ 우리는 전화로 2시간 동안 이야기했다.
　　⑤ 우리 축구 팀은 많은 게임에서 승리했다.

⇒ **문제해결**

6　현재완료 의문문은 〈Have/Has+주어+과거분사 ～?〉 어순이다. (→ Have you completed)

7　① 하루 종일 눈이 온 것이므로 현재완료가 적절하다.
　　　　(→ has fallen)

◎ 어휘

university 대학　　　　**complete** 완성하다
kite 연　　　　　　　　**beach** 해안가

8-9

해석

8　• Wood 부부는 스테이크를 종종 먹는다. 그것은 그들이 오랫동안 좋아해 온 음식이다.
　　• Ryan과 Linda는 지난밤에 파티에 갔다.

9　지난주 강력한 사이클론이 미얀마를 강타했다. 이번 주 화요일부터 많은 해외 봉사자들이 도와주고 있다.

⇒ **문제해결**

8　for a long time을 보고 ⓐ에는 현재완료를, last night을 보고 ⓑ에는 과거를 넣어야 한다.

9　last week라는 과거 시점이 명시되어 있으므로 ⓐ에는 과거가, 전치사 since가 있으므로 ⓑ에는 현재완료가 와야 한다.

◎ 어휘

favorite 가장 좋아하는
cyclone 열대성 저기압, 사이클론
foreign 외국의　　　　　**aid** 원조, 구원

10

해석

〈보기〉 너의 미래에 대해 생각해 본 적 있니?

① 나는 영국에 두 번 가봤어.
② 2005년 이후로 수학을 공부하고 있어.
③ 나는 그녀와 5년 동안 알고 지내고 있어.
④ 나는 벌써 내 새 책상을 만들었어.
⑤ 나는 방금 막 숙제를 마쳤어.

⇒ **문제해결**

〈보기〉는 현재완료 경험을 나타낸다.

① 경험, ②, ③ 계속, ④, ⑤ 완료 용법이다.

◎ 어휘

twice 두 번

11

해석

① A : 최근에 액션 영화 보았니?
　　B : 그래, 한 편 봤어.

② A : 'key pal'에 대해 들어본 적 있니?
　　B : 아니, 들어본 적 없어.

③ A : 오랫동안 못 본 것 같은데. 어떻게 지냈니?
　　B : 잘 지냈어, 고마워.

④ A : 지금까지 당신의 캠페인에 만족하시나요?
　　B : 예. 많은 사람들이 저를 후원하고 있어요.

⑤ A : Nick이 그녀를 어떻게 만났는지 아니?
　　B : 그가 며칠 전에 공항에서 그녀를 태웠어.

⇒ **문제해결**

⑤ 명백한 과거를 나타내는 부사 ago가 있으므로 과거 시제를 써야 한다.

◎ 어휘
key pal 서로 이메일을 교환하는 친구
support 지지, 원조
pick up (사람을 차로) 태우다

12-13

해석
12 ① 그 소년들은 올해 열심히 연습해 왔다.
　 ② Abraham Lincoln은 켄터키의 가난한 가정에서 태어났다.
　 ③ 그는 최근에 많은 연설을 했다.
　 ④ 그녀는 그 회사의 소유주를 알았다.
　 ⑤ 우리는 아파트의 페인트칠을 끝냈다.
13 ① 너는 막 샤워를 했니?
　 ② 그 상은 거의 120년 동안 뉴욕에 서 있었다.
　 ③ 그 소년은 세 시간 동안 수영을 했다.
　 ④ 근로자들은 우리 도시를 위해 열심히 일했다.
　 ⑤ 그 아이는 어젯밤부터 열이 심하게 났다.

⇒ **문제해결**
12 ② 한 번만 과거에 태어나는 것이므로 과거 시제가 되어야
　 한다. (→ was born)
13 ⑤ 어젯밤부터 지금까지 열이 심하게 나고 있는 것이므로
　 현재분사를 써야 한다.

◎ 어휘
speech 연설　　　　**owner** 주인
statue 상　　　　　**fever** 열

14 해석
나는 태권도가 호주에서 그렇게 인기가 있는지 알고는 놀랐다.
그것은 아마도 시드니 올림픽 이후로 태권도가 공식 종목이기
때문이다.

⇒ **문제해결**
과거 시드니 올림픽에서부터 지금까지 공식 종목이기 때문에
현재완료가 적절하다.

◎ 어휘
official 공식적인

15-16

해석
15 A : 실례합니다. 전에 우리 만난 적 있나요?
　 B : 모르겠는데요. 만났었나요?
16 A : 너 Sally를 알지, 그렇지 않니?
　 B : 알아. 일 년 전에 그녀를 만났는데, 얼굴이 기억나지 않
　　 아.

⇒ **문제해결**
15 B의 대답이 Have로 다시 물어보는 것이므로 A의 질문

은 현재완료가 되어야 한다.
16 명백한 과거를 나타내는 부사 ago가 있으므로 과거 시제
　 가 와야 한다.

17 해석
"우리가 해냈어, Lilly! 우리가 실험을 끝냈어."라고 Anne이
소리쳤다. 그 두 젊은 여성은 서로 껴안고 아이처럼 웃었다. 그
들은 그것을 7년 전에 시작해서 마침내 끝냈다.

⇒ **문제해결**
③ 말하는 시점이 과거이므로 과거 시제가 되어야 한다.
　 (→ hugged)

◎ 어휘
experiment 실험　　　　**hug** 껴안다

18-20

해석
18 그는 그의 여자친구를 피해 왔다.
19 그는 많은 범죄소설을 읽었다.
20 Nick은 도서관에서 오후를 보내고 있다.

⇒ **문제해결**
현재완료 의문문의 어순 〈Have/Has+주어+과거분사 ~?〉를
사용한다.
18 목적어가 사람이므로 who를 사용한다.
19 목적어가 사물이므로 what을 사용하고, read는 과거분
　 사이다.
20 장소를 나타내는 의문사 where를 사용한다.

◎ 어휘
avoid 피하다　　　　**crime** 범죄

⊰Reading ⟩ p.40

1 **has been**　　2 ②　　3 (1) Have you (ever) heard
about/of Boxing Day? (2) ③

1 해석
Mike는 두 친구와 함께 스포츠 상품 가게에 있다. 그들은 이
번 주말에 남해안으로 낚시를 갈 계획을 세우고 있다. 최근에
많은 비가 왔다. 그래서 모든 사람들은 토요일에 날씨가 좋기
를 희망한다.

⇒ **문제해결**
최근까지라고 말하는 시점이 현재 기준이므로 현재완료를 사
용해야 한다. (→ has been)

◎ 어휘

goods 상품 **recently** 최근에

2 해석

오늘 오후에 동물원을 탈출한 Sam이 방금 잡혔다. 동물원 사육사들은 Northern Park를 가로질러 그를 쫓아갔고, 마침내 공원 정문 근처의 핫도그 판매대에서 그를 체포했다. 그들은 가스총을 사용했고, Sam은 큰 트럭에 실려서 동물원으로 옮겨졌다. 동물원에서 그는 그 동물원 수의사에게 진찰을 받았다. 다행히 아무런 상처도 입지 않아서 그는 내일 그의 우리로 되돌려 보내질 것이다.

⇒ 문제해결

② 추적을 하고 체포한(captured) 것은 과거의 일이므로 과거 시제가 되어야 한다.

◎ 어휘

escape 탈출하다 **chase** 추적하다
capture 체포하다 **load** 짐을 싣다
examine 검사하다 **vet** 수의사

3 해석

친애하는 민지에게,

너는 Boxing Day에 대해 들어본 적 있니? 나는 어릴 때부터 그날을 기념해 왔어. 이 날은 크리스마스 다음 날이야. 크리스마스처럼 몇몇 나라에서 Boxing Day는 국경일이야. 이 날은 약 800년 전에 영국에서 시작됐어. 영국, 캐나다, 뉴질랜드 그리고 호주에서 사람들은 이 날을 기념해. 이 날은 크리스마스 선물 상자를 열고 안에 있는 것을 가난한 사람들과 나누는 날이기 때문에 우리는 Boxing Day라고 불러.

⇒ 문제해결

(1) 현재까지의 경험을 묻고 있으므로 현재완료 시제를 사용한다.

(2) ⓑ 내용상 '어릴 때부터 그것을 기념해 왔다'가 되어야 하므로 현재완료 계속을 사용한다.
ⓒ 800년 전이라고 과거의 시점이 명시되어 있다.

◎ 어휘

celebrate ～을 축하하다, 기념하다
public holiday 국경일
share ～을 나누다
content 속에 든 것, 내용물

```
🐝 Grammar in Conversation ⎪ p.41 ⎪

1 ③        2 ②        3 ①
```

1 해석

A : 최근 Brian을 봤니? 한 달 동안 그를 못 봤어.

B : 그는 이탈리아에 갔어.
A : 정말? 언제 돌아오는데?
B : 그는 거기에서 2주 더 머무를 거야.

⇒ 문제해결

내용상 언제 돌아올 것이냐고 물었기 때문에 아직도 이탈리아에 있다는 것을 알 수 있다. 따라서 현재완료의 결과를 나타내는 has gone을 고른다.

2 해석

① A : 너는 홍콩에 갔다 온 적이 있니?
   B : 아니, 갔다 온 적 없어.

② A : James 씨, 이 도시에서 가장 중요한 것이 무엇입니까?
   B : 우리는 지금까지 환경을 보호하기 위해 충분한 일을 하지 않았어요.

③ A : 그에게 얼마나 많은 편지를 보냈니?
   B : 지난 달부터 10통의 편지를 보냈는데, 아무 답변이 없어.

④ A : Been 씨는 어제 직장에 가지 않았어, 그렇지 않니?
   B : 아니야, 갔어.

⑤ A : Thomsons 가족은 지난 주에 자기 집을 팔았니?
   B : 아니, 팔지 않았어.

⇒ 문제해결

② until now(지금까지)는 현재완료 시제와 함께 사용해야 한다. (→ haven't done)

◎ 어휘

protect ～을 보호하다 **environment** 환경

3 해석

A : 안녕, Jane. 나 Nick이야.
B : Nick! 어떻게 지내니?
A : 잘 지내. 금요일 저녁에 특별히 할 일이 있니?
B : 아니. 아무 계획 없어.
A : 그럼. 네가 영화보러 가고 싶은지 궁금해.
B : 좋아. 어떤 영화를 보고 싶은데?
A : Buster Bailey 주연의 'Attack of the Ant Men.'
B : 아, 그 영화 벌써 봤어. 별로 재미없었어.

⇒ 문제해결

ⓐ 현재완료의 경험을 나타내는 have seen이 적절하다.
ⓑ 이미 본 것에 대해 평가를 하는 것이므로 과거 시제가 적절하다. (→ wasn't)

Chapter 3 필요에 따라 동사에 가발 씌우기 I

Unit 08
p.44

A

◖ Check-up ◗

1 주격보어 역할 2 주어 역할 3 목적격보어 역할
4 목적어 역할 5 주격보어 역할 6 목적어 역할
7 주어 역할

⇒ 문제해결

1 '교수가 되는 것'이라는 뜻으로 주격보어 역할을 하고 있다.

2 '홀로 있는 것'이라는 뜻으로 주어 역할을 하고 있다.

3 '내가 쇼핑을 하게 허락해 주었다'는 의미로 목적격보어 역할을 하고 있다.

4 '영어 말하기'라는 뜻으로 타동사 learn의 목적어 역할을 하고 있다.

5 '꽃을 돌보는 것'이라는 뜻으로 주격보어 역할을 하고 있다.

6 타동사 want의 목적어 역할을 하고 있다.

7 '일기를 쓰는 것'이라는 의미로 문장의 진주어 역할을 하고 있다.

◎ 어휘

task 일, 직무
take care of ~을 돌보다
keep a diary 일기를 쓰다

B

◖ Check-up ◗

1 to be 2 to visit 3 to use
4 To travel 5 where to go

⇒ 문제해결

1 '멋진 가수가 되는 것'이라는 뜻의 주격보어 역할을 할 수 있는 to be를 쓴다.

2 '방문하기'라는 뜻의 목적어 역할을 할 수 있는 to visit을 쓴다.

3 know의 목적어로 〈의문사+to부정사〉가 사용된 구문이다. '사용하는지'라는 뜻이 되어야 하므로 to use를 쓴다.

4 '여행하는 것'이라는 뜻으로 문장의 주어 역할을 할 수 있는 to부정사를 쓴다.

5 '어디로 가야 할지'라는 의미의 think의 목적어가 와야 한다. 따라서 〈where to부정사〉를 사용한다.

Unit 09
p.45

A

◖ Check-up ◗

1 to write with 2 to eat
3 to live in 4 to play with
5 to write on

⇒ 문제해결

앞의 명사를 수식하는 형용사적 용법일 경우 뒤에 전치사가 필요한지 확인하는 방법은 명사를 목적어로, to부정사를 동사로 해석해서 어색하면 전치사가 필요하고, 어색하지 않으면 전치사가 필요 없다.

1 '펜을 쓰다'는 어색하므로, 전치사 with가 필요하다.

2 '음식을 먹다'는 어색하지 않으므로, 전치사가 필요 없다.

3 '집을 살다'는 어색하므로, 전치사 in이 필요하다.

4 '친구를 놀다'는 어색하므로, 전치사 with가 필요하다.

5 '종이를 쓰다'는 어색하므로, 전치사 on이 필요하다.

B

◖ Check-up ◗

1 was to be seen 2 are to pass
3 are to meet

⇒ 문제해결

1 〈be+to부정사〉의 '가능'이고, 수동태이므로 〈be to be p.p〉 형태가 적절하다.

2 〈be+to부정사〉의 '의도'이다.

3 〈be+to부정사〉의 '예정'이다.

Unit 10
p.46

A

◖ Check-up ◗

1 조건 2 형용사 수식 3 결과 4 목적
5 감정의 원인 6 판단의 근거 7 조건

⇒ 문제해결

1 너와 함께 간다면 기쁠 텐데.

2 이 문제는 해결하기가 어렵다.

3 나의 할머니는 90세까지 사셨다.

4 그녀는 시험에 떨어지지 않기 위해 열심히 공부했다.

5 그녀의 실패 소식을 듣게 되어서 유감이다.

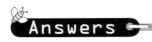

6 그 거짓 이야기를 믿는 것을 보니 너는 바보임에 틀림없다.

7 그녀가 말하는 것을 듣는다면, 너는 그녀를 미국인으로 여길 것이다.

◎ 어휘
false 거짓의, 가짜의　　　**failure** 실패

B

1 우리는 당신을 다시 만나게 되어 기쁘다

2 나는 너를 보기 위해 정거장에 갔다

3 스페인어는 배우기 쉽지 않다

4 그렇게 행동하는 것을 보니 그는 신사일 리가 없다

⇨ 문제해결

1 감정의 원인을 나타내는 to부정사의 부사적 용법이다.

2 목적을 나타내는 to부정사의 부사적 용법이다.

3 형용사를 수식하는 to부정사의 부사적 용법이다.

4 판단을 나타내는 to부정사의 부사적 용법이다.

◎ 어휘
cannot be ~일 리가 없다　**behave** 행동하다

🐝 개념확인문제　　　　　　　　　　　　p.47

1 ⑤　　　2 ④　　　3 ③　　　4 ①　　　5 ①

6 ⑤　　　7 to

8 (1) where to put　(2) to borrow　(3) To hear

9 something warm to drink

10 is easy to read and write

1-2

해석

1 일찍 일어나는 것은 나에게 쉽지 않다.

2 우리는 살 집을 찾고 있다.

⇨ 문제해결

1 문장의 주어 역할을 할 수 있는 것은 ⑤ to부정사 뿐이다. to부정사는 〈to+동사원형〉으로 나타낸다.

2 내용상 '살 집'이라는 뜻이 되어야 한다. 그런데 live는 자동사이므로 목적어를 취하려면 뒤에 전치사가 필요하다.

3

해석

① 나는 그리스로 휴가를 가는 계획을 세웠다.

② 이 카드 마술은 배우기에 간단하다.

③ 이야기할 사람이 아무도 없다.

④ Carrie는 Big 씨와 결혼할 것이다.

⑤ 나는 Harrison 씨를 만나서 기뻤다.

⇨ 문제해결

③ 동사 talk가 '~와 말하다'는 의미로 쓰였을 경우는 반드시 talk 뒤에 전치사 to가 와야 한다.

◎ 어휘
trick 요술, 마술

4

해석

Allen과 Mary는 내년에 아기를 갖기로 결정했다.

⇨ 문제해결

decide는 to부정사를 목적어로 취하는 동사이다.

5

해석

전 California 대학교 4학년 학생입니다. 졸업이 이제 한 달밖에 남지 않았습니다. 졸업을 하고 나서 무엇을 해야 할 지 잘 모르겠습니다. 취직을 해야 할까요?

⇨ 문제해결

내용상 '무엇을 해야 할 지'라는 의미가 들어가야 하므로 〈what+to부정사〉를 고르면 된다.

◎ 어휘
senior 4학년　　　　　　**graduation** 졸업

6

해석

① 그런 큰 실수를 저지르다니 어리석구나.

② 음식은 파티에 온 모든 사람들이 먹기에 충분했다.

③ 그는 자라서 건축가가 되었다.

④ 나는 그의 스캔들을 듣고 놀랐다.

⑤ 그의 꿈은 유명한 가수가 되는 것이다.

⇨ 문제해결

①, ②, ③, ④는 부사적 용법이고, ⑤는 주격보어로 쓰인 명사적 용법이다.

◎ 어휘
silly 어리석은　　　　**feed** ~에게 먹을 것을 주다
architect 건축가　　　**scandal** 추문, 스캔들

7

해석

나의 할아버지께서는 100세까지 사셨다.

나에게 날 수 있는 능력이 있었으면 좋겠다.

⇨ 문제해결

첫 번째 문장은 to부정사의 부사적 용법 중 결과의 의미이고, 두 번째 문장에서 would like는 목적어로 to부정사를 취한다.

◎ 어휘

hundred 100(백)　　　　**ability** 능력

8 해석

(1) 이 파일들을 어디에 놓아야 하는지 얘기해 주세요.

(2) 그녀는 몇 권의 책을 빌리고 싶어서 도서관에 갔다.

(3) 만약 그녀가 이 소식을 듣는다면 그녀는 놀랄 것이다.

⇨ 문제해결

(1) 〈의문사+주어+should+동사원형〉은 〈의문사+to부정사〉로 바꾸어 쓸 수 있다.

(2) 의미상 목적을 나타내는 to부정사로 바꾸어 쓸 수 있다.

(3) '～라면' 조건을 나타내는 조건절은 조건을 나타내는 to부정사로 바꾸어 쓸 수 있다.

9-10

⇨ 문제해결

9　to부정사가 -thing, -one, -body로 끝나는 명사를 수식할 경우 〈-thing + 형용사 + to부정사〉 어순으로 사용된다.

10　형용사를 수식하는 to부정사의 부사적 용법이다.

Unit 11　　　　p.48

A

┃ Check-up ┃

1 It　　　　2 to say　　　　3 to play

4 to　　　　5 for, to　　　　6 of

⇨ 문제해결

1　It이 가주어이고 to write 이하가 진주어다.

2, 3　〈It ~ to부정사〉 구문으로 to부정사를 고른다.

4　to부정사는 〈to+동사원형〉이다. 따라서 to를 고른다.

5　to부정사의 의미상의 주어는 to부정사 앞에 〈for+목적격〉으로 나타낸다.

6　to부정사가 사람의 성격을 묘사하는 형용사를 꾸며줄 때에는 의미상의 주어는 to부정사 앞에 〈of+목적격〉으로 나타낸다.

◎ 어휘

important 중요한

possible 가능한

solve ～을 해결하다, 풀다

stupid 어리석은

B

┃ Check-up ┃

1 It is not good to tell a lie

2 It is dangerous to take a walk alone at night

3 It is difficult to keep a diary daily

4 It is important for us to be honest

5 It is helpful to read English books

⇨ 문제해결

1~5　문장 앞에 있는 to부정사 주어 부분을 뒤로 보내고 가주어 It과 be동사를 써서 표현한다.

◎ 어휘

take a walk 산책하다　　**alone** 혼자서

honest 정직한　　　　　**helpful** 도움이 되는

Unit 12　　　　p.49

A

┃ Check-up ┃

1 enough　　2 too　　　3 enough

4 too　　　　5 to

⇨ 문제해결

1　내용상 '지붕에 닿을 만큼 키가 크다'라는 뜻이 되어야 하므로 enough를 고른다.

2　내용상 '상자가 너무 커서 들을 수 없다'라는 뜻이 되어야 하므로 too를 고른다.

3　내용상 '나에게 차를 사줄 만큼 부자다'라는 뜻이 되어야 하므로 enough를 고른다.

4　내용상 '물이 너무 뜨거워서 마실 수 없다'라는 뜻이 되어야 하므로 too를 고른다.

5　내용상 '～하기 위하여'라는 뜻이 필요하다. 뒤에 동사원형 learn이 왔기 때문에 to를 고른다.

◎ 어휘

roof 지붕　　　　　　　**lift** ～을 들어올리다

B

┃ Check-up ┃

1 for me to　　　　　2 too busy to help

3 kind enough to tell

4 in order to thank / so as to thank

⇨ 문제해결

1　〈so ~ that 주어 can't〉 = 〈too ~ (for 목적격)+to부정사〉

2 '너무 바빠서 나를 도울 수 없다'는 의미가 되어야 하므로 〈too ~ to부정사〉 구문이 적절하다.

3 〈so 형/부 that 주어 can 동사원형〉 = 〈형/부 enough to부정사〉

4 목적을 나타내는 to부정사의 부사적 용법은 〈in order to부정사〉나 〈so as to부정사〉로 바꾸어 쓸 수 있다.

◎ 어휘

fierce 사나운　　　　**present** 선물

🐝 **개념확인문제**　　　　　　　　　p.50

1 ⑤　　　2 ③　　　3 ③　　　4 ⑤

5 smart enough to solve the problem　　6 ③

7 ①　　　8 ⑤　　　9 (1) too, for　(2) so, can

10 (1) It is always exciting to get to know about a new culture
　(2) It is difficult to find a place to park

1-2

해석

1 • 아버지는 나에게 그의 차를 세차하라고 말했다.
　• 그는 패션 디자인을 공부하고 싶어했다.

2 • 내가 밤을 새는 것은 불가능하다.
　• 나의 무거운 가방을 들어주시다니 정말 친절하시군요.

⇨ 문제해결

1 문장의 주어와 to부정사의 주어가 일치하지 않을 때 to부정사 앞에 〈for/of+목적격〉으로 표시를 해준다. 문장의 주어와 to부정사의 의미상의 주어가 같을 때는 따로 표시해 주지 않는다.

2 to부정사 앞에 성격을 나타내는 형용사가 올 경우에는 〈of+목적격〉을. 그 이외는 〈for+목적격〉으로 의미상의 주어를 나타낸다.

◎ 어휘

impossible 불가능한

3 ⇨ 문제해결

③을 제외하고는 모두 '나는 살을 빼기 위해 매일 아침 조깅을 한다'라는 뜻이다.

◎ 어휘

jog 조깅하다　　　　**lose weight** 살을 빼다

---

4 **해석**

① 바닥에서 잠을 자는 게 편한가요?
② 외국어를 공부하는 것은 쉽지 않다.
③ 판타지 영화를 보는 것은 재미있다.
④ 강한 햇빛 아래서 선글라스를 쓰는 것은 중요하다.
⑤ 그것은 정말 읽기에 흥미로운 책이야.

⇨ 문제해결

⑤ book을 대신해서 쓴 대명사이고, 나머지는 모두 가주어 it 이다.

◎ 어휘

comfortable 편한　　　　**foreign** 외국의
sunlight 햇빛

5 ⇨ 문제해결

내용상 '~할 만큼 충분히 …하다'는 뜻의 〈형용사/부사+enough to부정사〉를 써야 한다.

6 ⇨ 문제해결

내용상 '너무 ~해서 …할 수 없다'는 〈too 형용사/부사+to부정사〉를 써야 한다.

◎ 어휘

nervous 초조한, 긴장한

7 **해석**

A : 내가 여기 한국에 온 지 거의 5년이야.
B : 정말야? 시간 정말 빠르다.

⇨ 문제해결

① It ~ to부정사 구문에서 의미상의 주어를 나타낼 때는 〈for+목적격〉을 사용한다.

8 ⇨ 문제해결

의미상의 주어로 〈of+목적격〉이 왔다. 따라서 성격을 나타내는 형용사가 아닌 것을 고르면 된다.

◎ 어휘

sweet 상냥한, 마음씨 고운

9 **해석**

(1) 버스는 너무 혼잡했다. 그래서 James는 좌석을 찾을 수가 없었다.
(2) 그는 천장에 닿을 만큼 키가 크다.

⇨ 문제해결

(1) 〈so+형용사/부사+that 주어 can't 동사원형〉은 〈too+형용사/부사 to부정사〉로 바꾸어 쓸 수 있다.

(2) 〈so+형용사/부사+that 주어 can 동사원형〉은 〈형용사/부사+enough to부정사〉로 바꾸어 쓸 수 있다.

◎ 어휘

crowded 만원인, 혼잡한   **seat** 자리, 좌석
ceiling 천장

10 해석

(1) 새로운 문화에 대해서 알게 되는 것은 항상 흥미롭다.
(2) 주차를 할 장소를 찾는 것은 어렵다.

⇒ 문제해결

(1), (2) to부정사가 문장의 앞에서 주어의 역할을 할 때 주로 〈가주어 It ~ to부정사〉를 사용한다. It을 주어 자리에 두고 to부정사를 문장 뒤로 보내면 된다.

◎ 어휘

get to부정사 ~하게 되다   **culture** 문화
park 주차하다

Review Test
p.51

1 ⑤   2 ②   3 ②   4 ②   5 ⑤
6 ③   7 ①   8 ②   9 ③   10 to have
11 ③   12 ④   13 ③   14 ④
15 didn't know where to go and what to eat
16 ⓐ 형용사적 용법 ⓑ 명사적 용법
17 so, can   18 so that
19 I'm too full to eat one more chocolate cake
20 It wasn't difficult for me to get a driver's license

1-3

해석

1 A : 아빠, 이 수학 문제를 못 풀겠어요.
   B : 내가 어떻게 하는지 보여줄 수 있어.

2 Tommy는 그 카페테리아의 지배인으로 일하기를 원한다.

3 Lilly는 너무 피곤해서 숙제를 끝낼 수가 없었다.

⇒ 문제해결

1 내용상 '어떻게 ~하는지'라는 뜻의 show의 목적어가 될 수 있는 how to do가 필요하다.

2 hope은 to부정사를 목적어로 취하는 동사이다.

3 내용상 '너무 피곤해서 숙제를 끝낼 수가 없었다'가 되어야 하므로 〈too+형용사/부사+to부정사〉를 쓴다.

◎ 어휘

math 수학   **manager** 관리인, 지배인
cafeteria 카페테리아

---

4 해석

① 공공장소에서 소리를 지르다니 그는 무례하구나.
② 이 장난감은 아이들이 가지고 놀기에 좋다.
③ 자기 여동생을 돌보다니 그녀는 정말 착하구나.
④ 저를 이렇게 빨리 용서해 주시다니 당신은 관대하시군요.
⑤ 매일 아침 5시에 일어나시다니 엄마는 정말 부지런하셔.

⇒ 문제해결

사람의 성격을 나타내는 형용사가 to부정사 앞에 올 경우 의미상의 주어는 〈of+목적격〉으로 나타낸다.

◎ 어휘

yell out 고함치다, 소리지르다
public place 공공장소
generous 관대한
diligent 근면한, 부지런한

5 해석

① 우리는 그가 먹을 것을 가지고 올 것이라고 기대한다.
② 오늘 저녁에 어디서 묵어야 할 지 결정하지 못했다.
③ 삼촌은 내일 돌아올 것이다.
④ 기후 변화에 관한 연구를 하는 것은 힘들다.
⑤ 그녀의 남자친구는 그녀에게 생일 선물로 특별히 줄 만한 게 없었다.

⇒ 문제해결

① 문장의 주어와 to부정사의 의미상의 주어가 다르다. 목적어로 쓰인 to부정사 의미상의 주어를 나타낼 경우는 to부정사 앞에 목적격을 쓴다. 따라서 his가 아니라 him으로 바꿔야 한다.
② 타동사 decide의 목적어 역할을 할 수 있는 〈의문사+to부정사〉로 바꿔야 한다.
③ 〈be to부정사〉 용법으로 예정을 나타낸다. 따라서 came을 come으로 바꿔야 한다.
④ to부정사의 명사적 용법으로 문장에서 주어 역할을 하고 있다. to부정사는 〈to+동사원형〉으로 나타낸다. 따라서 doing을 do로 바꿔야 한다.
⑤ -thing으로 끝나는 대명사를 수식할 경우 〈-thing+형용사+to부정사〉 어순이 된다.

◎ 어휘

expect ~을 기대하다   **research** 연구
climate 기후

6 해석

나는 내 방을 장식할 _____ 무언가를 원한다.

⇒ 문제해결

-thing으로 끝나는 대명사를 수식할 경우 〈-thing+형용사+to부정사〉 어순이 된다. 따라서 부사인 ③은 알맞지 않다.

◎ 어휘

decorate ~을 장식하다   **modern** 현대의, 신식의
antique 고풍스러운

7-8

해석

7 ① 그녀는 영어를 공부하기 위해 Sydney에 가 있다.
   ② 여기서 당신을 뵙게 되어 정말 반갑습니다.
   ③ 나는 신발을 사러 거기에 갈 거야.
   ④ 나는 선생님이 되고 싶어.
   ⑤ 보는 것이 믿는 것이다.

8 ① 나는 거기에 MP3 플레이어를 사기 위해 갔다.
   ② 그녀가 가장 마지막에 도착한 사람이다.
   ③ 진찰을 받으면 몸이 좀 나아질 거야.
   ④ 나는 그 소식을 듣고 놀랐다.
   ⑤ 나는 영영사전을 이용하는 것이 영어를 공부하는 데 유용하다고 생각한다.

⇒ 문제해결

7 ①의 to는 방향을 나타내는 전치사이고, 나머지는 모두 to 부정사이다.

8 ②는 앞에 있는 명사를 꾸며주는 to부정사의 형용사적 용법으로 쓰였고, ①은 목적을, ③은 조건을, ④는 감정의 원인을, ⑤는 형용사를 수식하는 to부정사의 부사적 용법으로 쓰였다.

◎ 어휘

dictionary 사전

9

해석

① A : 잠을 잘 못 잤니?
    B : 응. 부모님께 전화하려고 너무 일찍 일어났어.

② A : 새로 여드름이 생겼어. 뭘 해야 할지 정말 모르겠어.
    B : 아침 저녁으로 얼굴을 씻어.

③ A : 이 탁자는 옮길 만큼 충분히 무거워.
    B : 내가 도와줄게.

④ A : 너도 갈 거니?
    B : 물론이지. 그 게임을 보고 싶어 죽겠어.

⑤ A : 네 취미는 무엇이니?
    B : 만화를 그리는 것이 내 취미야.

⇒ 문제해결

③ 내용상 '너무 무거워서 옮길 수가 없다'가 되어야 하므로 too heavy for me to move가 되어야 한다.

◎ 어휘

pimple 여드름   **draw** (그림을) 그리다
cartoon 만화

10

해석

그는 돈 때문에 그녀와 말다툼을 해서 화가 나 있다.

⇒ 문제해결

감정의 원인이 되는 to부정사의 부사적 용법이 필요하다. 따라

서 having을 to have로 바꾼다.

◎ 어휘

upset 화가 난   **argument** 말다툼, 논쟁

11-12

해석

11 조그마한 강아지였다. 그 강아지는 어미 개를 따라 갈만큼 강하지 않았다. 그 강아지는 살아 있었지만 움직이기엔 너무 약했다.

12 A : 나는 어버이날에 부모님을 위해 무엇을 해야 할지 모르겠어.
    B : 꽃을 만들어 드리는 게 어때?
    A : 좋은 생각이야! 그런데 꽃을 어떻게 만드는지 몰라.

⇒ 문제해결

11 ⓐ에는 문맥상 '~할 만큼 충분한 …'의 뜻인 〈enough to 부정사〉가 들어가야 하고, ⓑ에는 '너무 ~해서 …할 수 없다'의 뜻인 〈too ~ to부정사〉가 들어가야 한다.

12 ⓐ, ⓑ know가 to부정사를 목적어로 취할 경우는 〈의문사+to부정사〉가 되어야 하고, 의문사는 문맥에 맞게 쓰면 된다.

◎ 어휘

puppy 강아지   **keep up with ~** ~을 따라가다
weak 약한   **Parent's Day** 어버이의 날

13-14

해석

13 요즘 석유 가격은 너무 비싸다. 많은 사람들이 그들의 자가용을 이용하는 대신에 버스를 타고 다니거나 어떤 사람들은 직장까지 자전거를 타고 다닌다. 우리가 다른 종류의 에너지를 절약하는 것도 중요하다. 많은 회사들은 에너지를 절약하기 위해 에너지를 덜 쓰려고 노력하고 있다. 예를 들어, 그들은 점심시간에는 사무실에 불을 끈다. 실제로 그것은 에너지 비용을 절약하는 데 도움을 준다.

14 ① Sam은 그 세미나에 참석할 예정이다.
   ② 내가 해야 할 서류 업무가 많다.
   ③ 저를 태워 주실 분 안 계시나요?
   ④ 나의 선생님은 그 문제를 푸는 법을 나에게 보여주었다.
   ⑤ Peter는 너에게 숨길 것이 전혀 없다.

⇒ 문제해결

13 ③ 가주어 It과 의미상의 주어 for us가 있으므로 진주어 to save ~가 나와야 한다.

14 ④ '그 문제를 푸는 방법을 보여주었다'라고 해야 문맥상 자연스러우므로 how to solve가 되어야 한다.

◎ 어휘

oil 석유, 기름   **price** 가격

instead 대신에　　　　**save** ～을 절약하다
lunchtime 점심시간
give someone a ride ～를 태워주다
convenient 편리한

15-16

해석
나는 오늘 친구 Irene을 만날 계획이었다. 우리는 어디에 가서 무엇을 먹어야 할지 몰랐다. 거리를 걷고 있는 동안 우리는 예쁜 카페를 보았다. 그래서 우리는 그 카페로 들어가서 맛있는 크레이프와 파스타를 먹었다. 우리는 즐겁게 이야기를 나누었다. 친구들과 시간을 보내는 것은 항상 좋다.

⇒ **문제해결**
15 타동사 know의 목적어가 될 수 있으며 내용상 '어디에서 ～할지, 무엇을 ～할지'라는 뜻이 되는 〈의문사+to부정사〉가 되어야 한다.
16 ⓐ 앞에 있는 명사 a plan을 수식하고 있으므로 to부정사의 형용사적 용법으로 쓰였다.
　 ⓑ to부정사가 문장의 주어 위치에 와서 명사적 용법으로 쓰였다.

◎ **어휘**
delicious 달콤한　　　**crepe** 살짝 구운 팬케이크

17-18

해석
17 이 방은 30명을 수용할 만큼 크다.
18 Mr. J는 박사 학위를 취득하기 위해 대학원에 갔다.

⇒ **문제해결**
17 〈enough+형용사/부사+to부정사〉는 〈so+형용사/부사+that+주어 can〉으로 바꾸어 쓸 수 있다.
18 '～하기 위하여'라는 뜻의 in order to는 〈so that+주어+can+동사〉로 바꾸어 쓸 수 있다.

◎ **어휘**
accommodate 수용하다
graduate school 대학원
doctor's degree 박사 학위

19-20

해석
19 나는 배가 너무 불러서 케이크를 한 조각 더 먹을 수가 없다.
20 운전면허증을 따는 것은 나에게 어렵지 않았다.

⇒ **문제해결**
19 〈so+형용사/부사+that+주어+can't〉 구문은 〈too+형용사/부사+to부정사〉로 고칠 수 있다.

20 문장의 주어 자리에 가주어 it을 넣고, 진주어 to부정사를 문장의 뒤에 놓으면 된다.

◎ **어휘**
full 배가 부른　　　**driver's license** 운전면허증

Reading p.54

1 ⓐ to make　ⓑ to prepare　ⓒ what to cook / what she should cook　2 enough to
3 (1) how to use the Internet properly　(2) ①

1

해석
Jane은 어버이날에 부모님을 기쁘게 해드리고 싶었다. 혼자서 아침을 준비할 계획을 세웠다. 그러나 아침 식사로 무엇을 요리해야 할 지 몰랐다. 그래서 할머니에게 전화를 걸어 여쭈어 보았다.

⇒ **문제해결**
ⓐ want는 to부정사를 목적어로 취하는 동사이다.
ⓑ plan은 to부정사를 목적어로 취하는 동사이다.
ⓒ have no idea는 don't know의 의미이고, know는 〈의문사+to부정사〉 형태의 목적어를 갖는다. 〈의문사+to부정사〉는 〈의문사+주어+should+동사〉로 바꾸어 쓸 수 있다.

◎ **어휘**
prepare ～을 준비하다
by oneself 혼자 힘으로
have no idea ～를 모르다

2

해석
어제는 내 생일이었다. 부모님과 나는 내 15번째 생일을 축하하기 위해 외식을 했다. 스파게티를 먹고 있을 때 나는 내 음식에서 머리카락을 발견했다. 아빠는 매니저를 불러서 항의를 하기 시작했다. 아빠는 성질이 급해서 목소리를 높여 항의했고, 그 식당에 있는 모든 사람들이 우리를 쳐다보았다. 다행히 그 매니저는 이 상황에 대처할 수 있을 만큼 충분히 현명했다. 아빠의 화는 금방 누그러졌고, 우리는 공짜 쿠폰을 받았다.

⇒ **문제해결**
문맥상 '이 상황에 대처할 수 있을 만큼 충분히 현명했다'라는 뜻이 되어야 하므로 〈enough to부정사〉를 쓴다.

◎ **어휘**
complain ～을 불평하다, 항의하다
have a short temper 성미가 급하다
loudly 시끄럽게
fortunately 다행히도
anger 화

3

해석

인터넷은 가장 유용한 의사소통 수단 중 하나이다. 많은 젊은 이들은 메시지를 보내거나 받기 위해, 정보를 찾기 위해, 물건을 사기 위해 인터넷을 사용한다. 불행히도, 그들 중 많은 사람들은 인터넷을 바르게 사용하는 방법을 모른다. 그리고 잘못 사용하는 것은 큰 사회적 문제가 될 것이다. 예들 들면, 어떤 사람들은 악플을 남긴다. 그것을 읽은 후, 다른 사람들은 상처를 입거나 부정적으로 생각하게 된다. 적절한 방식으로 인터넷을 사용하는 것이 정말 중요하다.

⇒ **문제해결**

(1) 타동사 know의 목적어가 필요하다. 내용상 '어떻게 ~ 하는지'라는 뜻이 되어야 하므로 how to use the Internt properly가 적절하다.

(2) ⓑ는 〈it ~ to부정사〉 구문으로 to부정사는 명사적 용법이다. ① 명사적 용법 ②, ④ 부사적 용법 ③, ⑤ 형용사적 용법이다.

◎ **어휘**

useful 유용한   **communication** 의사소통
search for ～을 찾다   **properly** 적절하게
social 사회의, 사회적인   **negatively** 부정적으로
in the proper manner 적절한 방식으로

🐝 Grammar in Conversation   p.55

1 ④   2 ①   3 ④

1

해석

A : 홈쇼핑은 매우 편리해. 그렇게 생각하니?
B : 아니, 동의하지 않아.
A : 정말? 왜 안하는데?
B : TV에 나온 물건을 구입하는 것은 안전하지 않아. 게다가 물건의 질을 보장할 수가 없어.

⇒ **문제해결**

④ 주어가 길기 때문에 가주어 it을 쓰고 진주어는 뒤로 보내면 된다.

◎ **어휘**

convenient 편리한   **guarantee** ～을 보증하다
quality 질   **goods** 상품

2

해석

① A : 엄마, 나 롤러코스터 타고 싶어요.
    B : 안돼, Josh. 넌 그걸 타기엔 너무 어리단다.

② A : 이렇게 와서 저를 도와주시다니 정말 친절하시군요.
    B : 별말씀을요.

③ A : 할 일이 너무 많아요. 무엇을 먼저 해야하나요?
    B : 먼저 해야 할 일들의 목록을 작성해서 중요한 순서대로 번호를 매기세요.

④ A : 아빠, 이 모든 곳을 가야 해요? 그렇게 많은 장소를 갈 만큼 충분한 시간이 없다구요.
    B : 그곳들은 모두 교육적인 장소란다.

⑤ A : 언제 발표를 시작해야 하는지 말해주세요.
    B : 걱정말아요, 알려 드릴게요.

⇒ **문제해결**

① 내용상 '너무 어려서 그것을 탈 수 없다'라는 의미가 되어야하므로 enough 대신에 too를 써야 한다. (→ too young)

◎ **어휘**

educational 교육적인   **presentation** 보고, 발표

3

해석

A : 당신의 프로젝트는 어떻게 되어 가고 있나요?
B : 모든 정보를 혼자 찾기가 너무 힘들어요.
A : 그것을 다음 주 월요일까지 끝내려면 도와 줄 사람이 필요하죠, 그렇지 않나요?
B : 네, 맞아요. 시간 있으시면 당신이 저를 도와주시면 좋겠어요.
A : 죄송하지만, 도와 드릴 시간이 없네요.
B : 괜찮아요. 신경 쓰지 마세요.

⇒ **문제해결**

④ want의 목적어로 쓰인 to부정사의 의미상의 주어를 나타낼 때는 to부정사 앞에 목적격을 써야 한다. (→ I want you to help me.)

◎ **어휘**

project 사업, 프로젝트

Chapter 4 필요에 따라 동사에 가발 씌우기 II

Unit 13
p.58

A **Check-up**

1 writing 2 stealing 3 going
4 swimming 5 seeing

⇒ 문제해결

1~4 finish, admit, enjoy, put off는 동명사를 목적어로 취하는 타동사이다.

5 look forward to의 to는 전치사로 뒤에 동명사가 온다.

◎ 어휘

essay 에세이 **admit** ~을 인정하다
put off ~을 연기하다
look forward to ~하기를 고대하다

B **Check-up**

1 eating 2 closing
3 crying 4 meeting

⇒ 문제해결

1, 2, 4 give up, mind, avoid는 동명사를 목적어로 취하는 타동사이다.

3 〈cannot help ~ing〉 '~하지 않을 수 없다'는 뜻이다.

◎ 어휘

give up ~을 포기하다 **meat** (육류) 고기
terrible 끔찍한, 엄청난 **avoid** ~을 피하다

Unit 14
p.59

A **Check-up**

1 to buy 2 seeing 3 smoking
4 eating 5 to lose 6 to send

⇒ 문제해결

1 내용상 '내일 살 것'이므로 미래지향적이다.
따라서 〈forget+to부정사〉가 되어야 한다.

2 like는 to부정사와 동명사를 모두 취하는 동사이다.

3 '담배 피는 것을 끊겠다'는 의미이므로 〈stop+동명사〉가 되어야 한다.

4 내용상 '지난달에 불고기를 먹었다'이므로 과거에 이미 한 일이다. 따라서 〈remember+동명사〉가 되어야 한다.

5 '몸무게 줄이려고 노력했다'가 되어야 하므로 〈try+to부정사〉가 적절하다.

6 내용상 오후에 이 엽서들을 부쳐야 하는 것을 잊지마'이므로 미래지향적인 의미를 가지고 있다. 따라서 〈remember+to부정사〉가 되어야 한다.

◎ 어휘

comic book 만화책
lose one's weight 살을 빼다
postcard 엽서

B **Check-up**

1 going 2 to close
3 painting/to be painted

⇒ 문제해결

1 went라는 과거 시제가 있으므로 동명사가 와야 한다.

2 앞으로 할 일에 대해 이야기하는 것이므로, to부정사가 와야 한다.

3 주어가 사물일 경우에 need의 목적어는 능동형 동명사 혹은 수동형 부정사가 올 수 있다.

🐝 개념확인문제
p.60

1 ② 2 ④ 3 ① 4 ⑤ 5 sending
6 ② 7 ③ 8 tries / is trying to contact her
9 needs fixing / needs to be fixed
10 (1) 그는 길을 묻기 위해 멈췄다
(2) 그는 그녀에게 그를 도와달라고 요청하는 것을 그만두었다

1-2

해석

1 우리의 목표는 준결승전에 진출하는 것이다.

2 노는 것은 일하는 것만큼 중요하다.

⇒ 문제해결

1 주격보어 역할을 할 수 있는 동명사를 골라야 한다.

2 주어 역할을 할 수 있는 동명사를 골라야 한다.

◎ 어휘

goal 목표
semi-final 준결승전
reach ~에 이르다, 달성하다

Answers

3 **해석**

① 그는 록 음악을 듣는 것을 싫어한다.

② 곧 만나뵙게 되길 학수고대합니다.

③ 나는 오늘 밤에 외출할 기분이 아니야.

④ 그는 그 상을 받게 되어 의기양양해 하고 있다.

⑤ 그녀는 그 심각한 상황에서 웃을 수밖에 없었다.

⇒ **문제해결**

hate는 to부정사와 동명사를 모두 취할 수 있는 동사로 to listening이 아니라 to listen 또는 listening이 되어야 한다.

◎ **어휘**

be proud of ~을 자랑스러워 하다

award 상　　　　**serious** 심각한

4 **해석**

Mickey는 그 공상 과학 소설 읽는 것을 _____ .

⇒ **문제해결**

빈칸 뒤에 동명사가 있으므로 목적어로 동명사를 취할 수 없는 타동사를 고르면 된다. ⑤의 want는 to부정사를 목적어로 취하는 동사이다.

◎ **어휘**

science fiction 공상 과학 소설

5 **해석**

A : 좋은 선물 보내주셔서 감사해요. 정말 마음에 들어요.

B : 맘에 드시니 다행이네요.

⇒ **문제해결**

전치사의 목적어로 동명사를 쓴다.

◎ **어휘**

present 선물

6-7 **해석**

6 • 그는 어제 학교에 가는 것을 잊어서 내 노트를 빌려야 했다.

• 그는 나에게 전화한 것을 잊어 나에게 전화를 다시 해서 똑같은 것을 반복해서 얘기했다.

7 • 잠깐 밖에서 기다려도 괜찮으시겠어요?

• 파티에 올 때 초대장을 가지고 오는 것을 잊지 마세요.

⇒ **문제해결**

6 forget은 뒤에 to부정사가 오면 '~해야 할 것을 잊다'라는 의미를 가지고, 뒤에 동명사가 오면 '~한(했던) 것을 잊다'라는 의미가 된다. 문맥상 첫 번째 문장의 빈칸에는 '학교에 나와야 하는 것을 잊었다'가 되어야 하고, 두 번째 문장의 빈칸에는 '나에게 전화했던 것을 잊었다'는 의미가 되어야 한다.

7 mind는 동명사를 목적어로 취하는 타동사이다. 문맥상 '(미래에) 초대장을 갖고 오는 것을 기억해라'라는 의미이므로 to부정사를 고른다.

◎ **어휘**

repeat ~을 반복하다　　**borrow** ~을 빌리다

outside 외부의, 바깥쪽의　　**invitation** 초대, 초대장

8-9 ⇒ **문제해결**

8 try 다음에 to부정사가 오면 '~하려고 노력하다'라는 뜻이고, 동명사가 오면 '시험삼아 ~해보다'라는 뜻이 된다.

9 need는 사람이 주어인 경우에는 to부정사를 쓰고, 사물이 주어인 경우에는 동명사 또는 〈to be p.p.〉가 와야 한다.

10 ⇒ **문제해결**

(1), (2) stop 다음에 동명사가 오면 '~하는 것을 그만두다'라는 뜻이고 to부정사가 오면 '~하기 위해 (하는 일을) 멈추다'라는 뜻이 된다. 따라서 stopped to ask는 '묻기(요청하기) 위해 멈추었다'는 뜻이 되고, stopped asking은 '묻는(요청하는)것을 멈췄다'는 뜻이 된다.

◎ **어휘**

ask for directions 길을 묻다

Unit 15　　p.61

A ▶ Check-up

1 broken　　2 wearing　　3 ripped

4 frightened　　5 amazing

⇒ **문제해결**

1 leg가 부러짐을 당하는 것으로 과거분사가 적절하다.

2 소년이 입고 있는 것이므로 현재분사가 적절하다.

3 수학 책이 찢긴 것이기 때문에 과거분사를 고른다.

4 아기가 감정을 느낀 것이기 때문에 과거분사를 고른다.

5 firework가 놀라운 감정을 유발한 것이기 때문에 현재분사를 고른다.

◎ **어휘**

accident 사고　　　　**inside out** 뒤집어서

textbook 교과서　　　　**rip** ~을 찢다

noise 소음　　　　**firework** 불꽃놀이

B ▶ Check-up

1 waiting　　2 buried

3 polished　　4 confused

⇒ 문제해결

1 그 남자가 기다리고 있는 것이기 때문에 현재분사로 고친다.

2 treasure와 bury가 수동의 관계에 있기 때문에 과거분사로 고친다.

3 shoes와 polish가 수동의 관계에 있기 때문에 과거분사로 고친다.

4 내가 혼란한 감정을 유발한 것이 아니라 혼란한 감정을 느낀 것이기 때문에 과거분사로 고친다.

◎ 어휘

bury ~을 묻다   **treasure** 보물
polish ~에 윤[광]을 내다   **confuse** ~을 혼란시키다

Unit 16   p.62

A   ┌ Check-up ┐
1 Missing   2 It raining
3 Entering   4 Having

⇒ 문제해결

1, 3, 4 분사구문은 종속절의 접속사를 생략하고 주절의 주어와 종속절의 주어가 같으면 주어를 생략한 다음 〈동사원형+ing〉로 바꾸면 된다.

2 종속절과 주절의 주어가 다른 경우는 부사절의 주어를 분사 앞에 그대로 남겨 둬야 한다.

B   ┌ Check-up ┐
1 Taking a walk   2 Feeling tired
3 Turning left   4 Reading a comic book
5 Not finishing his homework

⇒ 문제해결

1~4 접속사를 생략하고 종속절과 동일한 주어이므로 주어를 생략한다. 그리고 시제가 같으므로 동사원형에 -ing를 붙인다.

5 분사구문의 부정은 분사 앞에 not을 써서 나타낸다.

◎ 어휘

post office 우체국

개념확인문제   p.63

1 ⑤   2 ③   3 ⑤
4 ⓐ interesting ⓑ interested   5 walking
6 reading a newspaper   7 ③   8 ①
9 Being in the army   10 If you turn to the left

1-2

해석

1 나는 작년에 내 집을 지었다.

2 그는 _____ 들었다.

① 누군가가 문을 차는 것을
② 그의 뒤에서 그의 이름이 불리는 것을
③ 두 사람이 거리에서 노래하는 것을
④ 밤에 고양이가 밖에서 우는 것을
⑤ 한밤중에 한 남자가 소리치는 것을

⇒ 문제해결

1 5형식 문장으로 목적어와 목적격보어의 관계가 수동이기 때문에 과거분사를 고른다.

2 ①, ④, ⑤ 목적어와 목적격보어의 관계가 능동이므로 현재분사로 바꿔야 하고, ② 이름은 불리는 것이므로 과거분사가 되어야 한다.

◎ 어휘

kick 차다   **behind** ~ 뒤에
scream 소리치다

3

해석

만약 네가 우산을 가지고 가지 않으면 젖을 거야.

⇒ 문제해결

조건의 종속절을 분사구문으로 만든 것을 고르면 된다. 접속사를 생략하고 주절의 주어와 종속절의 주어가 you로 같기 때문에 생략을 한 다음 시제가 같으므로 동사원형에 -ing를 붙인다. 종속절이 부정이기 때문에 분사구문 앞에 not을 붙인다.

◎ 어휘

umbrella 우산   **get wet** 젖다

4

해석

• 나의 어머니가 자기 전에 들려주는 이야기들은 재미있다.
• 나의 남동생은 옛날 이야기에 관심이 있다.

⇒ 문제해결

ⓐ는 현재분사의 서술적 용법이고, ⓑ be interested in은 '~에 관심이 있다'는 표현이다.

Answers

5-6

해석

5 나는 Billy를 보았다. 그는 그의 개를 산책시키고 있었다.

6 그 남자는 나의 아버지이다. 그는 지금 신문을 읽고 있다.

➡ 문제해결

5 내용상 '개를 산책시키는 Billy를 보았다'가 되어야 한다. Billy와 walk의 관계가 능동이기 때문에 현재분사를 쓴다.

6 내용상 '신문을 읽고 있는 남자'가 되어야 한다. the man과 read의 관계가 능동이기 때문에 현재분사를 쓴다.

◎ 어휘

walk ~를 산책시키다　　　**newspaper** 신문

7

해석

① 그는 그녀에게 재미있는 이야기를 하고 있다.

② 몇몇 아이들은 이야기를 하면서 함께 앉아 있었다.

③ 그 경기에 흥분한 많은 팬이 있었다.

④ Brad Pitt가 썼던 모자는 매우 비싼 가격으로 팔렸다.

⑤ 그는 그녀가 죽었다는 소식을 듣고 충격을 받았다.

➡ 문제해결

③ 흥분시키는 팬들이 아니라 흥분한 팬들이 되어야 하므로 excited가 되어야 한다.

8

해석

① 경기에 이겼기 때문에 그들은 기뻐서 웃었다.

② 그녀를 보지 못했기 때문에 그는 그녀에게 인사를 하지 않았다.

③ 학생들이 잘하면 그 선생님은 격려의 함성을 지른다.

④ 공항에 도착하자 그는 여권을 가지고 오지 않았다는 것을 깨달았다.

⑤ 직장에서 집에 올 때 나는 누군가가 나를 따라오는 것을 보았다.

➡ 문제해결

① 문맥상 '경기에 이겨서 그들은 기뻐서 웃었다'라는 뜻이 되어야 하므로 주절의 주어와 종속절의 주어가 같음을 알 수 있다. 따라서 종속절이 수동태가 아니라 능동태가 되어야 하므로 won이 아니라 winning이 되어야 한다.

◎ 어휘

grin (방긋) 웃다　　　**encouragement** 격려
passport 여권

9-10

해석

9 Sam이 군대에 있을 때, 그는 한 달에 백달러를 벌었다.

10 왼쪽으로 도시면, 우체국을 찾을 수 있을 거예요.

➡ 문제해결

9 접속사와 주어를 생략하고 시제가 같으므로 〈동사원형+ing〉 형태로 만든다.

10 여기서는 분사구문의 의미가 조건이기 때문에 접속사 if를 넣고, 조건절에서는 현재 시제가 미래를 대신하기 때문에 현재 시제인 turn으로 바꾼다.

◎ 어휘

army 군대

Review Test
p.64

1 ⑤	2 ④	3 ①	4 ④	5 ④
6 ③	7 ①	8 ①	9 ②	10 ④
11 ⑤	12 ②	13 ①	14 ⑤	15 ⑤

16 ⓐ 대기실　ⓑ 나를 기다리고 있는

17 the paper folded in half

18 the girl smiling at you

19 (1) disappointed　(2) creeping / creep
　　(3) starting　(4) boring　(5) broken

20 (1) Being young　(2) patting her dog
　　(3) The floor being wet　(4) Living in the country

1-2

해석

1 그를 보면 그에게 그 메시지를 주는 것을 잊지 마.

2 그 하품하고 있는 소녀는 졸린 게 틀림없어.

➡ 문제해결

1 앞으로 할 것을 잊지 말라는 미래지향적 내용이므로 to give를 고른다.

2 girl과 yawn의 관계가 능동이기 때문에 yawning을 고른다.

◎ 어휘

yawn 하품하다　　　**sleepy** 졸리는

3

해석

Justine은 그의 새 노래를 기타로 연주하는 것을 _____.

➡ 문제해결

빈칸 뒤에 동명사가 있는 것으로 보아, 동명사를 목적어로 취하지 않는 타동사를 고르면 된다.

4-5

해석

4　① 그의 직업은 휴대 전화를 파는 것이었다.
　　② 고양이가 쥐를 쫓고 있었다.
　　③ 그녀의 오빠들은 수영장에서 수영을 하고 있다.
　　④ 벤치에 앉아 있는 남자는 나의 삼촌이다.
　　⑤ 내 옆집에 사는 남자는 유명한 가수이다.

5　① 그녀는 길 아래로 뛰어 내려가는 두 소년을 보았다.
　　② 그들은 옆 방에서 누군가가 흐느껴 우는 소리를 들었다.
　　③ 강아지와 걷고 있던 여자가 내 이웃이다.
　　④ 그녀의 부모님은 그녀를 실내에 있게 했다.
　　⑤ 바람이 세게 불고 있다.

➡ **문제해결**

4　④ 그 남자가 앉아 있는 것으로 the man과 sit의 관계에 있다. 따라서 sat을 sitting으로 고쳐야 한다.
5　④ 5형식 문장으로 목적어와 목적격보어의 관계 즉, 그녀가 실내에서 머무른 것이기 때문에 현재분사 staying을 써야 한다.

6-7

해석

6　그 소년은 자전거에서 떨어졌다. 그의 팔이 부러졌다.
7　나는 그의 눈을 보았다. 그의 눈은 희망으로 빛나고 있었다.

➡ **문제해결**

6　the boy와 fall off의 관계가 능동이기 때문에 현재분사를 고른다.
7　his eyes와 shine이 능동의 관계에 있기 때문에 현재분사를 고른다.

◎ **어휘**

shine 빛나다

8-9

해석

8　① 사람들은 계속해서 패스트푸드를 먹을 것이다.
　　② 그녀는 하늘의 별을 보면서 누워 있었다.
　　③ 이것은 독일어로 씌여진 이야기다.
　　④ 여자를 오랫동안 기다리게 해서는 안 된다.
　　⑤ 우리는 그 마술 묘기에 감탄했다.

9　① 그 남자는 공원에서 비둘기에게 먹이 주는 것을 즐겼다.
　　② 나는 그 부품들을 다시 조립하려고 노력했다.
　　③ 여기서 담배를 피워도 될까요?
　　④ 네 울타리는 페인트칠을 해야 한다.
　　⑤ 아이들은 크리스마스 선물을 열어보길 고대하고 있다.

➡ **문제해결**

8　① continue는 동명사와 to부정사를 모두 취하는 동사이다.
　　② she와 look의 관계가 능동이기 때문에 looked가 아니라 looking이 되어야 한다.
　　③ story는 쓴 것이 아니라 씌어진 것이기 때문에 writing이 아니라 written이 되어야 한다.
　　④ a lady가 wait하는 동작을 하는 것이기 때문에 waiting이 되어야 한다.
　　⑤ 우리가 감정을 유발한 것이 아니라 놀란 감정을 느낀 것이기 때문에 과거분사 amazed가 되어야 한다.

9　① enjoy는 동명사를 목적어로 취하는 동사이다.
　　② try는 동명사와 to부정사를 모두 취하는 동사로 to부정사를 취할 때는 '～하려고 노력하다.' 동명사를 취할 경우에는 '시험삼아 ～해보다'라는 뜻이 된다.
　　③ mind는 동명사를 목적어로 취하는 동사이다.
　　④ 사물이 주어진 경우에는 〈need+동명사〉나 〈need to+be+과거분사〉가 와야 한다.
　　⑤ look forward to의 to는 부정사가 아니라 전치사이다. 전치사의 목적어로는 동명사가 온다.

◎ **어휘**

continue ～를 계속하다
feed ～에게 먹을 것을 주다
pigeon 비둘기
put ~ together 조립하다

10　**해석**

① 그들은 여행을 마치고 피곤해 보였다.
② 그 소년은 어느 길로 가야 하는지 혼란스러웠다.
③ 나는 무서운 영화를 보는 것을 싫어한다.
④ Ellen과 나는 그 뉴스를 듣고 충격을 받았다.
⑤ 회전목마를 타는 것은 재미있다.

➡ **문제해결**

④ 감정을 유발한 것이 아니라 그 뉴스로 인해 충격을 받은 것이기 때문에 shocking이 아니라 shocked가 되어야 한다.

11　**해석**

• 그는 어제 사과를 샀다는 것을 잊고 사과를 몇 개 또 샀다. 이제 그의 냉장고에는 사과가 많다.
• 그는 사과를 사는 것을 잊어서 사과 파이를 만들지 못했다.

➡ **문제해결**

forget은 목적어로 동명사를 취하면 '～했던 것을 잊다'라는 과거지향적인 뜻이 되고, to부정사를 취하면 '～할 것을 잊다'라는 미래지향적인 뜻이 된다. 문맥상 첫 번째 빈칸에는 산 것을 잊어 또 샀다는 의미가 되어야 하고, 두 번째 빈칸에는 사는 것을 잊어 사과 파이를 만들지 못했다는 의미가 되어야 한다.

◎ **어휘**

refrigerator 냉장고

12 **해석**

A : 너는 공상 과학 소설을 읽어본 적이 있니?
B : 아니, 읽어본 적 없어. 너는 어때니?
A : 나는 한 권 읽었어. 매우 재미있었어.

⇨ 문제해결
소설이 재미있는 것이므로 현재분사가 와야 한다.

◎ 어휘
sci-fi 공상과학 소설의

13 **해석**

이를 닦을 때는 수도꼭지를 잠가야 한다.

⇨ 문제해결
종속절을 분사구문으로 만들 수 있는데 분사구문을 만들 때는 접속사를 지우고, 주절과 종속절의 주어가 같으면 생략한다. 그 다음 주절과 종속절의 시제가 같으면 동사에 ing를 붙이면 된다.

◎ 어휘
tap 수도꼭지
brush one's teeth 양치질하다

14 **해석**

① A : 저 책 다 읽었니?
　 B : 응. 다 읽었어.
② A : 언제 첼로를 연주하기 시작했니?
　 B : 7살 때.
③ A : 네가 어떻게 느끼는지 그에게 얘기해 봤니?
　 B : 아니, 나 그를 만나는 걸 피하고 있어.
④ A : 난 요리하는 것 좋아해. 넌?
　 B : 나도 좋아해.
⑤ A : 나 테니스 칠 기분이 아니야. 피곤해.
　 B : 알았어. 다음에 치자.

⇨ 문제해결
⑤ feel like는 '~하고 싶다'는 뜻으로 동명사를 목적어로 취한다. 따라서 to play가 아니라 playing이 되어야 한다.

15 **해석**

만약 아기가 계속해서 울면 엄마는 아이의 엉덩이를 찰싹 때릴 것이다. 아이가 울음을 그치면, 엄마는 아이를 품에 안을 것이다.

⇨ 문제해결
문맥상 '우는 것을 그치면'이라는 뜻이 되어야 하므로 동명사를 고른다. 〈stop+to부정사〉는 '~하기 위해 멈추다'라는 뜻으로 이 문맥에는 어울리지 않는다.

◎ 어휘
spank 찰싹 때리다
take someone in one's arm ~를 품에 안다

16 **해석**

치료가 끝났을 때 간호사가 나를 휠체어에 태워 대기실로 데려 갔다. 그곳에서는 부모님이 나를 걱정스럽게 기다리고 계셨다.

⇨ 문제해결
ⓐ 동명사로 용도를 나타낸다. 따라서 '기다리기 위한 방(대기 실)'으로 해석한다.
ⓑ 현재분사로 사용되었기 때문에 '나를 기다리고 있는'이라는 뜻으로 해석한다.

◎ 어휘
treatment 치료　　　　　　**wheelchair** 휠체어
anxiously 걱정스럽게

17-18

⇨ 문제해결
17 종이가 접힌 것이기 때문에 과거분사를 사용하고, 분사에 뒤따르는 말이 있으면 뒤에서 명사를 수식한다.
18 그 소녀가 웃은 것이기 때문에 현재분사를 사용하고, 뒤따 르는 말이 있기 때문에 명사 뒤에서 수식한다.

◎ 어휘
fold 접다　　　　　　　　**envelope** 봉투

19 **해석**

(1) 눈이 오지 않았다는 것을 알았을 때 아이들은 실망했다.
(2) Timothy는 그의 등 위로 무언가 기어가고 있다는 것을 느꼈다.
(3) 그들은 새로운 사업을 시작하려고 생각하고 있다.
(4) 그의 수업은 정말 지루하다.
(5) 나는 그 유리가 깨진 것을 발견했다.

⇨ 문제해결
(1) 아이들이 감정을 유발한 것이 아니라 감정을 느낀 것이기 때문에 과거분사로 바꿔야 한다.
(2) something과 creep의 관계가 능동이기 때문에 현재분 사로 바꿔야 한다.
(3) 전치사는 목적어로 동명사를 취한다.
(4) 그의 수업이 지루함을 유발한 주체이기 때문에 현재분사로 바꿔야 한다.
(5) the glass와 break의 관계가 수동이기 때문에 과거분사 로 바꿔야 한다.

◎ 어휘
disappoint ~를 실망시키다
creep 기어가다
business 사업
bore ~을 지루하게 하다

20 해석

(1) 내가 어렸을 때 나는 많은 것을 하는 것을 좋아했다.

(2) 그녀는 소파에 앉아서 강아지를 쓰다듬었다.

(3) 바닥이 젖어서 나는 미끄러졌다.

(4) 나는 시골에 살기 때문에 방문객이 거의 없다.

⇨ 문제해결

종속절을 분사구문으로 만드는 방법은 먼저 접속사를 생략하고 주절의 주어와 종속절의 주어가 같으면 생략, 다르면 그대로 두고 마지막으로 주절의 주어와 종속절의 시제가 같으면 동사원형에 -ing를 붙이면 된다.

◎ 어휘

couch 긴 의자, 소파　　　**pat** ~을 다독거리다, 쓰다듬다
fall down 넘어지다

Reading p.67

1 (1) ③　(2) Finishing her homework
2 ⓐ wearing　ⓑ standing　ⓒ holding　ⓓ painted
3 ③

1 해석

그녀는 숙제를 하러 위층으로 올라갈 때 엄마가 쿠키를 굽는 것을 보았다. 그녀의 엄마는 항상 맛있는 쿠키를 만들어 주시기 때문에 그녀는 맛있는 쿠키를 먹을 생각으로 정말 기분이 좋았다. "정말 냄새가 좋은데!". 그녀가 말했다. 숙제를 끝낸 후, 그녀는 부엌으로 갔다. 거기에는 아무것도 없었다. 그녀의 고양이가 그 맛있는 쿠키를 모두 먹어 치웠다는 것을 알았을 때 그녀는 정말 화가 났다.

⇨ 문제해결

(1) ⓐ 그녀의 엄마가 쿠키를 구운 것이기 때문에 목적격보어는 현재분사나 동사원형이 되어야 한다.
　　ⓑ 그녀가 감정을 유발한 것이 아니라 감정을 느낀 것이기 때문에 과거분사를 고른다.
(2) 접속사와 주어를 생략하고, 시제가 같으므로 〈동사원형+ing〉 형태로 만든다.

◎ 어휘

upstairs 위층으로, 2층으로
at the thought of ~ 생각에

2 해석

이것이 나의 가족 사진이다. 안경을 쓰고 계신 분이 나의 할아버지시다. 할아버지는 90살이고, 내 옆에 서 계신 노부인이 우리 할머니시다. 손을 잡고 있는 남자와 여자가 부모님이시다.

녹색으로 칠해진 의자에 앉아 있는 소녀가 내 동생이다.

⇨ 문제해결

ⓐ, ⓑ, ⓒ 앞에 수식받는 명사와 분사의 관계가 능동이므로 현재분사를, ⓓ 의자는 녹색으로 칠해진 수동의 관계에 있으므로 과거분사를 쓴다.

3 해석

Michael은 몇 년 동안 택시를 운전하고 있다. 비록 택시 운전은 고된 직업이지만, 그는 운전하는 것을 즐긴다. 왜냐하면 그에게 많은 흥미로운 사람들을 만날 기회를 주기 때문이다. 예를 들면, 지난주에 그는 공항에서 유명한 영화배우를 만났다.

⇨ 문제해결

주어가 택시를 운전하는 것으로 피곤한 감정을 유발시키는 주체이다. 따라서 현재분사 tiring으로 고쳐야 한다.

◎ 어휘

several 몇몇의　　　**although** 비록
chance 기회, 운

Grammar in Conversation p.68

1 ③　　　2 ⓐ to pack　ⓑ to take
3 ⓐ 내 공을 잡으려고 노력하다.
　ⓑ 시험 삼아 머리에 얼음을 대 보다.

1 해석

① A : 나는 어제 기러기들이 V자형으로 날아가는 것을 보았어.
　B : 그것들은 일반적으로 그렇게 날아가.
② A : 일기 쓰는 것은 좀 지루해.
　B : 맞아. 매일 똑같은 것을 적는 것은 지겨워.
③ A : 너는 John이 팔이 부러져서 병원에 있다는 것을 들었니?
　B : 그래. 그의 차가 다른 차에 부딪혔대.
④ A : 영화 보러 가거나 쇼핑 가는 거 어때?
　B : 글쎄. 나는 테니스를 쳐서 지쳤어.
⑤ A : 일은 어때?
　B : 있잖아. 정말 재미있어.

⇨ 문제해결

③ 팔이 부러진 것이므로 과거분사인 broken이 되어야 한다.

◎ 어휘

geese 기러기들 (단수 goose)
formation 형태, 대형
diary 일기
exhausted 지친

2 해석

A : 모든 짐을 다 썼니?

B : 거의요. 샌들만 싸면 되요.

A : 너의 서랍 안에 있단다. 그리고 모자와 자외선 차단제 챙기는 거 기억해라.

B : 그럴게요. 고마워요, 엄마.

A : 오늘 밤 일찍 자는 것이 낫겠다. 캠프에 지각하기를 원치 않지, 그렇지?

B : 알아요. 안녕히 주무세요, 엄마.

⇒ 문제해결

ⓐ 주어가 사람일 경우 need는 to부정사를 목적어로 취한다.

ⓑ remember 다음에 to부정사가 오면 '~할 것을 기억하다'라는 미래지향적인 뜻이고, 동명사가 오면 '~한 것(했던 것)을 기억하다'라는 과거지향적인 뜻이 된다. 따라서 가져가야 하는 것, 즉 미래지향적인 의미이므로 to부정사를 고른다.

◎ 어휘

pack 짐을 싸다　　　**sandal** 샌들

drawer 서랍

3 해석

A : Harry야, 나한테 공 던져. 내가 받을게.

B : 이번엔 쉽지 않을 걸. 세게 재빨리 던질 거거든. 잡으려고 노력해 봐.

A : 아, 내 머리에 맞혔어. 일부러 맞힌 거지, 그렇지?

B : 아니, 내가 왜 그러겠어? 미안해. 안에 들어가서 머리에 얼음을 대 보는게 어때? 효과가 없으면, 병원에 가는 거야.

A : 그래. 안으로 들어가자.

⇒ 문제해결

try는 동명사와 to부정사 모두 목적어로 취하는 동사이지만 뒤에 동명사가 오느냐 to부정사가 오느냐에 따라 의미가 달라진다. try 다음에 동명사가 오면 '시험 삼아 ~해보다'라는 뜻이고, to부정사가 오면 '~하는 것을 노력하다'는 뜻이다.

◎ 어휘

throw ~을 던지다　　　**intentionally** 의도적으로

Chapter 5 동사에 의미를 첨가해 주는 조동사 정복하기

Unit 17　　　　　　　　p.72

A

Check-up

1 Could　　2 Would　　3 May

4 may　　　5 Can　　　6 be able to

⇒ 문제해결

1 '~와 통화할 수 있나요?'에는 허락의 Can/Could를 사용한다.

2 '나를 도와주실 수 있나요?'에는 정중한 부탁의 Will/Would를 사용한다.

3 '옆에 앉아도 될까요?'는 허가를 요구하는 것이므로 may가 적절하다.

4 '아기가 배가 고플 것이다'는 추측이므로 may가 적절하다.

5 '전화를 받아주시겠어요?'는 부탁을 나타내는 것이므로 can을 쓴다.

6 동시에 조동사 두 개를 함께 쓸 수 없기 때문에 will 다음에 be able to를 고른다.

◎ 어휘

next to ~옆에　　　**persuade** ~을 설득하다

B

Check-up

1 제가 이것을 입어볼 수 있나요

2 그녀는 아마 Tom의 집에 있을 것이다

3 문을 좀 잡아 주시겠어요

4 밖에 나가서 놀아도 된다

5 올해 휴가는 어디로 갈 거니

⇒ 문제해결

1 '입어 봐도 되는지?'라고 허락을 나타내는 문장이다.

2 '그녀가 Tom의 집에 있을 것'이라는 추측의 might이다.

3 '문을 잡아 주시겠어요?'라고 부탁하는 문장이다.

4 '밖에 나가서 놀아도 된다'는 허락을 나타내는 문장이다.

5 '올해 휴가는 어디로 갈 것인지'라고 미래의 일을 물어보는 문장이다.

◎ 어휘

try on (시험 삼아) ~를 입어보다

vacation 휴가, 방학

Unit 18 p.73

A

Check-up

1 must   2 Shall   3 should   4 have to

➡ 문제해결

1 뒤에 바로 동사원형이 왔으므로 must가 적절하다.

2 제안을 나타내므로 Shall we ~?가 적절하다.

3 '운동을 해야만 한다'는 의미이므로 should가 적절하다.

4 앞에 조동사 will이 있으므로 have to가 적절하다.

◎ 어휘

hand in ~을 제출하다   **report** 숙제; 보고서

B

Check-up

1 shall   2 must not   3 don't have to
4 should

➡ 문제해결

1 '~할까요?'는 제안을 나타내므로 shall이 적절하다.

2 '~해서는 안 된다'는 금지이므로 must not이 적절하다.

3 '~할 필요가 없다'는 불필요를 나타내므로 don't have to가 적절하다.

4 '무엇을 해야 하나요?'라는 뜻으로 의무를 나타내는 should가 적절하다.

◎ 어휘

park 주차하다   **vehicle** 탈 것, 차
tow 견인하다   **causual** 약식의, 캐주얼의
dress up 차려입다

Unit 19 p.74

A

Check-up

1 would   2 used to   3 take
4 used to   5 had

➡ 문제해결

1 내용상 '최고 경영자가 되고 싶다'가 되어야 하므로 would를 고른다. 〈would like to부정사〉는 '~하고 싶다'는 의미이다.

2 내용상 'TV를 많이 보곤 했었다'는 의미의 과거 습관을 나

타내므로 used to가 적절하다.

3 〈would rather+A(동사원형)+than+B(동사원형)〉은 'B 하느니 차라리 A하겠다'라는 뜻으로 than 다음에 동사원형이 와야 한다.

4 내용상 '산에 오르곤 했다'이므로 used to가 적절하다.

5 내용상 '일찍 자는 게 낫겠다'가 되어야 하므로 had를 고른다. 〈had better+동사원형〉은 '~하는 편이 낫다'는 의미이다.

◎ 어휘

CEO 최고경영자   **climb** ~에 오르다, 등산하다

B

Check-up

1 had better   2 Would you like
3 would rather   4 used to

➡ 문제해결

1 문맥상 살이 찐다는 A의 말에 충고하는 B의 말이 이어져야 하므로 had better를 고른다.

2 날씨가 춥다는 A의 말에 따뜻한 음료를 제안하는 말이 와야 하므로 Would you like를 고른다.

3 문맥상 중국 식당에 가자는 A의 말에 이탈리안 식당에 가겠다는 말이 와야 하므로 would rather를 고른다.

4 대화의 내용상 예전엔 검은색으로 염색을 했었다는 뜻이 되어야 하므로 과거의 습관을 나타내는 used to를 고른다.

◎ 어휘

fat 살찐   **exercise** 운동하다
dye 염색하다

🐝 개념확인문제 p.75

1 ①   2 ②   3 ②   4 ①
5 need not   6 will   7 ①
8 He had to work hard to succeed
  He will have to work hard to succeed
9 Can/Could/Will/Would you show me the way
10 used to climb a tree

1-3

해석

1 서둘러! 우리가 모임에 지각할까봐 걱정돼.

2 치욕 속에서 사느니 차라리 죽는 것이 낫다.

3 A : 너희들은 먼저 무엇을 보고 싶니?
   B : 먼저 자유의 여신상을 볼 수 있을까요?

⇨ 문제해결

1 미래를 나타내는 내용이므로 will이 가장 적절하다.

2 내용상 'B보다 오히려 A하고 싶다'는 의미의 would
   rather를 고른다.

3 〈would like to부정사〉는 '～하고 싶다'는 뜻으로 to부
   정사를 고른다.

◎ 어휘

afraid 두려운   **shame** 부끄럼, 치욕
the Statue of Liberty 자유의 여신상

4 **해석**

A : 영어로 작문을 해야 해. 내가 그것을 하는 걸 도와줄 수 있
    니?
B : 물론이지.

⇨ 문제해결

정중히 요청하는 표현이기 때문에 허락을 나타내는 May는 부
적절하다.

◎ 어휘

composition 작문

5 **해석**

온라인 커뮤니티 사람들은 서로 만날 필요가 없다.

⇨ 문제해결

'～할 필요가 없다'는 의미로 불필요를 나타내는 〈don't have
to+동사원형〉은 〈need not+동사원형〉으로 바꾸어 쓸 수 있다.

◎ 어휘

on-line 온라인 상의   **community** 공동체

6 **해석**

A : 나는 영어 시험에 떨어졌어. 무엇을 해야 하니?
B : 걱정하지 마. 다음번에는 네가 더 잘 할거라고 확신해.

⇨ 문제해결

다음번에는 더 잘 할거라는 미래의 내용을 나타낸다.

◎ 어휘

fail 실패하다. 낙제하다

7 **해석**

① 너는 밤을 새지 않는 게 낫겠다.
② 점심으로 무엇을 먹고 싶으세요?
③ 그녀는 Jane일리가 없어. Jane은 집에 있어.
④ 시립 도서관 앞에서 만날까요?

⑤ 그는 많은 친구를 만들 수 있을 거에요.

⇨ 문제해결

① had better의 부정은 〈had better not+동사원형〉이다.

◎ 어휘

stay up all night 밤을 꼬박 지새우다
in front of ～ ～의 앞에

8 **해석**

성공하기 위해서는 열심히 일해야 한다.

⇨ 문제해결

must의 과거형은 had to, 미래형은 will have to로 나타
낸다.

◎ 어휘

succeed 성공하다

9-10

⇨ 문제해결

9 부탁을 나타내는 조동사 can/could/will/would를 사
   용해 의문문을 만든다.

10 과거의 습관을 나타내는 조동사 used to를 사용해 만든다.

Review Test
p.76

1 ①	2 ④	3 ②	4 ⑤	5 ③
6 ③	7 ②	8 ③	9 ④	10 ①
11 ③	12 ①	13 Shall	14 ④	15 ⑤

16 used to wear   17 ②   18 to meet

19 (1) don't have to (2) used to
    (3) will have to (4) would rather

20 (1) It can't / cannot be a lie (2) You had better
    take your hat (3) You should not / must not /
    ought not to hang out with him

1-3

해석

1 너의 노트를 가져가는 것이 좋다. 그것이 필요할 지도 모른다.

2 당신의 펜을 빌릴 수 있을까요?

3 그녀는 오늘 12시간 일했다. 그녀는 피곤함에 틀림없다.

⇨ **문제해결**

1 필요할 것이라는 추측이므로 might가 가장 적절하다.

2 허가를 나타내는 May가 적절하다.

3 문맥상 must(~임에 틀림없다)가 적절하다.

4 **해석**

① 그녀는 나에게 편지를 쓰겠다고 약속했다.
② 나는 숙제를 하겠다고 결심했다.
③ 나는 그가 차고 문을 고쳐주기를 바랐다.
④ 그녀는 저녁에 스파게티를 만들 계획이다.
⑤ 내가 15살 때는 아침 일찍 일어나곤 했다.

⇨ **문제해결**

⑤ 과거 습관을 나타내는 would이다. 나머지는 과거에서 바라본 미래이다.

◎ **어휘**

repair 고치다, 수선하다   **garage** 차고

5 **해석**

① 너의 전화를 사용해도 되니?
② 소파에서 자도 좋다.
③ 내일쯤 비가 멈출 것이다.
④ 물을 마셔도 좋다.
⑤ 점심 후에 외출해도 좋다.

⇨ **문제해결**

③ 추측(~일지 모른다). ①, ②, ④, ⑤ 허가(~해도 좋다)

6 **해석**

① 열심히 공부해야 한다.
② 그는 그의 연구를 끝낼 수 없었다.
③ 너는 그곳에 갈 필요가 없다. / 너는 그곳에 가서는 안 된다.
④ 강의 중에 들어가도 될까요?
⑤ 너는 저녁을 준비할 필요가 없다.

⇨ **문제해결**

③ don't have to는 '~할 필요가 없다'는 뜻으로 need not으로 바꿔 쓸 수 있다.

◎ **어휘**

research 연구   **lecture** 강의

7 **해석**

A : 안녕, Jane. 나는 Anna야.
B : 아! 너는 Marco의 여동생임에 틀림없구나.

① 너는 내일 학교에 가야만 한다.
② 그녀는 매우 슬픈 것 같다.
③ 그 방에 들어가서는 안 된다.
④ 아이들은 부모에게 복종해야만 한다.

⑤ 학생들은 이 책을 사용해서는 안 된다.

⇨ **문제해결**

대화의 must는 추측의 의미이다. ②는 추측을 나타내고, ①, ④는 의무를 ③, ⑤는 금지를 나타낸다.

◎ **어휘**

obey 복종하다

8 **해석**

① 그녀는 내일 집에 머무를 것이다.
② 그녀는 그 가게에 갈 필요가 없다.
③ 그들은 도서관에 가지 않은 편이 낫다.
④ 기러기들이 다시 돌아올까요?
⑤ 그녀가 매일 학교에 가는 것은 힘든 일임에 틀림없다.

⇨ **문제해결**

③ had better의 부정은 had better not이 되어야 한다.

◎ **어휘**

library 도서관
goose 기러기 (복수형 geese)

9 **해석**

A : 저는 거리에서 이 노인을 발견했습니다. 그는 매우 아픈 것이 틀림없어요.
B : 제 생각에 그는 즉시 의사에게 가보는 것이 좋겠습니다.

⇨ **문제해결**

ⓐ '아픔에 틀림없다'가 되어야 하므로 must가 적절하다
ⓑ '병원에 즉시 가는 편이 낫다' 혹은 '가야 한다'가 되어야 하므로 had better나 should가 적절하다.

◎ **어휘**

right away 즉시

10 **해석**

A : 음, 나는 가야만 해.
B : 알았어. 안녕. 편히 쉬어!
A : 좋은 하루 보내.

⇨ **문제해결**

'가야만 한다'는 의미이므로 must가 적절하다.

11 **해석**

A : Jack은 일찍 일어나는 것을 좋아하지 않아, 그렇지?
B : 그래, 하지만 그가 캠프에 있었을 때 일찍 일어나야만 했어.

⇨ **문제해결**

과거 시제가 되어야 하고, but이라는 역접의 접속사가 있으므로 일어나야만 했다는 내용이 와야 한다.

12 **해석**

① 나는 설거지를 하느니 차라리 빨래를 하겠다.

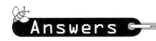

② 탁자 좀 치워 주시겠어요?

③ 내일 세미나에 참석할 건가요?

④ 네 부모님께 전화를 드리는 게 낫겠다.

⑤ 이 꿀 단지 좀 열어 주시겠어요?

⇒ 문제해결

〈B보다 오히려 A하고 싶다〉는 의미의 조동사는 will rather 가 아니라 would rather이다.

13 **해석**

A : 10시에 도서관에서 만날까?

B : 좋아. 그때 봐.

⇒ 문제해결

〈Shall we ~?〉는 상대방에게 '~할까요?'라고 제안하는 표현이다.

14-15

해석

14 • 만일 그녀가 훌륭한 테니스 선수가 되기를 원한다면 연습을 많이 해야만 할 것이다.

• 만일 그가 의사가 되기를 원한다면 열심히 공부해야만 할 것이다.

15 • A : 그가 괜찮을까요?

B : 그의 다리가 부러진 것 같아요. 그가 진찰을 받아보는게 낫겠어요.

• A : 나는 열이 나.

B : 너는 운동을 너무 심하게 하지 않는 게 좋겠어. 왜냐하면 운동은 네 체온을 높이거든.

⇒ 문제해결

14 미래에 대한 내용이므로 미래 조동사 will과 의무 조동사인 must가 결합된 will have to가 가장 적절하다.

15 대화의 내용상 빈칸에 '~하는 게 낫다'라는 뜻의 조동사가 필요하다. 따라서 had better를 고른다.

◎ 어휘

practice 연습하다 **break** 부러지다

fever 열 **raise** ~을 올리다

temperature 온도, 체온

16 **해석**

아이들은 신치고산 데이에 일본 전통 의상을 입었지만, 요즘은 입지 않는다.

⇒ 문제해결

과거에는 입었지만 지금은 입지 않으므로 과거 습관을 나타내는 〈used to+동사원형〉을 이용해야 한다.

◎ 어휘

traditional 전통적인

Shichi-go-san Day 일본의 전통 명절로, 남자 아이가 3살 · 5살, 여자 아이가 3살 · 7살 되는 해의 11월 15일에 아이의 무사한 성장을 감사하고 축하하는 행사

17 **해석**

공공장소에서 떠들지 마라.

= 공공장소에서 떠들어서는 안 된다.

⇒ 문제해결

부정 명령문은 You should not 혹은 You must not의 의미이다.

◎ 어휘

public place 공공장소

18 **해석**

A : 안녕, 민수! 어떻게 지내니?

B : 잘 지내. 고마워. 네가 내 친구 민희를 만나봤으면 좋겠다. 민희, 이쪽은 민수야. 민수, 이 친구는 민희야.

⇒ 문제해결

〈would like+목적어+to부정사〉는 '~를 하고 싶다'는 뜻이다. 따라서 meet를 to부정사로 바꾼다. (→ to meet)

◎ 어휘

How are you doing? 어떻게 지내니?

19 **해석**

(1) 전기 차의 동력은 배터리에서 나온다. 그래서 사람들은 휘발유를 살 필요가 없다.

(2) 그는 좋은 시력을 가지고 있었다. 하지만 지금은 안경 없이는 책을 읽을 수가 없다.

(3) 만일 그가 군대에 가기를 원한다면, 그는 명령을 받아야만 할 것이다.

(4) 전 외출하고 싶지 않아요. 집에서 TV나 볼래요.

⇒ 문제해결

(1) '~할 필요가 없다'는 뜻의 don't have to를 쓴다.

(2) '(과거에) ~하곤 했다'는 뜻의 used to를 고른다.

(3) '~해야만 한다'는 뜻이 필요한데, 미래 시제이므로 will have to를 고른다.

(4) '오히려 ~하고 싶다'는 의미의 would rather를 쓴다.

◎ 어휘

electric 전기 **battery** 배터리

gasoline 휘발유 **army** 군대

order 명령

20 ⇒ 문제해결

(1) 부정의 추측을 나타낼 때는 cannot을 쓴다.

(2) '～하는 게 낫다'라는 뜻의 조동사는 〈had better 동사원형〉이다.

(3) '～하면 안 된다'는 뜻의 조동사로는 must not, should not, ought not to가 있다.

◎ 어휘

hang out with ~　～와 어울리다

Reading
p.79

1 would　　**2** ⑤　　**3** (1) ② (2) ②

1
해석

일단의 여행자들이 사하라 사막을 횡단하기로 결정했다. 그들은 배고픔이나 더위로 죽지 않기 위해 준비를 해야만 했다. 그들은 커다란 희망을 가지고 그들의 여정을 시작했다. 일주일 후 그들에게는 남은 음식이 없었다. 그리고 그들은 지쳐 있었다. 만약 그들이 조만간 마을을 찾지 못하거나 도움을 받지 못한다면 그들은 죽게 될 것이라는 것을 알고 있었다.

⇨ **문제해결**

과거에서 바라본 미래의 일이기 때문에 would가 들어가야 한다.

◎ 어휘

cross　가로지르다, 횡단하다
hunger　굶주림　　　　　**journey**　여정

2
해석

성공적으로 파티를 열고 싶으십니까? 만약 그렇다면, 계획을 세워야 합니다. 당신은 먼저 파티에 몇 명의 사람들을 초대할지 고려해서 초대장을 만들어야 합니다. 초대장을 만들 때에는 언제 어디서 파티가 열리는지를 명시해야 합니다. 그런 다음, 미리 초대장을 보내야만 합니다. 또한, 음식과 좋은 음악을 준비하는 게 좋습니다. 파티 제공자로서의 성공은 당신이 파티를 얼마나 정성 들여 계획하느냐에 따라 상당히 좌우됩니다.

⇨ **문제해결**

⑤ 앞으로의 준비 및 현재의 준비에 대한 계획이므로 미래나 현재시제가 적절하다. 따라서 would make가 아니라 will make나 make로 고쳐야 한다.

◎ 어휘

hold a party　파티를 열다
invitation　초대장
consider　～을 고려하다
in advance　미리
depend on　～에 달려 있다

3
해석

친애하는 Jennie에게,
최근에 저는 한 여자를 만났는데 그녀의 이름은 July예요. July는 계속해서 자기와 점심을 같이 하자고 초대를 해요. 그녀는 적어도 저에게 서른 번은 전화를 했어요. 그녀의 감정을 다치지 않게 어떻게 그녀의 초대를 거절해야 하는지 모르겠어요. 전 그녀에게 일 때문에 항상 바빠서 그녀를 만날 시간을 낼 수가 없다고 설명을 했어요. 그녀는 항상 자기 자신에 대해서만 얘기하기 때문에 그녀를 만나고 싶지 않아요. 어떻게 해야 할까요?
　　　　　　　　　　　　　　　　－ Christine

친애하는 Christine에게,
당신은 사실을 얘기해 주는 것이 낫겠어요. 그녀에게 "당신은 저를 여러 번 초대했지만 저는 정말 불편해요."라고 얘기하세요. 때때로 어떤 문제를 다룰 때 진실이 최선의 방법이에요.
　　　　　　　　　　　　　　　　－ Jennie

⇨ **문제해결**

(1) 상대방의 기분을 상하게 하지 않고 점심 초대를 어떻게 거절할 수 있는지 조언을 얻으려는 글이다.

(2) ⓐ 내용상 그녀를 만날 시간을 낼 수 없다는 뜻이다. 가능의 can't(cannot)나 be not able to를 쓰면 되는데 빈칸 앞에 be동사가 있기 때문에 not able to를 고른다.
　　ⓑ 충고를 할 때 쓰는 조동사를 고른다.

◎ 어휘

recently　최근, 근래　　　**explain**　설명하다
truth　진실, 사실　　　　**uncomfortable**　불편한
handle　～을 다루다

Grammar in Conversation
p.80

1 ②　　**2** ⑤　　　**3** ⓐ 왜 너는 결심을 하지 못하니?
ⓑ 내가 제안 하나 해도 되니?

1
해석

① A : 마실 것 좀 드릴까요?
　 B : 커피 부탁합니다.

② A : 엄마, 나는 자전거 타러 갈 거예요.
　 B : 헬멧을 쓸 필요가 없다.

③ A : 이번 일요일에 영화관에 가고 싶니?
　 B : 그러고 싶지만, 이번 주 일요일에는 삼촌과 수영하러 가야만 해.

④ A : 저를 도와주실 수 있나요?
　 B : 물론이죠. 무엇입니까?

⑤ A : 그녀 생일 선물로 무엇을 살까?
　 B : 음악 CD가 어때? 그녀가 좋아할 것이 분명해.

⇒ 문제해결

② 자전거를 타러가므로 '헬멧을 써야 한다'가 되어야 한다.
(→ should)

◎ 어휘

helmet 헬멧
give someone a hand ～를 도와주다

2 **해석**

A : 아빠, 물어보고 싶은 것이 있어요.
B : 그래. 뭔데, 아들아?
A : 고등학교를 졸업한 후에 군대를 가야한다고 생각하나요?
B : 글쎄, 군대를 갈 필요는 없지만, 나라를 위해 무엇인가를 해야 한단다.
A : 만일 내가 군대 간다면 어떨까요?
B : 우선, 너는 머리를 잘라야만 해. 하지만 너무 짧게 자를 필요는 없단다.

⇒ 문제해결

⑤ 두 개의 조동사를 같이 쓸 수 없다. 따라서 must를 have to 로 바꾸어야 한다.

◎ 어휘

army 군대   **graduate** 졸업하다
country 나라

3 **해석**

A : 내일 중요한 미식축구 경기를 보러갈 거니?
B : 갈 수도 있고, 안 갈 수도 있어.
A : 너는 왜 결심을 하지 못하는데?
B : 글쎄, 날씨에 달렸지. 내일은 비가 올 것 같고, 나는 빗속에 앉아 있고 싶지 않아.
A : 내가 제안하나 할까? 우산을 가져가도록 해.
B : 좋은 생각이네.

⇒ 문제해결

ⓐ는 능력를 나타내는 can, ⓑ는 허가를 나타내는 can이다.

◎ 어휘

make up one's mind 결심하다
suggestion 제안

Chapter 6 영어의 천연기념물 수동태 후벼 파기

Unit 20   p.84

A) Check-up

1 went   2 was written   3 was made
4 was hit   5 was stolen

⇒ 문제해결

1 She가 직접 간 것이므로 능동태가 되어야 한다.
2 letter는 쓰이는 것이므로 수동태가 되어야 한다.
3 cake은 만들어지는 것이므로 수동태가 되어야 한다.
4 lady가 차에 치인 것이므로 수동태가 되어야 한다.
5 MP3 player가 도난당한 것이므로 수동태가 되어야 한다.

◎ 어휘

steal ～을 훔치다

B) Check-up

1 was bought yesterday by me
2 painted the wall
3 will do many things instead of humans

⇒ 문제해결

1 능동태 문장을 수동태 문장으로 전환한 것으로 주어를 〈by+목적격〉으로 바꿔 문장 끝에 두고 동사를 〈be+p.p.〉 형태로 바꾼다.

2, 3 수동태 문장을 능동태로 전환한 것으로 〈by+목적격〉의 목적격을 주어로 바꾸고 동사는 능동형으로 고친다.

Unit 21   p.85

A) Check-up

1 1) will be given your report by you
    2) will be given to him by you
2 1) was told an interesting story by James
    2) was told to me by James
3 was bought for me by my uncle

⇒ **문제해결**

1 give는 4형식 동사로 간접목적어와 직접목적어를 주어로 해서 수동태로 나타낼 수 있다. 직접목적어를 주어로 할 때는 간접목적어 앞에 전치사 to를 붙인다.

2 tell은 4형식 동사로 간접목적어와 직접목적어를 주어로 해서 수동태로 나타낼 수 있다. 직접목적어를 주어로 할 때는 간접목적어 앞에 전치사 to를 붙인다.

3 buy는 4형식 동사로 직접목적어만을 주어로 해서 수동태를 만들 수 있다. 직접목적어를 주어로 할 때는 간접목적어 앞에 전치사 for를 붙인다.

◎ **어휘**

report 보고서   **interesting** 재미있는

B ┌ Check-up ┐

1 gave him a chance

2 wrote her a love letter

3 will buy her daughter some books

⇒ **문제해결**

1～3 수동태를 능동태로 바꿀 때 〈by+행위자〉에서 행위자를 능동태의 주어로 하고 수동태의 주어는 능동태의 목적어가 되며, be동사는 시제 확인 후 없앤다.

◎ **어휘**

chance 기회   **love letter** 연애 편지

Unit 22   **p.86**

A ┌ Check-up ┐

1 was named Fitty by me

2 was heard to play the piano by me

3 was seen singing a song by her

4 was helped to do the dishes by me

5 was allowed to go home early by my teacher

⇒ **문제해결**

1 목적어 my dog가 수동태의 주어가 되고 목적격보어 Fitty는 그대로 남는다.

2 hear가 지각동사이고 play가 원형부정사이므로 수동태가 되면 to play가 되어야 한다.

3 see가 지각동사이고 목적격보어가 현재분사이므로 수동태 문장에서도 현재분사가 되어야 한다.

4 help가 준사역동사이고 do가 원형부정사이므로 수동태가 되면 to do가 되어야 한다.

5 간접목적어 me가 주어가 되고 동사는 be allowed to의 형태가 되어야 한다.

◎ **어휘**

allow ～를 허락하다

do the dishes 설거지하다

name ～에 이름을 붙이다

B ┌ Check-up ┐

1 He ordered me to sit quietly

2 The news made us surprised

3 We elected her a chairperson

4 My grandmother calls me an angel

5 I saw him go out of the house

⇒ **문제해결**

1 5형식 문장에서 order는 to부정사를 취하는 동사이므로 그대로 둔다.

2 수동태 문장의 목적격보어가 과거[현재]분사일 경우 능동태로 바꿀 때도 형태에 변함은 없다.

3, 4 수동태 문장의 목적격보어가 명사일 경우 능동태로 바꿀 때 형태에 변함은 없다.

5 see가 지각동사이므로 to부정사는 원형부정사가 되어야 한다.

◎ **어휘**

elect ～을 선출하다   **chairperson** 의장

🐝 **개념확인문제**   **p.87**

1 are made to think 2 was asked to return

3 ④   4 ⑤   5 ⑤   6 ④   7 ②

8 ⓐ is called ⓑ is called ⓒ was invented 9 ②

10 she was not allowed to sing by them

1-2

해석

1 이런 연구들은 우리 주변에 있는 색깔에 대해서 신중하게 생각하도록 만들어준다.

2 나는 그에게 나의 펜을 돌려달라고 요청했다.

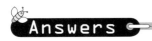

⇨ 문제해결

1 5형식 문장에서 사역동사 make의 목적격보어 자리에 원형부정사가 오는데, 수동태에서 원형부정사는 to부정사로 바뀐다.

2 5형식 문장의 수동태이다.

◎ 어휘

study 연구
carefully 조심스럽게, 신중하게
ask+목적어+to부정사 ~에게 …해달라고 부탁[요청]하다

3 **해석**

나의 어머니는 나에게 인형을 사주셨다.

⇨ 문제해결

buy가 쓰인 4형식 문장에서 직접목적어를 주어로 수동태를 만들 때는 간접목적어 앞에 전치사 for를 붙인다.

◎ 어휘

doll 인형

4 **해석**

① 나의 친구들은 나에게 큰 도움을 주었다.
② 그들은 내가 의사가 되기를 원한다.
③ 우리는 매우 상태가 좋지 않은 흙에 이 식물들을 심었다.
④ 그 소식은 나를 화나게 만들었다.
⑤ 그녀는 그 남자가 자기 집에 들어가는 것을 보았다.

⇨ 문제해결

⑤ 목적격보어가 원형부정사이기 때문에 수동태가 되면 to부정사가 되어야 한다. (→ to enter)

◎ 어휘

give someone a hand ~을 도와주다
plant 식물; 심다　　　**soil** 흙
upset 혼란한, 당황한　　**enter** ~에 들어가다

5-6 **해석**

5 그는 내가 집에 가는 것을 즉시 허락했다.
6 그 차가 나의 개를 쳤다.

⇨ 문제해결

5 He가 3인칭인데, let에 -s가 붙지 않았으므로 과거 시제이고, 사역동사 let이 수동태가 될 때는 be allowed to 부정사의 형태를 이용해야 한다.

6 run over가 하나의 타동사 역할을 하므로, was run over 다음에 by를 써야 한다.

◎ 어휘

at once 즉시　　　　**run over** (차가) ~을 치다

7 **해석**

그녀는 나에게 그 편지를 보내지 않았다.

⇨ 문제해결

4형식 문장에 쓰인 send는 간접목적어를 주어로 수동태를 만들 수 없는 동사이고, 부정어 not은 be동사 다음에 붙인다.

8 **해석**

한국인들은 자신들의 언어를 매우 자랑스럽게 여긴다. 그들의 언어는 한국어라고 한다. 문어체 글은 한글이라고 한다. 그것은 1443년 세종대왕에 의해 발명되었다.

⇨ 문제해결

ⓐ 지금도 한국어라고 불리고 있으므로 현재형 수동태를 써야 한다.
ⓑ 지금도 한글이라고 불리고 있으므로 현재형 수동태를 써야 한다.
ⓒ 과거에 만들어진 것이므로 과거형 수동태를 써야 한다.

◎ 어휘

be proud of ~을 자랑스럽게 여기다
Korean 한국어; 한국 사람
invent ~을 발명하다

9 **해석**

① 나는 그녀를 사랑했다.
② 이 집은 나의 아버지의 것이다.
③ 나는 그녀가 노래하는 것을 들었다.
④ 어머니는 나에게 내 방을 청소하게 했다.
⑤ 그녀의 아버지는 그녀에게 자전거를 사주었다.

⇨ 문제해결

② belong to(~에 속하다)는 자동사이기 때문에 수동태 문장으로 만들 수 없다.

10 **해석**

어떤 미국인들은 그들이 Constitution Hall에서 그녀가 노래하는 것을 허락하지 않은 것에 대해 수치심을 느꼈다.

⇨ 문제해결

밑줄 친 문장은 과거 시제 부정문이므로 수동태를 만들 때 was 다음에 not을 쓰고, 과거분사를 쓰면 된다.

◎ 어휘

ashamed 부끄러운
allow+목적어+to부정사 ~가 …하는 것을 허락하다

Review Test
p.88

1 Seatbelts should be fastened by everyone
2 I am made to think of my childhood by this poem　3 His daughter is wanted to do her homework by him　4 ②　5 ⑤　6 ⑤
7 ④　8 ⑤　9 ②
10 Picasso painted this picture　11 ④
12 ⑤　13 ④　14 ⑤　15 ③　16 ⑤
17 ⑤　18 are interested　19 ④　20 ④

1-3

해석

1 모든 사람들은 안전벨트를 매야만 한다.

2 이 시는 나로 하여금 어린 시절을 생각나게 한다.

3 그는 그의 딸이 그녀의 숙제를 하기를 원한다.

➡ **문제해결**

1 〈조동사+be+p.p.〉 형태로 바꾸면 된다.

2 make가 사역동사이므로 think는 to think가 되어야 한다.

3 기본적인 5형식 수동태 문장으로 바꾸면 된다.

◎ **어휘**

fasten ~을 …에 고정시키다, 붙들어매다
seatbelt 안전띠
poem 시
childhood 어린 시절

4

해석

나는 아이들이 놀이터에서 놀고 있는 것을 보았다.

➡ **문제해결**

② 목적격보어가 현재분사 playing 즉, 형용사이기 때문에 앞에 to를 붙이지 않는다.

◎ **어휘**

playground 운동장, 놀이터

5

해석

A : Bill, 무슨 일이 있니?
B : 나의 집이 지난밤에 많은 피해를 입었어. 나무들, 창문 2개, 굴뚝이 부서졌어.

➡ **문제해결**

과거 수동태이고 주어가 복수이므로 were broken이 되어야 한다.

◎ **어휘**

damage 손해를 입히다　　**chimney** 굴뚝

6

해석

① 사람들은 그를 대통령으로 선출했다.

② 고양이가 쥐를 죽였다.

③ 그들은 자기 방을 청소할 것이다.

④ 나는 시계를 잃어버렸다.

⑤ John은 그가 오는 것을 보았다.

➡ **문제해결**

⑤ 〈지각동사+목적어+원형부정사〉가 수동태가 되면 to부정사가 된다. (→ to come)

◎ **어휘**

elect ~을 선출하다　　**president** 대통령

7-8

해석

7 우리가 그 상자들을 트럭으로 옮길 것이다.

8 Nick은 나를 한 시간 기다리게 했다.

➡ **문제해결**

7 3형식 능동태 문장을 미래 시제에 유의해 수동태로 바꾸면 된다.

8 과거 수동태이고 사역동사 make가 쓰였으므로 능동태로 바꾸면 목적격보어 자리에 원형부정사가 와야 한다.

9

해석

그는 오늘 저녁에 편지를 쓸 것이다.

➡ **문제해결**

3형식 능동태 문장을 미래 시제에 유의해 수동태로 바꾸면 된다.

10

해석

이 그림은 피카소에 의해 그려졌다.

➡ **문제해결**

주어를 목적어로 이동시키고, 시제를 확인한 후 be동사는 없애고, by 행위자의 목적격을 주격으로 바꾼 다음 행위자를 주어로 이동시키면 된다.

11

해석

우리는 그가 가게로 달려가는 것을 보았다.

➡ **문제해결**

〈지각동사+목적어+현재분사〉의 능동태 문장이 수동태가 될 경우는 그대로 현재분사를 사용한다.

12

해석

A : 미안해. 길이 차로 꽉 막혀 있어. 벌써 6시 30분이네. 너는 몇 시에 여기 도착했니?

B : 5시 45분에.

⇒ 문제해결
⑤ 길이 차로 인해 막힌 것이므로 수동태가 되어야 한다.

◎ 어휘
jam up 혼잡하게 하다, 밀집시키다
quarter 1/4, 15분

13 해석
① 그는 우리에게 프랑스어를 가르친다.
② 모든 사람들이 그를 사랑한다.
③ 그는 그녀에게 앨범을 주었다.
④ 그가 울타리를 세웠다.
⑤ 그가 이 사진을 찍었니?

⇒ 문제해결
④ 수동태의 행위자는 〈by+목적격〉으로 나타낸다. (→ him)

14 해석
A : 안녕, Mary? 몇 시에 파티에 갈 거니?
B : 무슨 파티? 아무도 나에게 파티에 오라고 하지 않았어!
A : 미안해. 네가 초대받았다고 생각했어.

⇒ 문제해결
⑤ 생각한 것이 과거(thought)이므로 과거 시제가 되어야 하고, you가 초대되는 입장이므로 과거 수동태가 되어야 한다.

15 해석
겨울에 산들은 눈으로 덮여 있다. 그가 그림을 그릴 때, 그는 산의 위대한 아름다움을 느낄 수 있다.

⇒ 문제해결
③ 산이 눈으로 덮이는 것이므로 ⓐ에는 수동태를 써야 하고, 그가 그림을 그리는 것이므로 ⓑ에는 능동태를 사용해야 한다.

◎ 어휘
be covered with ～로 덮여 있다
draw 그림을 그리다

16 ⇒ 문제해결
⑤ 지각동사가 있는 5형식 능동태 과거 문장이다. 면접을 당하고 있는 것을 들었다는 의미이므로 목적격보어 자리에 과거분사 진행형이 와야 한다. (→ being interviewed)

◎ 어휘
interview 인터뷰[면접]를 하다

17 해석
① 어떤 사람들은 많은 쓰레기를 버린다.
② Tom이 나에게 그 이야기를 했다.
③ 누군가가 그들에게 밖에서 기다리라고 말했다.

④ 우리는 독자들에게 자기 부모님에 관해 써달라고 요청했다.
⑤ 나의 친구 대부분은 매우 아프게 되었다.

⇒ 문제해결
⑤ become은 자동사이고 2형식 문장이기 때문에 수동태로 바꿀 수 없다.

◎ 어휘
throw ～을 던지다　　**garbage** 쓰레기

18 해석
A : 많은 외국인들이 태권도에 대해서 알아.
B : 근래 점점 더 많은 외국인들이 한국에 대해서 관심을 가지고 있어.

⇒ 문제해결
'～에 관심이 있다'는 표현은 be interested in을 써서 수동태로 나타낸다.

◎ 어휘
foreigner 외국인

19 해석
너는 나에게 너의 이름을 말해야만 한다.

⇒ 문제해결
④ 4형식 능동태 문장이므로 간접목적어를 주어로 수동태 문장을 만들면 된다.

20 해석
A : 안녕하세요. 저는 White 부인입니다. 저의 거실 창문이 오늘 오후에 깨졌습니다. 수리를 해주실 수 있나요?
B : 물론이죠. 아이들이 또 유리를 깼나요?
A : 아니요. 이번에는 제가 깼어요. 골프 스윙 연습을 하고 있었어요.

⇒ 문제해결
④ 창문은 이미 깨어진 것이므로 ⓐ에는 과거 수동태를 써야 하고, 아이들이 창문을 깨는 것이므로 ⓑ에는 능동태의 과거나 현재완료 시제를 써야 한다.

◎ 어휘
repair ～을 수리하다　　**practice** ～을 연습하다

Reading
p.91

1 ① 2 ⓐ Your heart and body are made strong by exercise ⓑ You are also given more energy by exercise / More energy is also given to you by exercise 3 ① know ② has been ③ were published/have been published ④ tell ⑤ read

1 해석
우리는 애완동물로 인해 행복을 느낄 수 있다. 애완동물을 키움으로써 많은 것들을 배울 수 있다. 하지만 작은 애완동물도 많은 일이 될 수 있다. 그것들은 많은 돈과 시간이 든다. 애완동물을 사기로 결정하기 전에 신중히 생각해야 한다.

⇒ 문제해결
① 내용상 애완동물이 우리를 행복하게 만들어 주는 것이기 때문에 수동태 문장이 되어야 한다. 문장 끝에 by 행위자가 있으므로 can make를 can be made로 고친다.

◎ 어휘
pet 애완동물
carefully 조심스럽게, 신중히
decide 결정하다

2 해석
우리 모두는 운동을 할 필요가 있다. 의사들은 운동이 우리에게 좋다고 말한다. 운동은 당신의 심장과 몸을 강하게 만들어 준다. 또한 운동은 당신에게 더 많은 힘을 준다. 게다가 당신은 스스로에 대해 더 좋게 느낄 것이다. 일주일에 두 번씩 운동하는 것이 가장 좋다. 한 번에 30분 운동하면 충분하다.

⇒ 문제해결
ⓐ는 5형식의 수동태로, ⓑ는 간접목적어나 직접목적어를 주어로 수동태를 만들면 된다.

◎ 어휘
heart 심장　　　　**twice** 두 번, 2회
each week 매 주

3 해석
여러분도 알다시피, 그녀의 최신 소설은 우리 나라에서 6개월 동안 베스트셀러였습니다. 그녀의 소설 대부분은 20개 이상의 언어로 출판되었습니다. 오늘 그녀는 우리에게 소설을 읽는 방법에 대해서 말해줄 것입니다.

⇒ 문제해결
① 능동태로 바꾸어 As you know의 형태가 되어야 한다.
② 능동태 현재 완료 has been이 되어야 한다.
③ 소설은 출판되는 것이므로 수동태 과거 were published나 heve been published가 되어야 한다.

④ be going to 다음에는 동사 원형이 와야 한다.
⑤ '~하는 방법'이라고 할 때 〈how to+동사원형〉을 쓴다.

◎ 어휘
recent 최근의, 새로운
bestseller 베스트셀러 (작가)
novel 소설
publish ~을 발행하다, 출판하다

Grammar in Conversation
p.92

1 ④　　2 **are not allowed to**　　3 ⑤

1 해석
A : 무슨 일이 있었니?
B : 어제 나의 왼쪽 다리가 부러졌어.
A : 그것 참 안 됐구나.

⇒ 문제해결
다리의 입장에서는 '부러짐을 당한 것'이므로, 수동태 형태가 되어야 한다.

2 해석
A : 이 전화를 사용해도 되나요?
B : 죄송하지만, 사용할 수 없습니다.
A : 이봐요, 단지 택시를 부르려는 거에요.
B : 죄송하지만, 이 전화기는 쓰실 수 없습니다. 밖에 공중전화가 있습니다.

⇒ 문제해결
대화의 내용상 너는 '허락을 받는' 수동의 입장이므로 수동태 형태가 되어야 한다.

◎ 어휘
call a taxi 택시를 부르다
be allowed to ~하도록 허용되다, ~해도 된다
pay phone 공중전화

3 해석
A : 안녕하세요, 누가 도와드리고 있나요?
B : 아뇨. 스카프를 좀 보고 싶어요.
A : 저희 가게 스카프들은 전부 이 구역에 있습니다. 이것은 어떠세요? 실크로 만들었어요.
B : 흠, 좋아 보이네요. 가격이 얼마죠?
A : 세금을 포함해서 50달러입니다.
B : 좀 비싸네요. 할인을 해 주실 수 있나요?
A : 아주 맘에 들어 하시니까 10퍼센트 할인해 드릴게요. 제가 해드릴 수 있는 최대한입니다.
B : 좋아요, 포장해 주시겠어요?
A : 물론이죠.

⇒ 문제해결

⑤ 수동태가 아니라 능동태를 써야 한다. "That's the best I can offer"는 상점이나 가게에서 손님이 깎아달라고 할 때 주인이 더는 깎아줄 수 없다는 의미로 쓸 수 있는 표현이다.

◎ 어휘

including ~을 포함하여   **tax** 세금
discount 할인   **offer** ~를 제공하다
wrap up ~을 포장하다

Chapter 7 뺑쟁이 가정법 정리하기

Unit 23   p.96

A   ◎ Check-up

1   1) 만일 내가 그녀의 주소를 안다면, 그녀를 방문하러 갈 것이다 (여자의 주소를 알고 있을 가능성이 있다.)
    2) 만일 내가 그녀의 주소를 안다면, 그녀를 방문하러 갔을 텐데 (여자의 주소를 알지 못한다.)

2   1) 내일 날씨가 좋다면, 나는 낚시하러 갈 것이다 (날씨가 좋을 가능성이 있다.)   2) 내일 날씨가 좋다면, 나는 낚시하러 갈 텐데 (내일 날씨가 안 좋을 것이 확실하다.)

3   1) 그가 부자라면, 그녀는 그와 결혼할 것이다 (그가 부자일 가능성이 있다.)   2) 그가 부자라면, 그녀는 그와 결혼을 할 텐데 (그는 부자가 아니다.)

4   1) 그가 정직하면, 지배인은 그를 고용할 것이다 (그가 정직할 가능성이 있다.)   2) 그가 정직하면, 지배인은 그를 고용할 텐데 (그는 정직하지 않다.)

◎ 어휘

address 주소   **go ~ing** ~하러 가다
sailboat 범선   **hire** ~를 고용하다

Unit 24   p.97

A   ◎ Check-up

1 were, would   2 had had, would have lent
3 would   4 had come

⇒ 문제해결

1   지금 뚱뚱한데 '날씬하면 좋을 텐데'라고 현재 실현 불가능

한 내용을 가정하므로 가정법 과거가 적절하다.

2   과거에 카메라를 가지고 있지 않았는데, 과거에 있었더라면 하고 과거의 실현 불가능한 내용을 가정하므로 가정법 과거완료가 적절하다.

3   If절에서 be동사가 were이면 가정법 과거이므로 주절에는 조동사의 과거형이 와야 한다.

4   주절에 〈could+have p.p.〉가 있는 것으로 보아 가정법 과거완료이므로 had come이 적절하다.

◎ 어휘

slender 날씬한   **lend** ~를 빌려주다

B   ◎ Check-up

1 would be   2 would/could call
3 had got   4 had had

⇒ 문제해결

1   If절의 be동사가 were인 것으로 보아 가정법 과거이므로 주절은 〈조동사의 과거형+동사원형〉이 되어야 한다.

2   If절의 동사가 과거형(knew)인 것으로 보아 가정법 과거이므로 주절은 〈조동사의 과거형+동사원형〉이 되어야 한다.

3   주절의 동사가 〈would+have p.p.〉인 것으로 보아 가정법 과거완료이므로 if절도 과거완료 형태가 되어야 한다.

4   주절의 동사가 〈could+have p.p.〉인 것으로 보아 가정법 과거완료이므로 If절도 과거완료 형태가 되어야 한다.

◎ 어휘

call up 전화하다   **miss** ~을 놓치다

◎ 개념확인문제   p.98

1 ④   2 ①   3 are   4 ④   5 ⑤   6 lived on a farm, they could produce their own food   7 had known her address, he could have sent her a letter   8 had had a car, we could have driven to the beach   9 she doesn't have any flour, she can't make a cake   10 they don't have any money, they can't go to a movie

1-2

해석

1   나는 항상 늦게 일어난다. 그래서 엄마는 나에게 "너의 첫 번째 목표가 수업에 맞춰 제시간에 일어나는 것이라면 나

는 행복할 텐데."라고 말씀하신다.

2 아마도 이번에 당신은 단지 운이 없었던 것이다. 만일 당신이 열심히 공부한다면, 다음번에 좋은 성적을 얻을 것이다.

⇨ **문제해결**

1 주절이 〈would+동사원형〉인 것으로 보아 가정법 과거이므로 if절의 be동사는 were가 되어야 한다.

2 직설법 If 조건 부사절에서는 현재 시제로 미래를 표현한다.

◎ **어휘**

get up 일어나다   **goal** 목표
in time 제시간에   **unlucky** 운이 없는
hard 열심히   **grade** 성적

3 **해석**

노래하고 춤추는 데 최선을 다하라. 만일 당신이 그런 것들을 잘한다면, 언젠가 당신의 부모도 당신의 선택을 받아들일 것이다.

⇨ **문제해결**

직설법 If 조건 부사절에서는 현재 시제로 미래를 표현한다.

◎ **어휘**

do one's best 최선을 다하다
someday 언젠가
accept ～를 받아들이다
choice 선택

4 **해석**

A : 너 거리에 있는 노숙자들 봤니? 내가 그들을 어떻게 도울 수 있을까?
B : 만일 네가 정말로 그들을 돕고 싶다면 한 가지 방법이 있어. 만일 네가 걸어서 학교에 다닌다면, 돈을 좀 모을 수 있을 것이야. 그 돈으로 그들을 도울 수 있어.

⇨ **문제해결**

④ 직설법 if 조건 부사절에서는 현재 시제로 미래를 표현한다. 따라서 will walk가 아니라 walk가 되어야 한다.

◎ **어휘**

the homeless 노숙자   **save** (돈을) 절약하다, 모으다

5 **해석**

그는 수영을 할 줄 몰랐기 때문에, 물에 들어갈 수가 없었다.

⇨ **문제해결**

직설법 과거 문장이므로 가정법 과거완료가 되어야 하며, 부정문이므로 긍정문으로 바꿔야 한다.

6-8

해석

6 그들은 농장에서 살지 않는다. 그래서 자신들의 식량을 생산할 수 없다.

7 그는 그녀의 주소를 몰랐다. 그래서 그녀에게 편지를 쓸 수 없었다.

8 우리는 차가 없었기 때문에 차로 해변에 갈 수 없었다.

⇨ **문제해결**

직설법을 가정법으로 바꿀 때는 긍정은 부정으로, 부정은 긍정으로 바꾼다. 또한 직설법 현재 시제는 가정법 과거 시제로, 직설법 과거 시제는 가정법 과거완료 시제로 만든다.

◎ **어휘**

farm 농장   **produce** 생산하다
own 자기 소유의   **beach** 해변

9-10

해석

9 그녀에게 밀가루가 있었다면, 케이크를 만들 수도 있었을 텐데.

10 그들에게 돈이 좀 있었다면, 영화를 보러 갈 수 있었을 텐데.

⇨ **문제해결**

가정법을 직설법으로 바꿀 때는 긍정은 부정으로 부정은 긍정으로 가정법 과거는 현재 시제로 만든다.

◎ **어휘**

flour 밀가루
go to a movie 영화 보러 가다

Review Test   p.99

1 ④   2 ③   3 ③   4 ④

5 I had a watch, I would tell you the time

6 ②   7 ⑤   8 ④   9 ②   10 ⑤

11 Had he not missed / Hadn't he missed

12 ④   13 If you need more information

14 ⑤   15 ②   16 If you were my e-pal, I would be happy   17 If I hadn't wanted to go there, I couldn't have gone   18 If I had been rich, I could have bought the house   19 the weather was not good, they didn't go on a picnic

20 I don't walk to school, I don't meet the girl

1-2

해석

1 A : Dick은 화가 났어, 그렇지 않니?
   B : 나는 그렇게 생각하지 않아. 만일 그가 화가 났다면, 우리에게 말할 텐데.

2 A : 만약 내가 너라면 밤에 뒷문을 잠그는 것에 대해 더 조심할 텐데.
　　B : 걱정 마세요. 아무도 침입하지 않을 거예요.

⇒ 문제해결

1 가정법 과거 문장이므로 be동사는 were를 사용한다.
2 가정법 과거 구문이므로 주절에는 〈조동사+동사원형〉 형태가 와야 한다.

◎ 어휘

lock 잠그다　　　　　　**back door** 뒷문
break in 침입하다

3-4

해석

3 만일 그 학생이 정직했다면 나에게 진실을 말했을 텐데.
4 우리는 그들의 전화번호가 없었다. 그래서 그들에게 전화할 수 없었다.

⇒ 문제해결

3 가정법 과거완료 문장이므로 직설법 과거가 되어야 하며, 긍정문이므로 부정문으로 바꿔야 한다.
4 직설법 과거이므로 가정법 과거완료가 되어야 하며, 부정문이므로 긍정문으로 바꿔야 한다.

◎ 어휘

honest 정직한

5

⇒ 문제해결

현재 실현 불가능한 사실이므로 가정법 과거 구문을 써야 한다.

6

해석

A : 만일 너의 비서가 실수를 많이 저지른다면 어떻게 하겠니?
B : 그녀와 이야기를 해보겠어.

⇒ 문제해결

② 가정법 과거 문장이므로 made가 되어야 한다.

◎ 어휘

secretary 비서
have a talk with ~와 이야기 하다

7

해석

① 만일 내가 너라면 나는 돈을 저축할 텐데.
② 만일 그녀가 그를 존경한다면 그녀는 그의 충고를 따를 텐데.
③ 만일 이 책이 재미있다면 나는 책을 끝까지 읽을 텐데.
④ 만일 내가 그들을 좋아했다면 그들을 도왔을 텐데.
⑤ 내가 어렸을 때 나는 소풍을 많이 가곤 했다.

⇒ 문제해결

⑤ would는 '~하곤 했다'는 의미의 조동사이고, 나머지는 가정법에서 사용된 조동사이다.

◎ 어휘

take one's advice ~의 충고를 받아들이다
respect ~를 존경하다

8

해석

A : 안녕! Ben. 여름 방학 동안 살이 좀 찐 것처럼 보이네.
B : 맞아. 자고 먹기만 했어. 운동은 전혀 안 했지.
A : 내가 너라면 열심히 운동할 거야. 기분이 아주 좋거든.

⇒ 문제해결

④ if절에 were가 쓰였으므로 가정법 과거 문장이다. 따라서 주절의 동사는 would exercise가 되어야 한다.

◎ 어휘

gain ~를 얻다, 늘리다　　　**weight** 무게, 체중
exercise 운동하다

9

해석

A : 엄마, 저 오늘 밤에 영화 보러 가도 되나요?
B : 그래. 먼저 네 방을 청소한다면.
A : 하지만 엄마, 오늘 오후에 친구를 만나고 싶어요. 내일 방을 치워도 되요?
B : 너는 항상 내일이라고 하는구나. 오늘 꼭 방을 치우렴.

⇒ 문제해결

② '우선 방을 치운다면'이라는 의미의 직설법 조건문이므로 현재 시제를 사용해야 한다. (→ clean)

10

해석

① 만일 내가 너였다면 나는 그렇게 많이 쓰지 않았을 텐데.
② 만일 당신이 직업을 잃는다면 어떤 기분이 들까요?
③ 만일 내가 좀 더 조심했더라면 그 사고를 당하지 않았을 텐데.
④ 만일 당신이 그들의 주소를 안다면 그들에게 편지 보낼 수 있을 텐데.
⑤ 만일 나의 여동생이 의사가 된다면 그녀는 아픈 사람들을 도울 수 있을 것이다.

⇒ 문제해결

⑤ 단순 조건 부사절이고, 나머지는 가정법 문장이다.

◎ 어휘

lose one's job 실직하다　　　**accident** 사고
address 주소

11

해석

만일 그가 그 버스를 놓치지 않았다면 학교에 지각하지 않았을 텐데.

⇒ 문제해결

가정법에서 if를 생략할 경우는 조동사나 have, be동사가 문장 앞으로 나가서 도치된다.

12 해석
만일 내가 복권에 당첨된다면 큰 집을 살 텐데.

⇒ 문제해결
가정법 과거 문장은 직설법 현재가 되고, 긍정은 부정으로 부정은 긍정으로 바꾼다.

13 ⇒ 문제해결
단순 조건 부사절에서 미래 시제는 현재 시제로 표현한다.

◎ 어휘
theater 극장

14 해석
A : 내 청바지는 너무 오래되서 더 이상 입기 싫어.
B : 만일 네가 파란색으로 염색을 한다면 바지가 새 것처럼 될 거야.

⇒ 문제해결
if절이 단순 조건 부사절이고 현재 시제이므로 주절의 시제는 미래로 쓴다.

◎ 어휘
blue jeans 청바지　　　　**dye** 염색
come out 나타나다. ～이 되다

15 해석
만일 우리가 배가 고프다면 지금 먹을 텐데.
나는 시간이 없었기 때문에 음악회에 가지 않았다.

⇒ 문제해결
ⓐ 가정법 과거 긍정문이므로 직설법 현재 부정문으로 바꾼다.
ⓑ 직설법 과거 부정문이므로 가정법 과거완료 긍정문으로 바꾼다.

16-18 해석
16 네가 나의 인터넷 친구가 아니기 때문에 나는 행복하지 않다.
17 나는 그곳에 가기를 원했기 때문에 갈 수 있었다.
18 나는 부자가 아니었기 때문에 그 집을 살 수 없었다.

⇒ 문제해결
직설법을 가정법으로 바꿀 때는 긍정과 부정을 서로 바꾸고, 시제는 한 시제 이전 시제로 해야 한다. 가정법 과거에서 be동사의 과거형은 were로 바꿔야 한다.

◎ 어휘
e-pal 인터넷 친구

19-20 해석
19 만일 날씨가 좋았다면 그들은 소풍을 갔을 텐데.
20 만일 내가 학교에 걸어서 간다면 그 소녀를 만날 텐데.

⇒ 문제해결
가정법을 직설법으로 바꿀 때는 긍정과 부정을 서로 바꿔야 하고, 과거는 현재로 과거완료는 과거 시제로 바꾼다.

◎ 어휘
go on a picnic 소풍 가다

　　　　　　　　　　　　　　　　　　　　p.102

1 ④　　　　　2 ②　　　　　3 ⑤

1 해석
우리는 우리의 귀중한 땅, 물, 공기를 서로 공유하는 것을 배워야 한다. 만일 우리가 오염시키는 것을 멈추지 않으면 우리 모두를 죽일 것이다.

⇒ 문제해결
if절이 단순 조건절이고 현재 시제이므로 주절의 시제는 미래 (will kill)가 되어야 한다.

◎ 어휘
share with ～와 공유하다　　　**precious** 귀중한
pollution 오염

2 해석
만일 유명한 사람이 어떤 물건을 사용한다면 우리는 그 물건을 사기를 원한다. 예를 들어, 이효리가 광고에서 어떤 브랜드의 청바지를 입고 있는 것을 보면 우리는 그녀가 유명하기 때문에 그 브랜드를 사기를 원한다.

⇒ 문제해결
② if절이 단순 조건절이고 일반적인 사실을 말하고 있으므로 주절에는 현재 시제인 want가 와야 한다.

◎ 어휘
product 상품　　　　**model** ～을 입어 보이다
brand 상표　　　　**ad** 광고(= advertisement)

3 해석
식사가 끝난 후 Micky와 나는 난로 가까이에 앉았고, 어머니는 우리에게 이야기책을 읽어 주시곤 하셨다. 만약 그 이야기 속에 있는 우리의 친구들이 없었더라면 집 주위로 찬바람이 부는 그렇게 긴 밤마다 Micky와 나는 외로웠을 것이다.

⇨ **문제해결**

과거 사실에 반대되는 내용으로 if절이 가정법 과거완료 문장이다. 내용상 '외로웠을 텐데'라는 긍정이므로 ⑤가 적절하다.

◎ **어휘**

lonely 외로운   **whistle** 휘파람을 불다

✿ Grammar in Conversation   p.103

1 ④   2 ⑤   3 ④

1

해석

A : 왜 Mike가 인사도 하지 않고 달려 지나갔는지 궁금해.
B : 급한 일이 있었겠지.
A : 아마 네 말이 맞는 것 같아. 만일 그가 바쁘지 않았다면 인사도 없이 지나치지 않았을 텐데.
B : 네 말이 맞아. 그는 친절하고 예의가 바르거든.

⇨ **문제해결**

④ 가정법 과거완료 시제로 주절의 내용과 문맥상 일치하려면 hadn't been이 되어야 한다.

◎ **어휘**

wonder 의아해하다   **run by** 뛰어서 지나가다
say hello 인사하다   **in a hurry** 바쁜
You can say that again. 네 말에 전적으로 동의해.

2

해석

① A : Anna. 네 휴대 전화를 써도 될까?
   B : 물론이지. 어서 써.
② A : 나는 돈이 하나도 없어. 파산했어.
   B : 만일 내가 너라면 더 열심히 일할 텐데.
③ A : 만일 네가 복권에서 100만 달러를 따면 기분이 어떨 것 같니?
   B : 아주 행복할 거야.
④ A : Jackson 부인은 춤 추는 법을 배우기를 원해.
   B : 그녀가 수업을 듣는다면 몇 달 안에 춤을 출 수 있을 거야.
⑤ A : 내 직업이 맘에 들지 않아.
   B : 내가 너라면 직업을 바꿀 텐데.

⇨ **문제해결**

⑤ 가정법 과거에서 be동사는 인칭과 수에 상관없이 were를 쓴다.

◎ **어휘**

cell phone 휴대 전화 (= cellular phone)
broke 파산한   **million** 100만
lottery 복권

3

해석

A : 저는 이 책을 빌리고 싶습니다.
B : 이 양식을 기입하세요.
A : 얼마 동안 이것을 빌릴 수 있나요?
B : 한 번에 3주 동안 빌릴 수 있습니다.
A : 만일 제가 3주 이상 가지고 있으면 어떻게 되나요?
B : 벌금을 내야 할 것입니다.

⇨ **문제해결**

직설법으로 미래 시제이지만 조건 부사절에서는 미래를 현재로 표현해야 한다. (→ keep)

◎ **어휘**

borrow 빌리다   **fill in** ～을 기입하다
form 양식   **penalty** 벌금, 형벌

Chapter 8 길고 짧은 것은 대 봐야 아는 것

Unit 25   p.106

A

● Check-up ●

1 as   2 he   3 slowly
4 as   5 than   6 more cute

⇨ **문제해결**

1 앞에 비교급이 없고 형용사의 원급이 있으므로 as가 적절하다.
2 주어와 비교를 하는 것이므로 주격이 와야 한다.
3 동사 walk는 완전자동사이므로 부사가 와야 한다.
4 원급 비교의 부정은 〈not as[so] ～ as〉의 형태이다.
5 앞에 비교급이 있으므로 than이 와야 한다.
6 동일인의 특징을 비교할 때에는 비교급(er)으로 만들 수 있는 형용사라 할지라도 more를 사용한다.

B

● Check-up ●

1 hard   2 large   3 better
4 more expensive   5 strongly
6 much, still, even, far, a lot

⇨ 문제해결

1 hard는 부사로 쓰이면 '열심히'라는 뜻이고, hardly는 '거의 ~하지 않는'이라는 뜻의 부사이다.

2 원급 비교인 ⟨as ~ as⟩ 사이에는 형용사와 부사의 원급이 온다.

3 뒤에 than이 있으므로 앞에 비교급이 와야 한다.

4 expensive는 3음절 이상의 단어이므로 more를 붙여 비교급을 만든다.

5 strike가 타동사로 쓰인 3형식 문장이므로 부사가 와야 한다.

6 비교급 강조표현은 many가 아니라 much, stiill, even, far, a lot 등이다.

◎ 어휘

expensive 값비싼　　　**hardly** 거의 ~하지 않는
strike ~을 치다. 때리다

Unit 26 　　　　p.107

A

🔵 Check-up 🔵

1 most　　2 have　　3 days
4 in　　　5 the

⇨ 문제해결

1 앞에 정관사가 있고 뒤에 than이 없으므로 최상급이 와야 한다.

2 ⟨the+최상급+명사+that+주어+현재완료⟩의 형태로 '지금까지 ~한 중 가장 …한'이라는 뜻이다.

3 ⟨one of the+최상급+복수명사⟩의 형태로 '가장 ~한 … 한 중에서 하나'라는 뜻이다.

4 ⟨the+최상급+in+단수명사⟩의 형태로 '~에서 가장 …한' 이라는 뜻이다.

5 최상급 앞에는 정관사 the를 쓴다.

◎ 어휘

sad 슬픈　　　**charming** 매력적인

B

🔵 Check-up 🔵

1 No movie was as interesting as *The Matrix* in 1999.

2 No movie was more interesting than *The Matrix* in 1999.

3 *The Matrix* was more interesting than any other movie in 1999.

⇨ 문제해결

1 ⟨No+단수명사+as[so] 원급 as⟩ 구문을 사용한다.

2 ⟨No+단수명사+비교급 than⟩ 구문을 사용한다.

3 ⟨비교급 than any other+단수명사⟩ 구문을 사용한다.

🐝 개념확인문제　　　　p.108

1 than　　2 as　　3 ③　　4 ②　　5 ⓐ than
ⓑ the most　　6 ⑤　　7 the most
8 in　　9 than any other　　10 ②

1-2

해석

1 어떤 사람들에게 낮은 가격이 질보다 더 중요하다.

2 그는 가능한 크게 소리쳤다.

⇨ 문제해결

1 앞에 비교급이 있고 뒤에 비교 대상이 있으므로 than을 써야 한다.

2 앞에 ⟨as+형용사⟩가 있으므로 원급 비교 문장임을 알 수 있다. 따라서 as를 쓴다.

◎ 어휘

price 가격　　　　**quality** 질
shout 외치다

3

해석

① 여자 월드컵은 월드컵만큼 인기를 얻었다.

② 박쥐는 사람들이 생각하는 것만큼 해롭지 않다.

③ 이 색은 저 색보다 밝다.

④ Ted는 나보다 더 천천히 먹는다.

⑤ 이것은 가장 무거운 상자이다.

⇨ 문제해결

③ lighter가 비교급 형태이므로 more를 빼야 한다.

◎ 어휘

bat 박쥐　　　　**harmful** 해로운
heavy 무거운

4

해석

A : Kelly는 Anne만큼 많은 실수를 하니?
B : 아니, 그렇지 않아.

⇨ 문제해결

Kelly가 Anne만큼 실수를 저지르지 않는다고 했으므로, Anne이 더 많은 실수를 저지른다는 내용이 와야 한다.

◎ 어휘
make a mistake 실수를 저지르다

5 **해석**
A : Jane, 무슨 일이니?
B : 나는 Lilly보다 컴퓨터 프로그래밍을 잘 하는데, 그녀가 리더야. 그건 공평하지 않아.
A : 그런 말 하지 마. Lilly는 학급에서 가장 부지런한 학생이야.

⇒ **문제해결**
ⓐ 비교급 better가 있으므로 than을 써야 한다.
ⓑ 〈the 최상급+in 단수명사〉 구문을 이용해서 the most를 써야 한다.

◎ 어휘
fair 공평한
hardworking 열심히 일하는, 부지런한

6 **해석**
A : 어떤 나라가 가장 클까?
B : 러시아가 세상에서 가장 큰 나라라고 확신해.
A : 나는 그렇게 생각하지 않아. 캐나다가 러시아보다 훨씬 더 커.

⇒ **문제해결**
ⓐ 대답이 최상급이므로 〈the+최상급〉이 되어야 한다.
ⓑ 뒤에 than이 있으므로 앞에 비교급이 와야 한다.

7-9
⇒ **문제해결**
7 〈the 최상급+명사+주어+현재완료〉 구문이다.
8 〈the 최상급+in+단수명사〉 구문이다.
9 〈비교급+than any other+단수명사〉 구문이다.

10 **해석**
우정은 쉬운 것이 아니다. 친구를 사귀는 것은 종종 친구를 유지하는 것보다 쉽다. 때로는 가장 오래되고 가장 끈끈한 우정은 지키기 가장 어렵다.

⇒ **문제해결**
② 비교급 easier 뒤에는 than이 나와야 한다.

◎ 어휘
friendship 우정　　　　**keep** 유지하다, 계속하다

Review Test　　　　p.109

1 Dolphins are not as[so] clever as monkeys
2 Jack is a lot lazier than his brother
3 He earns the most money among us
4 ②　　　5 (1) easier (2) perfect (3) more slowly
(4) the most painful (5) greatest　　　6 ④
7 ⓐ cleaner ⓑ the most important ⓒ best
8 ②　　9 ①　　10 ②　　11 hard　　12 ③
13 ⑤　　14 ②　　15 ④　　16 ①　　17 ⑤
18 ②　　19 ⑤　　20 ③

1-3
⇒ **문제해결**
1 원급 비교의 부정은 〈not as[so] 형/부의 원급 as〉를 쓴다.
2 a lot을 써서 비교급을 강조하고 있다.
3 '가장 많은 돈'은 the most money로 나타낸다.

◎ 어휘
dolphin 돌고래　　　　**clever** 영리한
lazy 게으른　　　　　**earn** ~을 벌다
among ~ 중에서

4 **해석**
민희는 나리보다 더 일찍 일어난다.

⇒ **문제해결**
② 뒤에 than이 있으므로 빈칸에는 비교급이 와야 한다.

◎ 어휘
get up 일어나다

5 **해석**
① 나에게 수학을 공부하는 것은 물리를 공부하는 것보다 쉽다.
② 나의 기말 리포트는 Jane의 리포트만큼 완벽하다.
③ 나는 교수님에게 좀 더 천천히 말해달라고 부탁했다.
④ 가장 고통스러운 기억 중 하나는 나의 아버지의 죽음이다.
⑤ 이것은 내가 들어본 노래 중 가장 훌륭한 노래이다.

⇒ **문제해결**
① 뒤에 than이 있으므로 비교급이 와야 한다.
② as ~ as가 있으므로 원급이 와야 한다.
③ 문맥상 more slowly가 와야 한다.
④ 〈one of the 최상급+복수명사〉 표현이다.
⑤ 〈the 최상급+명사+주어+현재완료〉 표현이다.

◎ 어휘
painful 고통스러운
final report 기말 고사 리포트

memory 기억

6 **해석**
① 나는 책보다 영화를 더 좋아한다.
② 그녀는 그녀가 달릴수 있을 만큼 빨리 달렸다.
③ 모든 것이 조만간 나아질 것이다.
④ 나는 너보다 똑똑하니까 너는 내 말을 들어야 해.
⑤ 그는 세상을 바꾼 가장 위대한 과학자 중 한 명이 되었다.

➡️ **문제해결**
④ 비교급 다음에는 that이 아니라 than이 와야 한다.

◎ **어휘**
get better 나아지다

7 **해석**
우리는 강과 물을 전보다 더 깨끗하게 유지해야 한다. 물은 우리의 삶에서 가장 중요한 것들 중 하나이기 때문이다. 따라서 우리는 강과 물을 보호하기 위해서 최선을 다해야 한다.

➡️ **문제해결**
ⓐ 뒤에 than이 나왔으므로 비교급이 와야 한다.
ⓑ 〈one of the 최상급+복수명사〉 표현이다.
ⓒ do one's best는 '최선을 다하다'라는 뜻의 표현이다.

◎ **어휘**
preserve ～을 보존하다

8 **해석**
고양이는 일반적으로 개보다 더 오래 산다. 가장 오래 산 고양이는 36년 1일 동안 살았다. 그러나 가장 오래 산 개는 겨우 29년 5개월 동안 살았다.

➡️ **문제해결**
② 가장 오래 산 고양이 이야기이므로 최상급이 되어야 한다.

9-10

해석
9 그 동물은 많은 털이 있고 크기는 너의 신발 만하다.
10 James는 내가 알고 있는 사람 중에서 가장 게으른 사람이다.

➡️ **문제해결**
9 뒤에 비교 대상인 신발이 왔기 때문에 원급이나 비교급을 사용해야 한다.
10 정관사 the가 있고 내용상 최상급이므로 laziest가 가장 적절하다.

◎ **어휘**
fur 털　　　　　　　　**lazy** 게으른

11 **해석**
나의 친구는 매우 좋은 성적을 받았다. 그러나 그녀는 나만큼 열심히 공부하지 않았다.

➡️ **문제해결**
study가 완전자동사로 사용되었기 때문에 '열심히'라는 뜻의 부사 hard를 써야 한다.

◎ **어휘**
grade 성적, 등급

12 **해석**
A : 안녕, Brian. 파리에서 지내는 것은 어때?
B : 아주 좋아. 서울보다 사람들도 친절하고 음식도 더 맛있어.
A : 정말? 안 좋은 것들은 없니?
B : 글쎄, 서울에서보다 아파트를 빌리려면 매달 더 많은 돈을 내야 해. 이것이 파리에서 가장 안 좋은 점이야.

➡️ **문제해결**
③ 뒤에 than in Seoul이 오므로 much money가 아니라 비교급을 써서 more money라고 해야 맞다.

◎ **어휘**
rent ～을 빌리다, 임대하다

13 **해석**
미국에서는 밀로 만들어진 빵이 가장 중요한 음식이다.

➡️ **문제해결**
as나 than 다음에는 비교의 대상이 와야 한다. 따라서 최상급 표현인 ⑤가 가장 적절하다.

◎ **어휘**
wheat 밀

14-15

해석
14 ① 만일 그가 열심히 공부한다면 그 시험에 통과할 텐데.
　 ② 그는 Susan보다 기타를 더 잘 친다.
　 ③ 모든 과목 중에서 나는 과학을 가장 신중하게 공부한다.
　 ④ 패스트푸드 식당에서 햄버거는 가장 인기 있는 음식들 중 하나이다.
　 ⑤ 미국에서 Mississippi 강은 다른 어떤 강보다도 더 길다.
15 ① 평소보다 교통량이 많다.
　 ② Carter 부인은 평소보다 더 많은 시간이 걸렸다.
　 ③ 12월은 일 년 중 마지막 달이다.
　 ④ 그녀는 자기 오빠만큼 빨리 수영을 할 수 있다.
　 ⑤ 제주도는 내가 기대했던 것보다 더 아름다웠다.

➡️ **문제해결**
14 ② 뒤에 비교급 than이 있으므로 as를 생략해야 한다.

15 ④ 원급 비교인 〈as ~ as〉 사이에는 비교급이 아니라, 원급이 와야 한다.

◎ 어휘

subject 과목   **science** 과학
popular 인기 있는   **traffic** 교통, 교통량
than usual 평소[여느 때]보다
expect 기대하다

16-18

해석

16 A : 교통이 혼잡한 시간이니 지하철을 타자.
   B : 좋아. 버스만큼 바로 가지는 않지만, 더 빠르고 교통 혼잡의 가능성이 더 적을 거야.

17 지난주, 엄청난 태풍이 도시를 강타했다. 많은 사람들이 다치고 그들의 집을 잃었다. 기상청은 역사상 가장 강력한 태풍 중 하나였다고 밝혔다.

18 A : 사람들은 내가 무례하고 예의 없다고 생각해.
   B : 사람들이 왜 그렇게 생각한다고 생각하니?
   A : 난 정말 모르겠어.
   B : 너는 가능한 부드럽게 말하는 게 좋을 거야.

⇒ 문제해결

16 ① 문맥상 가장 적절한 것은 direct이다.

17 ⑤ 문맥상 '역사상 가장 강력한 태풍 중 하나'라고 해야 자연스럽기 때문에 최상급을 사용한다.

18 ② 〈as+형용사/부사+as+주어 can〉 구문을 이용해서 표현하는 것이 자연스럽다.

◎ 어휘

rush hour (출퇴근) 교통 혼잡 시간
subway 지하철   **direct** 곧장 가는
traffic jam 교통 혼잡   **typhoon** 태풍
get hurt 다치다   **rude** 버릇없는, 무례한
impolite 무례한, 실례가 되는
gently 부드럽게

19 **해석**

Jennifer에게,
너를 마지막으로 본 지 아주 오래되었구나. 나는 너만큼 좋은 사람은 누구도 찾을 수 없었어. 나는 정말로 네가 나에게 돌아오길 바라. 나에게 다시 한 번 기회를 주면 최선을 다할 것을 약속할게. 너는 나에게 가장 소중한 사람이야.

⇒ 문제해결

⑤ precious는 3음절 이상 단어이므로 최상급을 만들때 the most precious라고 해야 맞다.

◎ 어휘

promise 약속하다   **precious** 소중한

20 **해석**

염소는 항상 다른 농장 동물들의 차선책인 듯 보인다. 그들은 우유를 주지만 젖소가 주는 만큼 많지는 않다. 그들은 털을 제공하지만 양들이 제공하는 만큼 많지는 않다.

⇒ 문제해결

빈칸 앞에 not as가 있으므로 원급 비교 구문이고, 목적어인 milk와 wool이 셀 수 없는 명사이므로 much가 들어가야 한다.

◎ 어휘

goat 염소
second best to ~의 차선책(인)
cow 암소, 젖소   **provide** ~을 제공하다
wool 양모, 털   **sheep** 양

Reading
p.112

1 more than me   2 ⑤   3 ④

1 **해석**

어제 제임스와 나는 영화관에 가는 중에 영어 선생님을 우연히 만났다. 그는 "안녕, 제임스"라고 말했지만 나에게는 인사를 하지 않았다. 나는 그가 나보다 James를 더 많이 좋아한다고 생각한다. 그것에 대해 화가 났다.

⇒ 문제해결

비교급 형태가 와야 한다. much의 비교급은 mucher가 아니라 more이며 목적어를 비교하고 있기 때문에 I를 me로 바꿔야 한다.

◎ 어휘

run into 우연히 만나다
on one's way to ~로 가는 도중에
upset 화가 난

2 **해석**

아침 일찍, 그녀는 가능한 한 재빨리 백화점으로 달려갔다. 그 백화점의 추수감사절 세일의 첫날이었기 때문이다. 이미 많은 사람들이 있었다. 그녀는 싼 가격에 아름다운 구두 한 켤레와 화려한 드레스 한 벌을 살 수 있었다. 그날은 그녀의 삶에서 가장 운이 좋은 날 중의 하나였다.

⇒ 문제해결

⑤ 내용상 '가장 ~한 …중의 하나'라는 의미의 〈one of the 최상급+복수명사〉가 와야 한다. 따라서 day를 복수명사로 바꾸어야 한다. (→ days)

◎ 어휘

department store 백화점   **quickly** 재빨리

Thanksgiving Day 추수감사절
gorgeous 화려한 　　　　　**price** 가격

3 **해석**
일본에는 100살이 넘은 사람들이 많이 있다. 그들은 그들의 장수 비결이 건강한 식습관과 긍정적인 사고방식이라고 말한다. 현재 최장수 인간은 114살인 일본인 여자이다. 그녀는 "나는 세상에서 가장 행복한 사람이고, 어느 때보다 건강하다고 느낀다."라고 말했다.

⇨ **문제해결**
ⓐ '가장 오래 산 사람'이란 뜻으로 The oldest human being, ⓑ '가장 행복한 사람'이란 뜻으로 the happiest person이라고 해야 한다.

◎ **어휘**
longevity 장수 　　　　**eating habit** 식습관
positive 긍정적인 　　　**at present** 현재

✿ Grammar in Conversation ● p.113

1 ④ 　　　　2 ④ 　　　　3 ②

1 **해석**
① A : 밖에 춥니?
　　B : 아니, 어제만큼 춥지는 않아.
② A : 나의 여자 친구는 내가 키가 작아서 나를 좋아하지 않아.
　　B : 그런 말 하지 마. 나는 키가 너무 커서 지금보다 작아지고 싶어.
③ A : 너는 내일 어떤 종류의 옷을 원하니?
　　B : 나는 세상에서 가장 아름다운 코트를 원해.
④ A : 네가 상상한 것만큼 그가 잘생겼니?
　　B : 그는 잘 생겼다기 보다는 매력적이었어.
⑤ A : 너는 축구를 할 수 있니?
　　B : 물론이지. 나도 너만큼 잘 할 수 있다고 생각해.

⇨ **문제해결**
④ more A than B 구문을 써서 '잘 생겼다기보다는 매력적이다'라고 표현해야 맞다.

◎ **어휘**
imagine ~를 상상하다 　　**attractive** 매력적인

2 **해석**
A : 토요일에 무엇을 할 거니?
B : 영화를 보러 갈 거야. '인디아나 존스' 속편이 아주 재밌다고 들었어.
A : 나는 지금까지 1편보다 나은 속편을 본 적이 없어.

B : 한 영화 평론가는 인디아나 존스 속편이 1편보다 훨씬 흥미진진하다고 말했어.
A : 평론가들은 항상 그렇게 말하지만 1편보다 나은 속편은 없어.
B : 너는 참 고집이 세구나.

⇨ **문제해결**
④ 〈No 단수명사+비교급 than〉 구문을 이용해서 No sequel is better than the first one이라고 하거나 〈No+단수명사+as 원급 as〉 구문을 이용하여 No sequel is as good as the first one이라고 해야 한다.

◎ **어휘**
sequel 속편 　　　　**critic** 평론가
stubborn 완고한, 고집이 센

3 **해석**
A : 안녕, Ann. David야. 너한테 할 얘기가…
B : 너, David니? 네 말이 거의 들리지가 않아. 큰 소리로 말해.
A : 가능한 큰 소리로 말하고 있어.
B : 오, 내 동생 때문이야. 그가 라디오를 듣고 있거든. 잠깐만. Mike! 내가 전화하는 동안 라디오 소리를 낮춰줘. 좀 낫네. 이제 내 말 들을 수 있니, David?
A : 그래, 하지만 내가 너한테 무슨 말을 하고 싶어했는지 잊어버렸어.

⇨ **문제해결**
② 〈as 형용사/부사 as+주어 can〉은 '가능한 ~하게'라는 뜻이다.

◎ **어휘**
speak up 큰 소리로 말하다 　　**loudly** 크게
turn down ~을 낮추다

Chapter 9 명사를 대신하는 큰형님 대명사 훑어보기

Unit 27 p.116

A **┃ Check-up ┃**
1 herself 　　2 herself 　　3 for myself

⇨ **문제해결**
1 강조 용법으로 주어 She를 강조하고 있기 때문에 herself가 되어야 한다. 만일 the poor people을 강조한다면 themselves가 되어야 한다.
2 바로 뒤에서 Mother를 강조하므로 herself가 되어야 한다.

3   내용상 '혼자 힘으로'가 되어야 한다.

B

🔲 Check-up

1 재귀적 용법   2 재귀적 용법   3 강조 용법

⇨ 문제해결

1   목적어로 쓰였으므로 재귀적 용법이다.

2   전치사 다음에 왔으므로 전치사의 목적어 즉, 재귀적 용법이다.

3   주어 바로 다음에 왔으므로 강조 용법이다.

◎ 어휘

kill oneself 자살하다   **say to oneself** 혼잣말하다
purse 지갑

C

🔲 Check-up

1 help yourself/yourselves
2 enjoyed myself

⇨ 문제해결

1   '마음껏 먹다'는 help oneself이다.

2   '마음껏 즐기다'는 enjoy oneself이다.

Unit 28   p.117

A

🔲 Check-up

1 like   2 were   3 has   4 any
5 house   6 knows   7 studies   8 room
9 was   10 the others

⇨ 문제해결

1   Both는 항상 복수 취급한다.

2   여기서 all은 사람을 지칭하므로 복수 취급한다.

3   each는 항상 단수 취급한다.

4   부정문이므로 any가 적절하다.

5   every 다음에는 단수명사만 올 수 있다.

6   No one은 항상 단수 취급한다.

7   every는 항상 단수 취급한다.

8   each 다음에 바로 명사가 올 때에는 단수명사만 와야 한다.

9   all이 '돈'이라는 셀 수 없는 명사를 지칭하므로 단수동사가 와야 한다.

---

10 나머지 아들이 3명이므로, 복수형인 the others가 되어야 한다.

◎ 어휘

subject 과목   **bookshelf** 책꽂이
steal ~을 훔치다

Unit 29   p.118

A

🔲 Check-up

1 Who   2 Which   3 Whose
4 What   5 Which

⇨ 문제해결

1   뒤에 수식하는 명사가 없으므로 의문대명사 Who가 적절하다.

2   내용상 선택을 하는 것이므로 Which가 적절하다.

3   뒤에 수식하는 명사가 있으므로 의문형용사 Whose가 적절하다.

4   직업을 물어보는 것이므로 What이 적절하다.

5   2개 중에서 선택을 하는 것이므로 Which가 적절하다.

◎ 어휘

pear 배

B

🔲 Check-up

1 What   2 Which   3 Who
4 What   5 Whose

⇨ 문제해결

1   직업을 묻는 것이므로 What이 적절하다.

2   선택을 묻는 것이므로 Which가 적절하다.

3   사람의 이름, 관계를 묻는 것이므로 Who가 적절하다.

4   모르는 것을 물어보는 것이므로 What이 적절하다.

5   명사가 와서 소유 관계를 묻는 것이므로 Whose가 적절하다.

◎ 어휘

hobby 취미

🐝 개념확인문제   p.119

1 ⑤   2 ①   3 The other (group)
4 ②   5 ①   6 ②   7 ③
8 whose   9 who   10 which

1

해석

기러기들이 어떻게 그렇게 멀리 날아갈 수 있는지, 그리고 그것들이 혼자 힘으로 어떻게 다시 돌아올 수 있는지 아나요?

⇒ **문제해결**

문맥상 '홀로, 혼자 힘으로'가 되어야 하므로 by oneself가 들어가야 한다.

◎ **어휘**

goose 기러기 (복수형. geese)

2

해석

① 그가 직접 그 창문을 깼다.
② 나는 거울 속에서 나를 보았다.
③ 그 노인은 벤치 위에 앉았다.
④ 우리는 우리 자신을 보호해야만 한다.
⑤ 그녀는 항상 자신의 사진을 찍었다.

⇒ **문제해결**

① 강조 용법, ② ③ ④ ⑤ 재귀적 용법(목적어)으로 쓰였다.

◎ **어휘**

mirror 거울   **seat** ～을 앉히다
protect ～을 보호하다
take a picture of ～의 사진을 찍다

3

해석

학생들은 두 그룹으로 나누어졌다. 한 그룹은 애완동물을 키우는 데 찬성하였다. 다른 그룹은 애완동물을 키우는 데 반대했다.

⇒ **문제해결**

개체가 2개 있을 때, 하나는 one. 나머지 하나는 the other로 표현한다.

◎ **어휘**

for ～에 찬성하는   **against** ～에 반대하는

4-5

해석

4 그는 3명의 아들이 있다. 한 명은 선생님이고, 또 다른 한 명은 의사이고, 나머지 한 명은 과학자이다.

5 내가 좋아하는 스포츠는 수영과 축구이다. 나는 또한 태권도를 좋아한다. 너는 어떠니? 너는 어떤 운동을 좋아하니?

⇒ **문제해결**

4 개체가 3개 있을 경우 하나는 one. 또 다른 하나는 another, 나머지 하나는 the other이다.

5 2개 중에서 선택하는 것이 아니라, 막연히 어떤 운동을 좋아하는지 물어보는 것이기 때문에 what이 적절하다.

◎ **어휘**

favorite ～가장 좋아하는

6

해석

① A : 너는 거기에 누구와 함께 갔니?
   B : 나 혼자 갔어.
② A : 너는 네 자신을 소개할 거니?
   B : 내가 할 수 있을지 확실히 모르겠어.
③ A : 누가 이 벽을 칠했니?
   B : 내가 직접 칠했어.
④ A : 너는 어떤 동아리에 가입하고 싶니?
   B : 나는 방송반에 가입하고 싶어.
⑤ A : 무슨 일이 일어났니?
   B : 누군가 나의 우산을 가져갔어.

⇒ **문제해결**

② 주어와 목적어가 동일 대상이므로 목적어는 재귀대명사가 되어야 한다. (→ yourself)

◎ **어휘**

introduce ～를 소개하다   **broadcasting** 방송
umbrella 우산

7

해석

① 모든 사람들이 행복했다.
② 모든 나라는 각국의 전통이 있다.
③ Jenny와 나는 공놀이를 했다.
④ 누가 처음으로 텔레비전을 발명했니?
⑤ 나는 너를 위해 그것을 하지 않을 것이다. 네가 직접 할 수 있다.

⇒ **문제해결**

③ and로 연결된 주어이기 때문에 주격 대명사 I로 바꾸어야 한다.

◎ **어휘**

tradition 전통   **play ball** 공놀이하다
invent 발명하다

8-10

해석

8 당신이 만약 30달러가 든 지갑을 주웠는데 그것이 누구의 지갑인지 모른다면, 어떻게 하겠는가?

9 그는 Jane과 이야기하지 않았다. 다른 누군가와 말했다.
   → 나는 그가 누구와 이야기했는지 궁금하다.

10 흰 상자는 더 무겁고 검은 상자가 더 가볍다. 어떤 상자가 들기 더 어려울까?

⇒ **문제해결**

8 뒤에 수식하는 명사가 있고 내용상 소유 관계를 나타내는 whose가 적절하다.

9 전치사 to의 목적어로 who나 whom이 올 수 있다.

10 2개 중에서 선택을 하는 것이기 때문에 의문형용사 which를 사용해야 한다.

◎ 어휘

wallet 지갑   **lately** 최근, 근래에
light 가벼운   **lift** ~을 들어올리다

Review Test
p.120

1 (1) 재귀적 용법 (2) 강조 용법 (3) 강조 용법
(4) 강조 용법 (5) 재귀적 용법
2 What   **3** Some   **4** Each   **5** ④   **6** ②
7 ①   **8** ③   **9** ①   **10** ⑤   **11** ②
12 ④   **13** ③   **14** ⑤   **15** ②   **16** ⑤
17 ④   **18** ④   **19** ⑤   **20** ④

1

해석

(1) 수미는 꿈속에서 그녀 자신을 보았다.
(2) 우리 자신이 우리나라를 지켜야 한다.
(3) 너는 그 가게에서 직접 잔돈을 받았니?
(4) 그 근로자들 스스로 그 일을 성공시켰다.
(5) 영자와 나는 피아노를 치는 법을 직접 배웠다.

➡ 문제해결

(1), (5) 4형식 구문으로 간접목적어와 주어가 같기 때문에 재귀적 용법이다.
(2)~(4) 3형식 구문으로 주어를 강조하고 있다.

◎ 어휘

sweater 스웨터   **change** 잔돈

2-4

해석

2 A : 너는 어떤 종류의 애완동물을 원하니?
B : 나는 고양이를 좋아해. 그것들은 매우 귀여워.
3 어떤 사람들은 음악을 듣거나 영화 보는 것을 즐긴다.
4 오늘 우리가 직접 점심을 만들었다. 각각의 그룹은 다른 음식을 만들었다. 우리 그룹은 카레라이스를 만들었다. 정말 맛있었다.

➡ 문제해결

2 뒤의 명사를 수식하는 의문형용사인 What이 적절하다.
3 문맥상 Some이 적절하다.
4 each 다음에는 단수명사만 올 수 있다.

◎ 어휘

make dishes 요리를 하다
curry and rice 카레라이스

5

해석

스페인에서 내가 길을 잃었을 때 나는 길을 물어볼 수 없었다. 혼자서 쇼핑도 할 수 없었다. 왜냐하면 나는 스페인어를 전혀 할 줄 몰랐기 때문이다.

➡ 문제해결

문맥상 '혼자서, 홀로'의 의미를 지닌 by oneself가 적절하다.

◎ 어휘

ask for ~을 요청하다   **direction** 방향
get lost 길을 잃다
Spanish 스페인어, 스페인 사람

6-7

해석

6 그는 두 개의 당근을 발견했다. 그는 즉시 하나를 먹어 없앴다. 그는 나머지 하나를 먹기를 원했다. 그때 그의 아버지에 대해 생각하게 되었다.
7 우리 학급에는 특별한 학생이 있다. 그녀는 누구이고, 우리 반에서 무엇을 하는가?

➡ 문제해결

6 2개 중에 하나는 one, 나머지 하나는 the other로 표현한다.
7 ⓐ 내용상 who가 적절하다.
ⓑ 선택이 아니기 때문에 what이 적절하다.

◎ 어휘

carrot 당근   **right away** 즉시

8

해석

컴퓨터는 사람에 의해 만들어지고 사용된다. 그리고 사람 없이는 작동되지 않는다. 요약하면, 그것들은 혼자 힘으로 생각할 수 없고 움직일 수도 없다.

➡ 문제해결

내용을 요약한 것으로 '혼자 힘으로'라는 의미의 for themselves가 적절하다.

◎ 어휘

in short 요약하면

9

해석

내일은 나의 2학년의 첫째 날이다. 누가 나의 새 급우가 될까? 누가 나의 새 선생님이 될까? 나는 그들을 만나고 싶다.

➡ 문제해결

사람을 지칭하는 것이므로 의문대명사 Who가 적절하다.

◎ 어휘

classmate 급우

10

해석

민수는 그의 부모로부터 수영을 배웠다. 그는 수영 연습을 많이 했다. 지금은 수영을 아주 잘한다. 그는 자기 자신에 대해 뿌듯함을 느끼고, 그의 부모는 그를 자랑스러워한다.

⇒ 문제해결

⑤ 주어가 his parents이고 목적어는 민수를 지칭하기 때문에 그냥 him으로 바꿔야 한다.

◎ 어휘

train ～을 가르치다, 훈련하다
be proud of ～을 자랑스럽게 여기다

11-12

해석

11 나는 많은 것을 보았다. 어떤 것들은 정말 아름다웠다. 또 어떤 것들은 그렇지 않았다.

12 Peter는 Jane의 카메라를 빌리지 못했다. 그는 다른 사람의 카메라를 빌렸다.

⇒ 문제해결

11 동사가 복수동사이기 때문에 주어는 복수명사이고, some ～, others ～ 구문이 되어야 한다.

12 내용상 '～의 것'이라는 의문사 whose를 써야 한다.

◎ 어휘

borrow ～을 빌리다

13

해석

많은 사람들이 우리 사회에서 3D 업종에서 일하고 있다. 어떤 사람들은 새로운 건물과 다리를 만든다. 다른 사람들은 공장에서 많은 양말과 옷을 만든다. 또 다른 사람들은 거리를 깨끗이 한다.

⇒ 문제해결

많은 사람들이 일하고 있는 내용이므로, some ～, others ～, others ～ 구문이 적절하다.

◎ 어휘

3D danger, dirty, difficult의 약자
sock 양말

14

해석

Ben과 민희는 숲 속에서 친구들과 숨바꼭질 놀이를 하고 있다. 그들은 나무 뒤에 숨었다. Ben은 북쪽을 향하고 있다. 민희는 남쪽을 향하고 있다.

⇒ 문제해결

빈칸에 목적어가 와야 하고 대상이 주어와 같기 때문에 재귀대명사 themselves가 와야 한다.

◎ 어휘

hide-and-seek 숨바꼭질　　　　**forest** 숲

hide 숨다　　　　**face** ～로 향하다

15-16

해석

15 ① Susan은 직접 보고서를 썼니?
② 모든 구름은 은빛 테두리를 가지고 있다. (나쁜 일에도 좋은 구석은 있다.)
③ 어떤 사람들은 책을 읽거나 동전 수집하는 것을 즐긴다.
④ 그 남자 둘 다 그녀를 좋아한다.
⑤ 그는 어떤 종류의 일을 하니?

16 ① 너는 어제 무엇을 읽었니?
② 모든 소년들은 자신만의 관심사가 있다.
③ 여기 신문에 몇 가지 의견이 있다.
④ 모든 사람들이 그 영화에 흥분해 있다.
⑤ 너는 제임스와 나를 방문할 거니?

⇒ 문제해결

15 ② every는 단수 취급한다.

16 ⑤ James가 목적어이기 때문에 목적격인 me가 적절하다.

◎ 어휘

collect ～을 수집하다　　**coin** 동전
interest 관심, 흥미　　**opinion** 의견

17

해석

A : 세상에서 가장 큰 도시는 어디니?
B : 모르겠어. 뉴욕이나 서울 어느 도시가 더 크니?
A : 둘 다 멕시코시티보다 작아. 멕시코시티가 세상에서 가장 큰 도시야.

⇒ 문제해결

④ 내용상 둘 다 아니므로 each이 아니라 both가 되어야 한다.

18

해석

A : 이 사람들이 무엇을 보고 있니?
B : 제임스 카메론이 영화를 찍으러 여기 왔어.
A : 어떤 영화를 찍는데?
B : 확실하지 않지만, 그의 영화는 전부 훌륭해.

⇒ 문제해결

ⓐ 전치사 at의 목적어가 되어야 하므로 의문대명사 What
ⓑ 동사 shoot의 목적어가 되어야 하고, 문맥상 '어떤 영화'라고 해야 맞다.

◎ 어휘

shoot (영화를) 촬영하다

19-20

해석

19 A : 나는 전에 인디언 인형을 본적이 없어. 그것들을 보고

싶어.

    B : 그러면 우리 집에서 몇 개 보여 줄게.

    A : 알았어. 고마워.

20 A : Jenny, 무슨 일이니?

    B : 피아노 콩쿠르에서 또 잘하지 못했어. 내 자신이 싫어.

    A : 이러지 마. 힘내!

⇒ 문제해결

19 뒤에 명사가 오지 않는 막연한 것을 지칭하는 부정대명사가 와야 하는데, 긍정 평서문이므로 문맥상 some이 적절하다.

20 타동사 hate의 목적어가 와야 하므로 재귀적 용법의 myself가 적절하다.

◎ 어휘

Indian doll 인디언 인형

piano contest 피아노 대회[콩쿠르]

Cheer up! 힘을 내라!

Reading   p.123

1 ①   2 ⑤   3 ⑤

1 해석

나는 한국 음식과 다른 나라의 음식들을 혼합하기를 원한다. 언젠가 너는 나의 맛있는 음식을 좀 맛볼 것이다. 전 세계가 나의 새로운 한국 음식을 좋아할 것이다.

⇒ 문제해결

긍정 평서문이고 문맥상 some이 적절하다.

◎ 어휘

fuse 녹다, 융합하다   **taste** ~을 맛보다

2 해석

친구 둘 다는 좋을 때 서로를 위해 곁에 있어줘야 한다. 하지만 그들 둘 다는 안 좋을 때 서로를 위해 곁에 없을 수도 있다. 그러나 나 자신은 한 친구가 곤경에 빠졌을 때 다른 친구가 많은 도움을 줄 준비가 되어 있어야 한다고 생각한다.

⇒ 문제해결

each other를 일반적으로 둘 사이에 사용하는 것이기 때문에 하나는 one friend, 나머지 한 친구는 the other가 되어야 한다.

◎ 어휘

in good times 형편이 좋을 때 (↔ in bad times)

be in trouble 곤경에 처하다

3 해석

구름은 다양한 크기와 모양으로 생긴다. 몇몇 구름은 두껍고, 회색빛이고, 평평해 보인다. 다른 구름들은 부드럽고 하얀 솜처럼 보인다. 그러나 또 다른 구름들은 길고, 가느다란 끈과 같다. 구름은 지구 위 모든 다양한 높이에서 형성된다. 몇몇은 몇 마일 상공에 있고, 다른 구름들은 지상에서 가깝다. 구름들은 그것들의 모양이나 하늘에서의 위치에 따라 이름 지어진다. 구름은 기상학자가 미래의 날씨를 예측하고 아는 것을 도와준다.

⇒ 문제해결

많은 구름들의 종류를 말하고 있는 것이므로 Some ~, others ~, others ~ 구문을 써야 한다 .

◎ 어휘

shape 모양, 형상

solid (구름, 안개 따위가) 짙은, 두꺼운

flat 평평한   **string** 끈

height 높이   **meteorologist** 기상학자

predict ~을 예측하다

Grammar in Conversation   p.124

1 ⑤   2 ④   3 ③

1 해석

A : 마실 것을 드릴까요?

B : 네, 부탁합니다.

A : 편안하게 계세요.

B : 감사합니다.

⇒ 문제해결

make oneself at home 편안하게 하다

2 해석

① A : 너는 어떤 스포츠를 가장 좋아하니?

    B : 나는 테니스 칠 때 즐거워.

② A : 모든 것이 잘 되어가니?

    B : 지금까지는 잘 되고 있어.

③ A : 그런데 누가 그 고양이에 종을 달까?

    B : 좋은 질문이에요. 누가 자원하실 건가요?

④ A : 미나, 체육관에서 함께 춤추는 게 어때?

    B : 좋아! 우리는 즐길 수 있을 거라고 확신해.

⑤ A : 네가 가장 좋아하는 음식은 뭐니?

    B : 불고기를 가장 좋아해.

⇒ 문제해결

④ we는 복수이기 때문에 재귀대명사는 ourselves가 되어야 한다.

◎ 어휘

nervous 초조한　　**volunteer** ～을 자발적으로 하다
gym 체육관

3　**해석**

① A : 너는 동아리에서 무엇을 하기를 원하니?
　B : 나는 학생들에게 학교 소식을 보도하고 싶어.
② A : 이 빵 마음껏 먹어.
　B : 고마워. 맛있어 보이네.
③ A : 너는 지난주에 무엇을 했니?
　B : 나는 노인분들을 방문하러 요양원에 갔어.
④ A : 너는 어제 그 축구 게임을 봤니?
　B : 아니, 못봤어. 어떤 팀이 이겼어?
⑤ A : 샐러드를 좀 드릴까요?
　B : 네, 주세요.

⇒ **문제해결**

③ B의 답에 장소에 대한 내용이 있어서 Where로 착각하기
쉽지만 A의 내용이 어색하다. (→ What)

◎ 어휘

report ～을 보도하다　　**nursing home** 요양원

Chapter 10 골칫거리 문제아 관계사 확실하게 파악하기

Unit 30　　p.128

A　Check-up

1 whom　2 who　3 whose
4 who

⇒ **문제해결**

1　관계대명사절을 보면 목적어가 없으므로 목적격 관계대명사가 적절하다.
2, 4　관계대명사 바로 다음에 동사가 오면 주격 관계대명사가 와야 한다.
3　관계대명사 바로 다음에 명사가 오면 소유격 관계대명사가 와야 한다.

◎ 어휘

classmate 급우　　**blue jeans** 청바지

B　Check-up

1 whose face is　2 who was
3 who has

⇒ **문제해결**

1　the girl과 소유격 Her가 같은 사람이고 Her가 소유격이므로 소유격 관계대명사 whose를 사용한다.
2　the man과 He가 같고 He가 주어이므로 주격 관계대명사 who을 사용한다.
3　a woman과 She가 같고 She가 주어이므로 주격 관계대명사 who를 사용한다.

Unit 31　　p.129

A　Check-up

1 which　2 that　3 which
4 whose　5 which

⇒ **문제해결**

1, 2　선행사가 사물이고 바로 뒤에 동사가 오기 때문에 주격 관계대명사가 와야 한다.
3　관계대명사절에 목적어가 없으므로 목적격 관계대명사를 쓴다.
4　바로 뒤에 명사가 오고 완전한 형식의 문장이므로 소유격 관계대명사가 와야 한다.
5　앞에 전치사가 있으므로 관계대명사 that은 올 수 없다.

◎ 어휘

work for ～에서 일하다　　**company** 회사
various 다양한　　**goods** 상품
the old 노인들　　**leave for** ～을 향해 떠나다
look for ～을 찾다

B　Check-up

1 which/that she sent me
2 whose / of which the roof, the roof of which
3 which I lived

⇒ **문제해결**

1　the letter와 it이 같고 the letter가 목적어이므로 목적격 관계대명사를 사용한다.
2　the house와 that이 같고 집의 지붕이 노란 것이므로 소유격 관계대명사를 사용한다.

3 선행사가 사물이고 앞에 전치사가 있으므로 목적격 관계
대명사 which를 사용한다.

◎ 어휘
roof 지붕

Un1t 32   p.130

A   **Check-up**

1 what   2 when   3 what
4 where   5 What   6 what
7 where   8 why   9 when
10 where

→ 문제해결

1 여기서 what은 '무엇, ~하는 것'으로 해석이 둘 다 가능
   하다. 이 경우는 관계대명사일 수도 있고 의문대명사일 수
   도 있다.

2 앞에 the month라는 시간 선행사가 있고 뒤 문장이 완
   전한 문장이므로 관계부사 when이 적절하다.

3 앞에 동사 wonder가 있기 때문에 what은 의문대명사
   로 쓰였다.

4 앞에 the place라는 장소 선행사가 있고 뒤 문장이 완전
   한 문장이므로 관계부사 where가 적절하다.

5 like가 타동사이고 목적어가 없고 앞에 선행사가 없으므로
   관계대명사 What이 적절하다.

6 need가 타동사이고 목적어가 없고 앞에 선행사가 없으므
   로 관계대명사 what이 적절하다.

7 앞에 the country라는 장소 선행사가 있고 뒤 문장이 완
   전한 문장이므로 관계부사 where가 적절하다.

8 앞에 the reason이라는 이유 선행사가 있고 뒤 문장이
   완전한 문장이므로 관계부사 why가 적절하다.

9 앞에 the year라는 시간 선행사가 있고 뒤 문장이 완전
   한 문장이므로 관계부사 when이 적절하다.

10 앞에 the place라는 장소 선행사가 있고 뒤 문장이 완전
   한 문장이므로 관계부사 where가 적절하다.

◎ 어휘

honesty 정직   **pot** 단지, 항아리; 냄비
purse 지갑

개념확인문제   p.131

1 where / in which   2 that   3 ②   4 ④
5 why   6 ⑤   7 ①   8 ⑤   9 ⑤
10 ⑤

1-2

해석
1 지구는 우리가 살 수 있는 유일한 곳이다.
2 내가 올해 배운 가장 좋은 것은 한국어이다. 나는 한국에서
   2년 동안 살고 있다.

→ 문제해결

1 빈칸 다음에 완전한 1형식 문장이고 앞에 장소가 왔기 때
   문에 where가 적절하다.

2 뒤에 목적어가 없고 앞에 선행사가 최상급이므로 that이
   와야 한다.

◎ 어휘
Korean 한국의, 한국인, 한국어

3-4

해석
3 옛날에 자기 두 아들에 대해 항상 걱정하는 아버지가 살고
   있었다. 그들 둘 다 판매원이었다. 한 아들은 우산을 팔고,
   다른 아들은 소금을 팔았다.
4 그곳에는 나무나 물이 거의 없었다. 사람들이 살기에 좋은
   곳은 아니었다. 그것이 내가 매우 놀란 이유였다.

→ 문제해결

3 ⓐ 선행사가 사람이고, 뒤에 바로 동사가 이어지기 때문에
    주격 관계대명사 who나 that이 와야 한다.
   ⓑ 2개 중에서 하나는 one, 나머지 하나는 the other이다.

4 ⓐ 선행사는 사물이고, 전치사 다음에 목적어가 오지 않았
    으므로 목적격 관계대명사 which가 적절하다.
   ⓑ 선행사가 the reason이고, 뒤에 완전한 2형식 문장
    이므로 관계부사 why가 적절하다.

◎ 어휘

worry about ~에 대해 걱정하다
salesperson 판매원

5 **해석**
A : 너는 대부분의 동물이 일찍 죽는 이유를 말해줄 수 있니?
B : 그것들은 다른 동물이나 사람들에 의해 죽임을 당해.

→ 문제해결

선행사가 the reason이고, 뒤에 1형식 완전한 문장이 오므
로 관계부사 why가 적절하다.

6

해석
① 내가 무엇을 말하는지 알겠니?
② 나는 이 돈이 무엇인지 그녀에게 물었다.
③ 그녀가 나에게 무엇을 말했는지 모르겠다.
④ 그녀는 그 동물이 무엇이었는지 궁금해했다.
⑤ 내가 너에게 말한 것은 중요하다.

⇨ **문제해결**
①, ②, ③, ④ ask, know, wonder 등의 동사 다음에 오는 what은 의문사이고, '무엇'이라고 해석된다.
⑤ 관계대명사로 '~하는 것'이라고 해석된다.

◎ **어휘**
have no idea 전혀 모르다 (= don't know)

7-8

해석
7 ① 우리는 그의 딸이 결혼하는 한 남자를 안다.
② 누군가 나의 여동생이 일하는 가게에서 도둑질을 했다.
③ 그녀는 두려웠다. 그것이 그녀가 경찰에 전화하지 않았던 이유이다.
④ 그녀는 그 돈을 가져간 남자를 보았다.
⑤ 너는 길 건너 살고 있는 여자를 아니?

8 ① 이 소설을 쓴 사람은 영리하다.
② 사용법이 있는 이 퍼즐은 쉽다.
③ 너는 잘 보이고 잘 들리는 곳에 앉아야만 한다.
④ 내가 만난 적이 없는 사촌은 베트남에 산다.
⑤ 내가 그에게 말한 것은 매우 중요하다.

⇨ **문제해결**
7 ① 뒤에 오는 것이 완전한 문장이고 앞에 선행사가 사람이다. 남자의 딸이 결혼할 것이라고 해야 자연스러우므로 소유격 관계대명사 whose가 와야 한다.
8 ⑤ him까지가 주어절이 되는데 said의 목적어가 없고 앞에 선행사가 없기 때문에 선행사를 포함하는 관계대명사 what이 와야 한다.

◎ **어휘**
rob 훔치다   **across** ~을 가로질러
directions 사용법   **cousin** 사촌

9-10

해석
9 A : 나는 집에 고양이로 가득 찬 어떤 여자를 생각하고 있어.
B : 그것은 Thomson 부인임에 틀림없어.

10 우리는 좋은 것을 말할 수 있다. 그러나 행동하지 않고 말하는 것은 옳지 않다. 우리는 항상 우리가 말하는 것을 해야 한다.

⇨ **문제해결**
9 선행사와 집의 관계는 소유의 관계이므로 소유격 관계대

명사가 와야 한다.
10 앞에 선행사가 없고, 뒤에 목적어가 없기 때문에 선행사를 포함하는 관계대명사 what이 적절하다.

◎ **어휘**
be full of ~로 가득 차다

Review Test
p.132

1 ④   2 who / that   3 ④   4 ②
5 ①   6 ⑤   7 ③, ⑤   8 ①   9 ②
10 ③   11 what   12 ③   13 ②   14 ④
15 ④   16 ②   17 ④   18 where
19 what
20 (1) which/that I left   (2) where/in which I grew up
     (3) which/that I like   (4) when/on which he had

1

해석
Nick과 그의 친구들은 여름방학 이후에 다시 만났다. 그는 자기 친구들에게 방학 동안에 자기가 한 것을 말했다.

⇨ **문제해결**
앞의 문장은 4형식 문장이고 friends는 간접목적어로 선행사가 아니며, 뒤에는 목적어가 없기 때문에 선행사를 포함하고 있는 관계대명사 what이 적절하다.

◎ **어휘**
vacation 방학, 휴가

2

해석
Abraham Lincoln은 흑인 노예를 해방하는 데 성공한 대통령이다.

⇨ **문제해결**
뒤에 동사가 왔고 선행사가 사람이므로 who 혹은 that이 와야 한다.

◎ **어휘**
president 대통령   **succeed in** ~에 성공하다
free ~을 …에서 자유롭게 하다, 해방하다
slave 노예

3

해석
도시들은 점점 더 커졌다. 때때로 이름이 같은 사람들이 많이 있었다. 따라서 사람들은 더 긴 이름을 갖기 시작했다.

⇒ 문제해결

④ 선행사가 사람이고 선행사와 주어와의 관계가 소유의 관계 이므로 소유격 관계대명사가 와야 한다.

◎ 어휘

town 도시

4 **해석**

많은 사람들은 다른 사람들이 하는 일에 의존한다. 어떤 사람 들은 자전거나 책과 같은 물건을 생산한다. 다른 사람들은 사 람들을 돕는 서비스를 제공한다.

⇒ 문제해결

② other people이 주어, do가 타동사로 목적어가 없기 때 문에 목적격 관계대명사 which나 that이 와야 한다.

◎ 어휘

depend on ~에 의존하다   **goods** 상품, 물품

5 **해석**

지난 일요일 나는 햇볕을 즐기고 책을 읽으러 집 근처에 있는 공원에 갔다. 많은 소음을 내는 사람들이 많았다.

⇒ 문제해결

선행사가 사람이고 뒤에 주어가 없으므로 주격 관계대명사 who가 적절하다.

◎ 어휘

make a noise 소음[소리]을 내다

6 **해석**

그녀는 슈퍼마켓에 갈 때 항상 쇼핑 목록을 만든다. 그것이 그 녀가 시간을 절약하고 불필요한 물건을 사지 않는 방법이다.

⇒ 문제해결

⑤ 문맥상 the way나 how(~하는 방법)가 들어가야 한다. 방법을 나타내는 관계부사 how는 선행사 the way와 함 께 사용할 수 없기 때문에 하나를 생략해야 한다.

◎ 어휘

make a list 목록을 만들다
unnecessary 불필요한

7 **해석**

어제 내가 이 탁자에 올려놓은 빵을 누가 훔쳐갔니?

⇒ 문제해결

선행사가 사물이고 뒤에 목적어가 없으므로 목적격 관계대명 사 which 혹은 that이 적절하다.

◎ 어휘

steal 훔치다   **put on** ~에 올려놓다

8-10

해석

8 A : 이곳은 사람을 만나기에 좋은 장소인 것 같아요.
   B : 그래요. 여기에 오는 사람들은 매우 친절해요.

9 A : 실례합니다. 여기서 구입한 드레스를 환불하고 싶습니다.
   B : 물론이죠. 영수증 가지고 오셨나요?
   A : 네, 여기 있습니다.

10 A : 내가 코미디에서 그녀를 본 것이 이것이 처음이야. 그 녀는 훌륭하지 않니?
   B : 멋있었어. 그녀의 다음 영화가 너무 기다려져.
   A : 나도 역시 그래.

⇒ 문제해결

8 선행사가 folk(사람들)이고 뒤에는 주어가 없으므로 주격 관계대명사 who가 가장 적절하다.

9 선행사가 사물이고 뒤에 목적어가 없으므로 목적격 관계 대명사 which 혹은 that이 적절하다.

10 선행사가 시간이고 뒤에 완전한 문장이므로 관계부사 when이 적절하다.

◎ 어휘

folk 사람들   **friendly** 호의적인, 친절한
return ~을 반환하다, 환불하다
receipt 영수증   **comedy** 코미디
terrific 아주 훌륭한
neither+V+S ~도 역시 그렇다

11 **해석**

그런데 내가 너에게 말하고 싶은 것은 Frank에 관한 것이었어.

⇒ 문제해결

④ 관계사가 이끄는 절은 about까지이고, 전치사의 목적어로 사용되어 선행사가 없으므로 what이 가장 적절하다.

◎ 어휘

by the way 그런데

12-14

해석

12 ① 나는 피아노를 연주했던 남자를 알고 있다.
   ② 햄버거는 패스트푸드 식당에서 제공하는 유일한 종류 의 음식이 아니다.
   ③ 우리는 아들이 대학에 들어갈 예정인 사람을 알고 있다.
   ④ 그곳은 그녀가 사고를 당한 장소이다.
   ⑤ 이 사람은 Lilly가 지난 주에 만났던 남자다.

13 ① 그들이 사용하는 몇 가지 방법이 있다.
   ② 이곳은 네가 지갑을 잃어버린 거리이다.
   ③ 나는 아내가 공항에서 일하는 남자를 알고 있다.

④ 우리는 우리가 필요로 하는 모든 것을 점검했다.

⑤ 근시인 사람은 3피트에 있는 물건도 볼 수 없다.

14 ① 나는 한국에 관해서 알고 싶은 것이 많다.

② 우리는 직업이 책을 파는 것인 여자를 알고 있다.

③ 그녀는 나와 함께 등반하기 시작했던 시간을 기억했다.

④ 그곳은 우리가 만났던 곳이다.

⑤ 많은 사람들을 위해 무엇인가를 했던 젊은이가 여기에 있다.

⇒ 문제해결

12 ③ 밑줄 앞의 인물 뒤의 인물이 같은 대상이 없으므로 소유격 관계대명사 whose를 써야 한다.

13 ② 밑줄 친 뒷부분이 완전한 문장이고 선행사가 장소이므로 where가 와야 한다.

14 ④ 선행사가 장소이고 뒤에 1형식 완전한 문장이므로 where가 와야 한다.

◎ 어휘

accident 사고　　　　　　**method** 방법

wallet 지갑　　　　　　**near-sighted** 근시(안)의

climb (산, 계단 따위를) 오르다

15 해석

• 우리가 조용히 대화를 나눌 수 있는 장소를 찾아보자.

• 그들은 물이 가득 들어 있는 항아리가 있는 집의 방에 서 있다.

⇒ 문제해결

뒤 문장은 완전하고 선행사가 장소를 나타내기 때문에 where가 가장 적절하다.

◎ 어휘

quiet 조용한　　　　　　**conversation** 대화

jar 항아리

16 해석

James 씨, 저에게는 심각한 문제가 있어요. 제가 사는 아파트 건물의 주인이 모든 사람들을 강제로 내쫓으려고 하고 있어요. 제 아파트를 잃을까봐 두려워요.

⇒ 문제해결

전치사 in의 목적어가 없으므로 관계대명사 which가 적당하다.

◎ 어휘

owner 주인

force out ～을 강제로 퇴출시키다, 내쫓다

17 해석

많은 사람들이 자신들의 몸에 좋은 음식을 원하기 때문에 패스트푸드 식당들은 샐러드와 다른 몸에 좋은 음식들을 제공하고 있다.

① 그들은 많은 질문을 하는 사람들이다.

② 당신이 하고 싶어하는 한 가지를 포기해라.

③ 당신은 가까이에 살고 일하는 많은 사람들을 본다.

④ 한 가지 문제는 Nick이 게으르고 느리다는 것이다.

⑤ 그 책에서 그는 하루에 단지 15분 동안 내가 할 수 있는 것들을 보여준다.

⇒ 문제해결

④ 접속사 ①, ②, ③, ⑤ 관계대명사이다.

◎ 어휘

give up ～를 포기하다　　　**nearby** 가까이에

18 해석

그곳이 내가 우산을 산 가게이다.

⇒ 문제해결

선행사가 장소이고, 이어지는 문장이 완전한 3형식 문장이기 때문에 where가 적절하다.

◎ 어휘

umbrella 우산

19 해석

자연은 생명체가 필요로 하는 것을 준다. 식물이 자라기 위해서는 햇빛, 물, 공기, 흙이 필요하다.

⇒ 문제해결

앞에 선행사가 없고 뒤에는 목적어가 없기 때문에 관계대명사 what이 적절하다.

◎ 어휘

nature 자연　　　　　　**plant** 식물

sunlight 햇빛, 일광　　　　**soil** 토양

20 해석

(1) 당신은 내가 테이블 위에 놔둔 컵을 가져다 줄 수 있나요?

(2) 내가 자란 도시에는 아름다운 공원이 있다.

(3) 이 도시는 내가 가장 좋아하는 도시야.

(4) 그에게 큰 사고가 있었던 날은 8월의 마지막 날이야.

⇒ 문제해결

(1) the cup과 it이 같은 사물이고 the cup이 목적어이므로 목적격 관계대명사 which나 that을 사용한다.

(2) the city가 부사구 역할을 하고 있으므로 장소를 나타내는 관계부사 in which나 where를 사용한다.

(3) the city는 타동사 like의 목적어이므로 목적격 관계대명사 which나 that을 사용한다.

(4) the last of August는 부사로 시간을 나타내는 관계부사 when이나 on which를 사용한다.

◎ 어휘

grow up 자라다, 어른이 되다

p.135

Reading

1 ②   2 ⑤   3 ④

1 해석

Been 씨는 그가 원하는 것을 얻기 위해서는 무엇이든지 하려고 했다. 때때로 그는 심지어 전기를 끊고 에너지를 아끼기 위해 그렇게 하고 있다고 말했다. 많은 사람들이 불평을 하지만 소용이 없었다.

⇒ 문제해결

② 뒤에 목적어가 없고, 앞에 선행사가 없으므로 what이 와야 한다.

◎ 어휘

cut off ~를 자르다, 끊다   **electricity** 전기
complain 불평하다   **be no use** 소용없다

2 해석

과학자들은 선생님에게 집중하지 못하는 아이들을 연구했다. 벽 색깔이 밝고 진한 푸른색이었을 때 아이들의 심장 박동 수가 느려지고 아이들이 훨씬 차분해졌다는 것을 밝혀냈다.

⇒ 문제해결

ⓐ 뒤에 동사가 바로 오고 선행사가 사람이므로, who 혹은 that이 되어야 한다.
ⓑ 문맥상 when이 가장 적절하다.

◎ 어휘

focus on ~에 집중하다   **discover** ~를 발견하다
heart rate 심장 박동 수   **calm** 조용한, 차분한

3 해석

어떤 광고주들은 사람들을 속이는 말을 한다. 여기에 한 가지 예가 있다. "많은 치과 의사들은 무설탕 껌이 껌을 씹는 사람에게 좋다고 말한다." 이 말을 들으면, 많은 치과 의사들이 그것을 추천하기 때문에 우리 모두는 무설탕 껌이 치아에 좋다고 생각한다.

⇒ 문제해결

④ 선행사가 사람이고 뒤에 chew가 동사로 사용되고 주어가 없으므로 주격 관계대명사 who나 that이 적절하다.

◎ 어휘

advertiser 광고주   **deceive** ~를 속이다
dentist 치과 의사   **sugarless** 무설탕의
chew ~을 씹다   **recommend** ~을 추천하다

p.136

Grammar in Conversation

1 ⑤   2 ②

3 why, what, where/in which

1 해석

A : 서울에서 1시 50분일 때, 부산에서는 몇 시일까?
B : 글쎄, 나는 네가 무슨 말을 하는지 모르겠어.
A : 서울이 12시 정각이라면, 부산 시각은 12시 1분이나 11시 59분이 될까?
B : 알겠다. 11시 59분이야. 부산 시각이 약간 늦어.

⇒ 문제해결

ⓐ '몇 시'일 경우는 what time이 적절하다.
ⓑ 뒤에 목적어가 없기 때문에 문맥상 '무엇'을 의미하는 what이 적절하다.

◎ 어휘

mean ~을 의미하다

2 해석

① A : 네가 거리에서 만난 친구는 서울에 사니?
　 B : 아니, 그녀는 아버지와 함께 일주일 동안 이 곳을 방문 중이야.
② A : 안녕, 제인. 내가 추천했던 중국 식당에 가보았니?
　 B : 그래, 지난 토요일에 거기 갔어.
③ A : 나는 방금 세상을 바꾼 위인에 관한 책을 읽었어.
　 B : 그 책 제목이 뭐니?
④ A : 우리가 야생 동물의 평균 수명을 알지 못하는 이유는 무엇이니?
　 B : 그것들은 고령으로 죽지 않기 때문이야.
⑤ A : 진희야, 게임 하나 하자. 내가 생각하고 있는 것을 네가 추측할 수 있는지 맞추어 봐.
　 B : 좋아. 시작해.

⇒ 문제해결

② 밑줄 뒤에 recommend라는 타동사가 와서 목적어가 없기 때문에 목적격 관계대명사 which나 that이 와야 한다.

◎ 어휘

run into (사람을) 우연히 만나다
recommend 추천하다
life span 평균 수명
die of old age 고령으로[늙어서] 죽다
guess 추측하다

3 해석

A : 교통 체증이 내가 대도시에서 일하는 것이 싫은 이유들 중의 하나야.
B : 네가 무엇에 대해 얘기하는지 알겠어.

A : 끔찍해! 우리는 밤새도록 여기 있을지도 몰라. 기름이 바닥
나지 않아야 하는데.

B : 아니야, 기름은 충분한 것 같아.

A : 어쨌든, 화장실이 있는 주유소로 가자.

⇒ 문제해결

ⓐ 선행사가 reasons이고 뒷문장이 3형식의 완전한 문장이
므로 관계부사 why가 와야 한다.

ⓑ 뒤에 목적어가 없고, 앞에 선행사가 없으므로 what이 와야
한다.

ⓒ 선행사가 the gas station이고 뒷문장이 1형식의 완전
한 문장이므로 관계부사 where나 in which가 와야 한다.

◎ 어휘

traffic jam 교통 체증[혼잡]
run out of ～가 바닥나다

Chapter 11 영어의 감초 전치사, 접착제 접속사

A

> **Check-up**
>
> 1 **by**   2 **for**   3 **in**   4 **from**   5 **through**

⇒ 문제해결

1 '～의 단위로'를 표현할 때는 〈by the 단위〉를 사용한다.

2 교환으로 '～의 가격으로'의 의미일 경우는 for를 사용한다.

3 〈in+색깔〉은 '～색깔의 옷을 입고 있는'의 의미이다.

4 화학적 변화는 be made from을 사용한다.

5 '～을 통해'를 의미이므로 through를 사용한다.

◎ 어휘

princess 공주   **wheat** 밀

B

> **Check-up**
>
> 1 **on**   2 **of**   3 **by**   4 **in**   5 **into**

⇒ 문제해결

1 교통수단은 by를 사용하지만, '걸어서'의 경우는 전치사
on을 사용한다.

2 형태적 변화는 be made of를 사용한다.

3 교통수단은 by를 사용한다.

4 뒤에 '언어'가 올 때는 in을 사용한다.

5 원료가 앞에 있고 제품이 뒤에 있을 때는 into를 사용한다.

◎ 어휘

wood 나무

A

> **Check-up**
>
> 1 **me**   2 **at**
> 3 **it off**   4 **because of**
> 5 **for his glasses**

⇒ 문제해결

1 with가 전치사이므로 뒤에 목적격이 와야 한다.

2 〈감정 단어+at+원인〉 구문이다.

3 타동사구에서 목적어가 대명사일 경우 부사 앞에 온다.

4 뒤에 절이 아니라 구가 왔기 때문에 because of를 사용
한다.

5 look for는 〈자동사+전치사〉로 목적어는 반드시 뒤에 와
야 한다.

B

> **Check-up**
>
> 1 **of**   2 **with**   3 **As**   4 **like**

⇒ 문제해결

1 노령으로 죽는 것은 die of를 사용한다.

2 '추위, 두려움 등의 원인이 될 때에는 with를 사용한다.

3 '～로서'처럼 자격으로 사용할 경우는 as가 적절하다.

4 문맥상 like(～처럼)가 적절하다.

◎ 어휘

behave 행동하다   **adult** 성인, 어른
fear 두려움   **shiver** 떨다

> **개념확인문제**   p.142
>
> 1 ⑤   2 ④   3 ⓐ 동사 ⓑ 전치사
> 4 ①   5 ①   6 ⑤   7 ②   8 of / from
> 9 shampoo smells like lemons
> 10 brought everything out and set it up

1-2

해석

1 중국에서 연은 오래전에 실크와 대나무로 만들어졌다.

2 그녀가 이야기할 때 스튜디오에 있는 사람들이 자신의 헤드폰을 통해 그녀의 말을 듣는다.

⇒ 문제해결

1 형태상의 변화이기 때문에 be made of를 사용해야 한다.

2 '자신들의 헤드폰을 통해서'가 되므로 through가 적절하다.

◎ 어휘

kite 연   **bamboo** 대나무
a long time ago 오래전에

3 **해석**

한국에는 많은 작은 산들이 있지만, 사막처럼 완전히 황량한 지역이기 때문에 나는 이 지역을 좋아한다.

⇒ 문제해결

ⓐ 앞에 주어 I가 있으므로, like는 동사이다.

ⓑ '~처럼'으로 해석되므로 전치사이다.

◎ 어휘

area 지역   **completely** 완전히
desolate 황량한, 황폐한

4-6

해석

4 A : 나는 신문에서 그 뉴스를 보고 놀랐어.
   B : 그 뉴스가 뭔데?
   A : 대부분의 사람들이 죽었다고 말했어.

5 A : 흠, 나는 그녀가 나와 같은 누군가를 필요로 할지 궁금해.
   B : 내일 말해 줄게.

6 A : 지난 여름 휴가 때 동해안으로 간 여행은 어땠니?
   B : 교통을 제외하고는 좋았어.

⇒ 문제해결

4 〈감정 단어+at+원인〉 구문이다.

5 문맥상 like(~처럼)가 적절하다.

6 문맥상 except for가 적절하다.

◎ 어휘

coast 해안   **traffic** 교통

7 **해석**

① 극장에서는 휴대전화기를 꺼야만 한다.
② 영어로 된 재미있는 이야기를 읽어본 적이 있니?
③ 몇몇 건물의 지붕을 제외하고 모든 것이 묻혔다.
④ 우리는 쓰레기를 주워서 쓰레기봉투에 넣었다.
⑤ 민수의 친구들은 가까운 병원에 있는 응급실에 택시로 그를 데리고 갔다.

⇒ 문제해결

② 뒤에 언어가 올 때는 전치사 in을 사용한다.

◎ 어휘

bury ~을 묻다   **trash** 쓰레기

garbage 쓰레기   **emergency room** 응급실

8 **해석**

A : 그 이유가 무엇입니까?
B : 병원의 50퍼센트의 환자가 암으로 죽기 때문입니다.

⇒ 문제해결

병으로 죽는 경우는 전치사 of나 from을 사용한다.

◎ 어휘

reason 이유   **patient** 환자
cancer 암

9-10

해석

10 Nick과 Emily는 금요일에 이웃에 많은 안내판을 걸었다. 그런 다음 일요일 아침 일찍 그들은 모든 것을 가지고 나와서 그것을 설치했다.

⇒ 문제해결

9 '~와 같은'이란 뜻을 가진 전치사 like를 쓰면 된다.

10 bring out과 set up은 타동사구로 〈타동사+부사〉의 구조이다. 목적어가 명사일 경우는 부사 앞 혹은 뒤, 대명사일 경우는 부사 앞에 목적어를 둔다.

◎ 어휘

smell like ~와 같은 냄새가 난다
shampoo 샴푸   **sign** 표지판
set up 설치하다, 세우다

Unit 35   p.143

A
┌ **Check-up** ┐
1 after   2 is   3 As soon as
4 since   5 before

⇒ 문제해결

1 내용상 '설거지를 끝내고'가 되어야 하므로 after(~후에)가 적절하다.

2 시간 부사절에서 미래 시제는 현재 시제로 표현한다.

3 내용상 '도착하자마자 TV를 켠다'가 되어야 하므로 as soon as가 적절하다.

4 내용상 '기타를 배우기 시작한 이래 10년이 지났다'가 되어야 하므로 since를 고른다.

5 내용상 '파티에서 먼저 떠났기 때문에 그를 보지 못했다'가 되어야 하므로 before가 적절하다.

◎ 어휘
wash the dishes 설거지하다

B ⏸ Check-up ⏸
1 as soon as 2 since 3 while

⇒ 문제해결
1 '돌아오자마자'라고 해야 자연스러우므로 뜻의 as soon as가 적절하다.
2 앞에 현재완료가 있으므로 since가 적절하다.
3 'TV를 보는 동안'이라고 해야 자연스러우므로 뜻을 가진 while을 고른다.

◎ 어휘
meeting room 회의실

Unit 36 p.144

A ⏸ Check-up ⏸
1 Though 2 Once 3 If
4 Unless 5 go

⇒ 문제해결
1 '힘이 셀 지라도'의 뜻이므로 양보의 의미를 지닌 though가 적절하다.
2 '일단 ~하면[하자]'의 의미이므로 once가 적절하다.
3 '열심히 공부하면'의 뜻이므로 조건의 의미를 지닌 if가 적절하다.
4 '표가 없으면'의 의미가 되어야 하므로 if ~ not의 의미를 지닌 unless가 적절하다.
5 조건 부사절에서 미래는 현재로 표현한다.

◎ 어휘
palace 궁전 **museum** 박물관

B ⏸ Check-up ⏸

1 ⓔ 2 ⓐ 3 ⓒ 4 ⓓ 5 ⓑ

⇒ 문제해결
1 내용상 '만약 네가 그 남자를 만난다면 너는 그를 외국인으로 여길 것이다'라는 뜻이 되어야 한다. 따라서 ⓔ와 연결한다.

2 내용상 '그는 매우 키가 큰 반면에 그녀는 매우 키가 작다'라는 뜻이 되어야 한다. 따라서 ⓐ와 연결한다.
3 내용상 '네가 조용히 하는 한 여기에 머물러도 좋다'라는 뜻이 되어야 한다. 따라서 ⓒ와 연결한다.
4 내용상 '서두르지 않으면 버스를 놓칠 것이다'라는 뜻이 되어야 한다. 따라서 ⓓ와 연결한다.
5 내용상 '그녀가 비록 매우 아름다울지라도 그녀는 공부를 못한다'라는 뜻이 되어야 한다. 따라서 ⓑ와 연결한다.

◎ 어휘
be poor at ~을 못하다
think of A as B A를 B로 여기다
hurry 서두르다

Unit 37 p.145

A ⏸ Check-up ⏸
1 so 2 such 3 so 4 so
5 so that

⇒ 문제해결
1, 3 뒤에 형용사가 왔기 때문에 so를 고른다.
2 뒤에 〈형용사+명사〉가 왔기 때문에 such를 고른다.
4 문맥상 앞 뒤 내용이 〈원인+결과〉로 되어 있기 때문에 so를 고른다.
5 문맥상 '늦게까지 깨어 있기 위해서'라는 뜻이 되어야 하므로 so that을 고른다.

◎ 어휘
stay up late 밤늦도록 자지 않고 있다

B ⏸ Check-up ⏸
1 ⓐ so ⓑ he can't ⓒ so
2 ⓐ in order to / so as to ⓑ so that

⇒ 문제해결
1 '그 아이는 너무 어려서 학교에 갈 수 없다'는 뜻으로 내용상 결과를 나타내는 접속사를 넣어야 한다. 빈칸에 뒤에 형용사가 있으므로 so ~ that과 so를 차례로 쓴다.
2 '몸무게를 빼기 위해 매우 열심히 운동한다'라는 뜻이다. 목적을 나타내는 접속사를 쓰면 되는데 첫 번째 빈칸에는 뒤에 동사가 있기 때문에 in oder to 또는 so as to를, 두 번째 빈칸에는 뒤에 주어 동사가 왔기 때문에 so that을 쓴다.

◎ 어휘

exercise 운동하다　　**lose weight** 몸무게를 줄이다

🐝 **개념**확인문제　　　　　　　　　p.146

1 ④　　　2 ③　　　3 ②　　　　4 Because
5 so　　　6 ③　　　7 Although/Though
8 ②　　　9 ⑤　　　10 as soon as I saw her

1-3

해석

1 나중에 나는 사람들이 거실에 들어가기 전에 신발을 벗는 다는 것을 알았다.

2 그 젖은 석고가 마르면 깁스는 딱딱해질 것이다. 그것이 너의 부러진 발목을 보호해줄 것이다.

3 내가 큰 소리로 책을 읽어야만 할 때마다 나는 너무 긴장해서 숨을 잘 쉴 수가 없다.

⇒ **문제해결**

1 들어가기 전에 신발을 벗는 것이므로 before가 적절하다.

2 시간부사절에서는 미래 시제는 현재로 표현한다.

3 〈so ~ that 주어 cannot 동사원형〉 구문이다.

◎ 어휘

take off ～을 벗다　　**plaster** 회반죽, 석고
cast 깁스　　　　　　**ankle** 발목
whenever ～할 때마다　**nervous** 초조한, 긴장한

4

해석

그는 매우 열심히 공부해서 마침내 1988년에 변호사가 되었다.

⇒ **문제해결**

열심히 공부했기 때문에 변호사가 된 것이므로 because가 적절하다.

◎ 어휘

lawyer 변호사

5

해석

당신이 이것을 믿지 않을지라도 그는 학교에서 수학과 과학을 너무 못해서 바보라고 불렸었다.

⇒ **문제해결**

결과를 나타내는 〈so ~ that〉 구문이다.

◎ 어휘

dull 우둔한

6

해석

말하는 동안 나의 다리가 약간 떨리는 것을 느꼈다. 그것은 마치 내가 공중을 걸어가는 것처럼 느껴졌다.

⇒ **문제해결**

말을 하는 도중에 다리가 떨리는 것을 느끼는 것이므로 while이 적절하다.

◎ 어휘

shake 흔들다, 떨다

7

해석

내가 비록 너의 얼굴, 이름, 혹은 나이를 모를지라도, 나는 너를 사랑한다. 비록 네가 어디에 있는지 모를지라도 너를 만나고 싶다.

⇒ **문제해결**

앞의 내용과 뒤의 내용이 상반되기 때문에 양보의 접속사가 적절하다.

8

해석

예를 들면, 네가 TV를 보지 않는다면 TV를 켜놓지 마라. 네가 방을 나설 때 전등을 끄는 것을 확인하라.

⇒ **문제해결**

ⓐ 'TV를 보지 않는다면'의 의미가 되므로 if가 적절하다.
ⓑ '방에서 나설 때'의 의미가 되므로 when이 적절하다.

◎ 어휘

make sure 확인하다, 확실히 하다
turn off 끄다

9

해석

① 만일 제가 전화하지 않으면 전화해 주세요.
② 그 빵은 신선하지 않았다. 그래서 그는 그것을 던져버렸다.
③ 그녀는 늦었기 때문에 버스를 놓쳤다.
④ 겨울 방학 이후에 나는 계속 살이 찌고 있다.
⑤ 그녀는 좋은 직업을 가지고 있을지라도 많은 돈을 벌지는 못한다.

⇒ **문제해결**

⑤ 좋은 직업을 가지고 있지만 결과적으로 많은 돈을 못 벌기 때문에 양보의 although나 though가 적절하다.

◎ 어휘

bread 빵
make good money 많은 돈을 벌다

10

⇒ **문제해결**

'～하자마자'라는 뜻을 가진 접속사 as soon as를 쓴다.

Review Test
p.147

1 ②   2 ⑤   3 ②   4 ④   5 ⑤

6 ①   7 ②   **8 she picked it up**

9 Before   **10 of**   **11 by, on** 12 ①   13 ①

14 ④   15 ④   16 ③   17 ①   18 ①

19 (1) ⓓ 비록 세일이 끝났을지라도, 그 가게는 붐볐다.

    (2) ⓒ 나는 늦잠을 잤기 때문에 중요한 수업을 듣지 못했다.

    (3) ⓑ 만일 당신이 택시를 탄다면 시간을 절약할 것이다.

    (4) ⓐ 마구간이 타는 동안 야생마들이 도망쳤다.

20 (1) from   (2) at   (3) in   (4) like

1
해석

A : 어떤 사람들은 애완동물로서 돼지를 키워.

B : 돼지? 믿을 수가 없어!

A : 하지만 사실이야.

① 나는 그를 진정한 선생님으로서 존경했다.

② 너는 너의 부모님이 얘기하는 대로 해야 한다.

③ 그녀는 우리 사회에서 엄청난 소비자로 알려져 있다.

④ 아이들은 사람들을 속이기 위해 괴물 옷을 입었다.

⑤ 지난여름 나는 그의 식당에서 종업원으로서 일했다.

문제해결

②는 접속사 as로서 '~ 처럼, 대로'의 의미로 쓰였으며, 나머지는 전치사로 '~로서'의 의미로 쓰였다.

어휘

respect ~를 존경하다   **spender** 낭비가, 방랑가
society 사회   **monster** 괴물
deceive 속이다

2
해석

그는 노래는 잘하지 못하지만 춤은 잘 춘다.

문제해결

노래는 잘하지 못하지만 춤은 잘 춘다고 했으므로 양보의 접속사 Though가 적절하다.

3
해석

우리는 인터넷을 통해 편지를 보내거나, 정보를 찾거나, 물건을 살 수 있다.

문제해결

② 문맥상 '~을 통해'의 뜻을 가진 도구 · 수단의 전치사 through 를 고른다.

어휘

information 정보

4
해석

많은 10대들은 유명한 패션모델처럼 보이고 싶어 하지만 너는

그들처럼 보일 필요가 없다.

문제해결

'~처럼'의 의미가 되어야 하므로 like가 적절하다.

어휘

fashion model 패션모델

5
해석

나는 나의 부모님의 방으로 들어가서 어떤 낡은 서류들을 발견했다. 나는 그것들을 집어 들고서 살펴보았다. 그것들은 부모님의 연애편지들이었다.

문제해결

ⓐ take out은 〈타동사+부사〉 구문이기 때문에 목적어가 대명사일 경우는 반드시 out 앞에 와야 한다.
ⓑ look at은 〈자동사+전치사〉 구문이기 때문에 목적어는 무조건 at 다음에 와야 한다.

어휘

love letter 연애편지

6
해석

내가 산에 올랐기 때문에 다른 장애인들도 역시 그렇게 할 수 있다고 믿는다.

문제해결

원인과 결과의 개념이므로 so가 적절하다.

어휘

handicapped 장애가 있는

7
해석

우리가 외국에서 온 사람들을 만날 때 그들과 영어로 말해야만 한다.

문제해결

ⓐ에 시간 접속사를 쓰고, ⓑ 언어 앞에는 전치사 in을 쓴다.

어휘

abroad 해외(에)

8
문제해결

〈타동사+부사〉 구문에서 목적어가 대명사일 경우 부사 앞에 와야 한다.

9
해석

먼저 그녀는 저녁을 먹었다. 그런 다음 숙제를 했다.

문제해결

숙제 하기 전에 저녁을 먹은 것이므로 before가 적절하다.

10 **해석**
- 나의 집에 있는 모든 가구는 나무로 만들어졌다.
- 아프리카의 많은 아이들은 배고픔으로 죽어가고 있다.

⇒ **문제해결**
형태적인 변화만 일어났을 경우는 be made of를 사용한다. 병, 굶주림, 노령 등의 원인을 나타낼 때에는 전치사 of를 쓴다.

◎ **어휘**
furniture 가구　　　　　**hunger** 굶주림

11 **해석**
- 나는 일본에 여러 번 다녀왔다. 지난번에는 배를 타고 거기에 갔었다.
- 나는 보통 학교에 걸어서 가지만, 오늘 아침에는 택시를 탔다.

⇒ **문제해결**
교통수단에는 전치사 by를 쓰지만, '걸어서 갔다'는 표현으로는 on foot을 사용한다.

◎ **어휘**
ship 배

12 **해석**
A : 너는 어른이 되었을 때 무엇이 되기를 원하니?
B : 나는 과학자가 되기를 원해.

⇒ **문제해결**
미래의 내용이지만 when이 시간 부사절로 사용되기 때문에 미래를 현재로 표현해야 한다.

◎ **어휘**
scientist 과학자

13 **해석**
① 꿀은 무게 단위로 판매된다.
② 그는 많은 이유로 저축을 해왔다.
③ 모래로 유리를 만든다는 게 사실인가요?
④ Sarah는 멋진 시계를 5달러에 샀다고 기뻐했다.
⑤ 나를 제외하고 그 방에 있는 사람들은 모두 행복해 보였다.

⇒ **문제해결**
단위를 나타낼 때 사용되는 전치사는 at이 아니라 by이다.

◎ **어휘**
honey 꿀　　　　　**sand** 모래

14 **해석**
① 양치질하거나 세수하는 동안 물을 잠가라.
② 사진에서 파란색 옷을 입고 있는 사람이 보이니?
③ 만일 내가 파리에 간다면 에펠 탑을 방문할 것이다.
④ 만일 내일 비가 오지 않는다면 나는 외출할 것이다.

⑤ 그 집은 한 달 전에 지어졌다. 그래서 매우 현대적이다.

⇒ **문제해결**
④ 조건 접속사 unless(= if ~ not)가 있는 부사절에서 현재 시제로 미래를 표현한다.

15 **해석**
① 그는 자기 형과 전혀 닮지 않았다.
② 그 식당은 붐볐어도 우리는 빨리 앉았다.
③ 영화가 시작되기 전에 팝콘을 사자.
④ 고객들은 차에서 음식을 주문할 수 있고 창문에서 그것을 받을 수 있다.
⑤ 그는 현금이 없었다. 그래서 그는 신용카드를 사용했다.

⇒ **문제해결**
④ pick up은 〈타동사+부사〉의 구조로 목적어가 대명사일 경우는 반드시 부사 앞에 대명사가 와야 한다. (→ pick it up)

◎ **어휘**
seat ~을 앉히다　　　　**customer** 고객
cash 현금　　　　　　　**credit card** 신용카드

16-17

해석
16 너는 어떤 것을 버리기 전에 그것이 어떤 종류의 쓰레기인지를 생각하라. 그것은 버리지 마라. 그것은 재활용될 수도 있기 때문이다.
17 대기 오염이 점점 더 악화되고 있다. 그래서 우리는 외출할 때 산소 탱크를 가지고 다녀야만 할 것이다.

⇒ **문제해결**
16 ⓐ 버리기 전에 생각해야 한다.
　　ⓑ throw away는 〈타동사+부사〉 구문이기 때문에 목적어가 대명사일 경우 목적어가 부사 앞에 와야 한다.
17 ⓐ 원인과 결과를 나타내므로 so가 적절하다.
　　ⓑ 문맥상 '외출할 때'가 적절하기 때문에 when이 와야 한다.

◎ **어휘**
garbage 쓰레기　　　　**recycle** ~을 재활용하다
pollution 오염　　　　　**air tank** 산소 탱크

18 **해석**
A : 힘내! 네가 그것을 꿈꾸지 않는다면 희망은 없어.
B : 네가 옳다고 생각해. 다음에는 모든 것이 잘 되길 바라.

⇒ **문제해결**
'네가 그것을 꿈꾸지 않는다면 희망은 없다'이므로 unless가 적절하다.

19 ⇒ **문제해결**
(1) although라는 양보의 접속사가 있기 때문에 앞 문장과

반대 의미인 것을 고른다.

(2) because라는 이유의 접속사가 있기 때문에 결과의 의미를 가진 것을 고른다.

(3) if라는 조건의 접속사가 있기 때문에 조건의 결과에 해당하는 것을 고른다.

(4) 시간의 접속사 while이 있기 때문에 동시상황을 나타내는 것을 고른다.

◎ 어휘

flee 도망치다 (fled-fled)　　**oversleep** 늦잠 자다
barn 마구간, 헛간　　**crowd** 붐비다

20 해석

(1) 계속해서 하루에 15시간을 일하다간, 과로로 죽을지도 몰라.
(2) 우리는 그의 사고 소식에 매우 놀랐다.
(3) 빨간 옷을 입은 여인이 내 동료 Elizabeth야.
(4) Linda는 물고기처럼 수영을 정말 잘해.

⇒ 문제해결

(1) '피로, 과로와 같은 원인으로 죽다'라고 할 때는 전치사 from을 쓴다.
(2) 감정을 나타내는 단어와 같이 쓰여 원인을 나타내는 전치사는 at이다.
(3) in은 색깔과 함께 쓰여 '～색의 옷을 입고 있는'의 뜻으로 쓰인다.
(4) 내용상 '～처럼'과 같은 뜻을 가진 전치사 like가 필요하다.

◎ 어휘

continue ～를 계속하다　　**accident** 사고

Reading
p.150

1 ③　　2 ⓐ since　ⓑ through　ⓒ such
3 ⓐ when　ⓑ because　ⓒ turn them off

1 해석

아침을 먹은 후 우리는 산으로 하이킹을 갔다. 우리는 산 정상에 올랐다. 산 정상의 공기는 시원하고 신선했다. 내려오기 전에 우리는 휴식을 취했다.

⇒ 문제해결

문장의 내용상 시간의 전후 관계를 따져 ⓐ에는 '아침을 먹은 후 산으로 갔다'라는 의미가 되어야 하므로 after나 as soon as가 적절하다. ⓑ에는 '내려오기 전에 휴식을 취했다'는 의미가 되어야 하므로 before를 고른다.

◎ 어휘

practice ～을 연습하다

2 해석

나의 남자친구와 나는 춤을 추는 것을 좋아한다. 그래서 우리가 처음 데이트를 시작한 이후로 많은 종류의 춤을 배우고 있다. 이번에 우리는 삼바를 배우기로 했다. 처음에 우리는 책이나 비디오를 통해 배우려고 노력을 했지만 삼바는 매우 어려운 춤이어서 쉽게 배울 수가 없다. 그래서 우리는 브라질로 여행을 가기로 했다. 매일 아침 삼바 수업이 있고 밤에는 나이트클럽에 가는 시간도 있어서 우리는 연습을 할 수 있다. 이 여행은 한 달 일정이다. 어서 가고 싶다!

⇒ 문제해결

ⓐ '처음 데이트를 시작한 이래'라는 뜻이 되어야 하므로 since를 고른다.
ⓑ '책과 비디오를 통해서'라는 의미가 되어야 하므로 through를 고른다.
ⓒ 뒤에 〈a+형용사+명사〉가 왔기 때문에 such를 고른다.

3 해석

내가 버스나 기차에 앉아서 내 옆의 사람이 휴대 전화로 전화할 때를 좋아하지 않는다. 나는 책을 읽거나 다른 일을 생각하는 것을 좋아하기 때문에 그것은 나를 짜증나게 한다. 왜 사람들은 공공장소에 있을 때 휴대 전화를 끄거나 문자 메시지를 사용하지 않을까?

⇒ 문제해결

ⓐ '～할 때'를 나타내는 when이 적절하다.
ⓑ 이유를 나타내는 because가 적절하다.
ⓒ 〈타동사+부사〉 구문에서는 목적어가 대명사일 경우 부사 앞에 와야 한다.

◎ 어휘

text message 문자 메시지

Grammar in Conversation
p.151

1 ⑤　　2 ⑤　　3 ③

1 해석

A : 너는 이 씨를 어떻게 생각하니?
B : 그는 매우 좋은 것 같아.
A : 왜 그렇게 생각하니?
B : 그는 늘 무엇인가 배우려고 노력하기 때문이야.

⇒ 문제해결

⑤ Why ～?로 물으면 Because로 대답한다.

2 해석

A : 그녀는 어떠니? 그녀의 사고 소식에 충격을 받았어.
B : 훨씬 좋아졌어. 처음에 그녀는 가족을 제외하고 어떤 방문

객도 만날 수가 없었어. 하지만 고통을 줄이기 위해서 진
통제를 맞고 있어.

A : 그녀는 침대에서 나와서 걸어다닐 수 있니?

B : 아니. 아직은 너무 일러. 하지만 그녀는 곧 목발을 짚고 걸
어다닐 수 있을 거야.

⇒ 문제해결

ⓐ '그 소식으로 충격을 받았다'는 의미로 감정의 원인을 나
타내는 전치사 at을 고른다.

ⓑ 문맥상 '가족을 제외하고'가 되어야 하므로 except가 적절
하다.

ⓒ '목발을 가지고'라는 의미가 되어야 하므로 도구를 나타내
는 전치사 with를 고른다 .

◎ 어휘

visitor 방문객　　　　　**painkiller** 진통제
ease (괴로움, 고통을) 완화하다
crutch 목발

3 **해석**

A : 거기는 멋진 곳이라고 들었어. 거기 가면 나를 위해 사진
을 좀 찍어 줄 수 있니?

B : 노력할게. 하지만 내가 정말로 큰 물고기를 잡지 않으면
사진을 찍을 수 없을 거야.

A : 왜 낚시는 어때?

B : 엄청 좋아. 너도 가고 싶어?

A : 물론이지, 나는 늘 한가해서 너와 같이 갈 수 있어.

B : 그럼, 서두르자. 왜냐하면 지금 고기가 많이 나올 때거든.

⇒ 문제해결

③ 조건의 부사절에서는 현재 시제가 미래 시제를 대신한다.

◎ 어휘

take a picture 사진 찍다

실전모의고사 **1회**　　　　　　　p.152

| 1 ① | 2 ③ | 3 ④ | 4 ⑤ | 5 ② |
| 6 ② | 7 ① | 8 ③ | 9 ③ | |

10 repairing → repaired　　11 be felt
12 ⑤　　13 ②　　14 ①, ④　15 ①, ④　16 if (If)
17 called, knocking / knock　18 (1) I saw a
movie that/which was about John F. Kennedy
(2) He bought a used bike whose/of which handle
was broken　19 was told by　20 lying / lie
21 Kevin's mother asked where John was
22 Living in Korea for a few months after my
marriage　23 for　　24 ②　　25 ④

1-3

해석

1 가발은 태양으로부터의 보호책으로서 고대 이집트에서 처
음으로 사용되었다.

2 그는 자신의 형이 이상한 사람에 의해 살해되는 것을 보았다.

3 박물관은 흥미롭고 가치 있는 많은 물건들이 보관되고 대
중에게 전시되는 건물이다.

⇒ 문제해결

1 내용상 '~로서'의 뜻을 가진 전치사 as가 적절하다.

2 ③ 지각동사(see)가 있고 5형식의 목적격보어 자리에는
원형부사, 현재분사, 과거분사가 올 수 있는데, '형이
살해당했다'는 수동의 의미이므로 과거분사가 적절하다.

3 ④ 뒤의 문장이 완전한 문장이고 선행사가 장소이므로 관
계부사 where가 적절하다.

◎ 어휘

wig 가발　　　　　　**ancient** 고대의
protection 보호　　　**murder** 살해하다
valuable 가치 있는　　**object** 물건
display ~을 전시하다　**the public** 대중

4 **해석**

① 나는 그녀가 그 집을 떠나는 것을 보았다.

② 내가 직접 그 도둑을 경찰에 신고했다.

③ 나는 전에 그런 느낌을 경험한 적이 없다.

④ 그 여자가 방에 들어올 때 그는 일어섰다.

⑤ 만일 내가 돈이 있었더라면 휴가를 갔을 텐데.

⇒ 문제해결

⑤ 주절이 가정법 과거완료〈would have p.p.〉 구문이므
로 조건절도 가정법 과거완료 형태가 되어야 한다. (→ had
had)

◎ 어휘

report 신고하다   **vacation** 휴가

5

해석

① 그는 이름이 Jane인 소녀를 만났다.

② 그가 하고 있었던 것은 그 차를 청소하는 것이었다.

③ 그가 해고될 것이라는 소문은 사실일 수도 있다.

④ 학생들은 자신의 마음속으로 그 문제들을 보려고 노력한다.

⑤ 어제 내가 결코 잊을 수 없는 일이 일어났다.

⇒ 문제해결

② 문두에 오는 that은 접속사이고, 접속사 다음에는 완전한 형식의 문장이 와야 하는데 이 경우는 목적어가 없으므로, 선행사를 포함하는 관계대명사 what으로 고쳐야 한다.

◎ 어휘

rumor 소문   **fire** ~을 해고시키다

6

해석

• 네가 해야만 했던 것은 너무 복잡하지 않았다.

• 그가 말하는 것은 믿을 수가 없다.

⇒ 문제해결

문맥상 선행사를 포함하는 관계대명사 what이 들어가야 한다.

◎ 어휘

complicated 복잡한   **unbelievable** 믿을 수 없는

7

해석

① 그들은 내가 그것을 하도록 했기 때문에 나만이 그것을 했다.

② 그의 성공은 내가 똑같은 일을 시도해 보도록 격려했다.

③ 그녀는 시험에 통과하기 위해 정말 열심히 공부했다.

④ 내가 춤을 추자는 요청을 받았을 때 정중히 거절했다.

⑤ 이 청바지는 너무 비싸기 때문에 구입할 수가 없다.

⇒ 문제해결

① 〈사역동사+목적어+원형부정사〉 구문이 수동태가 될 때는 〈원형부정사+to부정사〉 형태가 된다. (→ to do)

◎ 어휘

encourage 격려하다   **decline** 거절하다

politely 정중히   **expensive** 비싼

8

해석

① 그 불이 꺼지지 않도록 해라.

② 너는 서두르지 않는 게 좋겠다.

③ 너는 점심에 무엇을 먹고 싶니?

④ 나의 옷은 죽은 동물 가죽으로 만들어졌다.

⑤ 내가 나무 조각을 원했을 때 나무를 잘라야만 했다.

⇒ 문제해결

③ 〈would like to부정사〉는 '~하고 싶다'는 의미이다.

◎ 어휘

go out (불 따위가) 꺼지다

be in a hurry 서두르다

9

해석

① Sue는 보이는 것 만큼 늙지 않았다.

② 그녀는 가슴이 더 빨리 뛰는 것을 느꼈다.

③ 이제 논쟁하는 것을 그만 두고 잠이나 자거라!

④ 그는 첫 기차를 타기 위해 일찍 일어났다.

⑤ 정원은 높은 벽으로 완전히 둘러싸여 있다.

⇒ 문제해결

③ 문맥상 '논쟁하는 것을 그만 두다'가 되어야 하므로 동명사가 와야 한다. (→ arguing)

◎ 어휘

argue 논쟁하다   **surround** ~을 둘러싸다

10

해석

존슨 가족에 의해 수리된 그 집은 매우 특이하다.

⇒ 문제해결

집은 수리되는 것이므로 과거분사가 되어야 한다.

◎ 어휘

the Johnsons 존슨 가족   **unusual** 특이한, 이상한

11

해석

스트레스는 어떤 사람이 생활 방식에 있어서 변화를 경험할 때 느껴질 수 있다.

⇒ 문제해결

스트레스는 사람에 의해 느껴지는 것이므로 수동태가 되어야 한다.

◎ 어휘

experience ~을 경험하다   **lifestyle** 생활 방식

12

해석

네가 알아야만 하는 것이 있어.

① 저 소녀의 이름을 아니?

② 그녀는 그가 그녀의 자동차를 훔쳤다고 생각한다.

③ 나는 저런 종류의 책을 좋아하지 않는다.

④ 그는 너무 잘생겨서 모든 소녀들이 그를 좋아한다.

⑤ 그녀는 내가 유일하게 믿는 사람이다.

⇒ 문제해결

주어진 문장의 that은 관계대명사로, 목적격 관계대명사로 쓰인 ⑤를 답으로 고른다.

◎ 어휘

handsome 잘생긴

13 **해석**
Frank는 유럽으로 여행가는 것을 _____.

⇒ **문제해결**
② 빈칸에는 동명사를 목적어로 취하는 타동사가 와야 하는데
plan은 to부정사를 목적어로 취하는 동사이다.

14-15
해석
14 정원에 있는 식물에 물을 줄 필요가 있다.
15 세 남자는 Nick이 트럭 밖으로 상자들을 옮기는 것을 도
와주었다.

⇒ **문제해결**
14 동사 need는 주어가 사람일 경우에 목적어로 to부정사가,
주어가 사물일 경우에는 목적어로 동명사나 〈to be p.p.〉
가 온다.
15 help는 목적격보어로 to부정사나 원형부정사를 취한다.

◎ **어휘**
plant 식물   **water** ～에 물을 주다
truck 트럭

16 **해석**
• 나는 Angela가 그 일자리에 지원했는지 궁금하다.
• 내가 그녀의 전화번호를 알면 그녀에게 전화를 할 텐데.

⇒ **문제해결**
• 간접의문문을 만들 때 의문사를 포함하지 않은 의문문은 if
나 whether를 쓴다.
• 가정법 과거문장이다.

◎ **어휘**
apply ～에 지원하다

17 **해석**
• 나는 내 뒤에서 내 이름이 불리는 것을 들었다.
• 나는 누군가가 노크를 하는 소리를 들을 수 있다.

⇒ **문제해결**
• 목적어와 목적격보어의 관계가 수동이기 때문에 과거분사를
쓴다.
• '누군가가 노크를 하는 소리를 들을 수 있다'는 의미로, 목적
어와 목적격보어의 관계가 능동이기 때문에 동사원형이나
현재분사를 쓴다.

◎ **어휘**
knock 노크하다

18 **해석**
(1) 나는 영화를 보았다. 그 영화는 John F. Kennedy에 관

한 것이었다.
(2) 그는 중고 자전거를 샀다. 그 자전거의 손잡이는 부러져 있
었다.

⇒ **문제해결**
(1) 선행사가 a movie(사물)이므로 that 또는 which를 쓴
다.
(2) 선행사가 사물이고 뒤에 완전한 문장이 오므로 소유격 관
계대명사 whose나 of which를 쓴다.

◎ **어휘**
used 중고의   **handle** 손잡이

19 ⇒ **문제해결**
주어가 말을 한 주체가 아니라 말을 듣는 입장이기 때문에 수
동태가 되어야 한다.

20-21
해석
Kevin은 아버지가 소파에 누워 있는 것을 보았다. 아버지
는 눈을 감았고 그는 평온해 보였다. Kevin은 롤러블레이드
를 꺼내서 조용히 방을 나갔다. 몇 분 후에 Kevin의 어머니는
"Kevin은 어딨어?"라고 물었다.

⇒ **문제해결**
20 그의 아버지가 누워있는 것이기 때문에 현재분사 lying이
나 동사원형 lie로 바꿔야 한다.
21 간접의문문이므로 〈의문사+주어+동사〉 어순이 되어야 하
고 주절의 시제에 맞춰 과거로 바꾼다.

◎ **어휘**
roller blade 롤러블레이드 (타다)

22 **해석**
결혼식 후 한국에서 몇 달 지내는 동안에 나는 한국어를 배우
려고 노력했고, 나의 한국어 실력은 남편과, 그의 가족, 친구들
과 간단한 대화를 할 수 있을 정도까지 점차 향상되었다.

⇒ **문제해결**
주절의 주어와 부사절의 주어가 같기 때문에 접속사와 주어를
생략하고 〈동사원형+ing〉 형태로 만든다.

◎ **어휘**
gradually 서서히   **improve** 발전하다, 호전되다

23 **해석**
• 그는 그의 중고차를 1000달러에 구입했다.
• New York은 여러가지 이유로 매우 유명하다.

⇒ **문제해결**
'～의 가격으로'라는 의미와 '～ 때문에'라는 의미의 전치사 for
를 고른다.

24-25

해석

어떤 사람이 매년 실시하는 정기 검진을 받으러 의사에게 갔다. 의사는 X선과 심전도, 그리고 병력 카드를 살펴본 후에 환자에게 "좋은 소식과 나쁜 소식이 있는데, 어느 것을 먼저 들으시겠어요?"라고 말했다. "좋은 소식요," 환자는 대답했다. "좋습니다. 제 아들이 예일대 의학과에 입학을 허가 받았습니다."라고 의사가 말했다. "그리고 나쁜 소식은요?"라고 환자가 물었다. "당신이 그 비용을 지불하게 될 것입니다."라고 의사는 대답했다.

⇨ 문제해결

24 환자의 건강 상태가 좋지 않아 치료비가 많이 들기 때문에 의사 아들의 학비를 충당할 정도라는 의미이다.

25 ④ 2개 중에서 선택하는 것이므로 which가 되어야 한다.

◎ 어휘

yearly 매년의　　　　**consult** 참고하다, 조사하다
chart 병력 카드　　　　**physician** 내과의사
accept 입학을 허가하다

실전모의고사 2회 　　　　p.156

1 ①	2 ③	3 ①	4 ③	5 ⑤
6 ④	7 ③	8 ③	9 ②	10 ①, ②
11 ②	12 ③	13 ⑤	14 ⑤	15 ④
16 ④	17 ①	18 ①	19 ①	20 stolen

21 (1) so, cannot　(2) big, can　　　　22 ⑤

23 ②　　　24 more than just time with nothing to do

25 ⑤ to spend

1-3

해석

1 그는 우리가 얘기하는 것에 관심이 없다.

2 나는 누군가가 나를 위해 이 상자를 들게 해야 한다.

3 오늘 밤에 밖에 나갈 기분이 아니다.

⇨ 문제해결

1 그가 감정을 유발하는 것이 아니라 느끼는 것이기 때문에 과거분사를 고른다.

2 have가 5형식에서 쓰일 때는 목적격과 목적격보어의 관계에 따라 수동이면 과거분사를 능동이면 원형부정사를 쓰는데, 능동의 관계에 있기 때문에 원형부정사를 쓴다.

3 feel like는 동명사를 목적어로 취한다.

4

해석

① 그 소년은 지금 막 창문을 깨뜨렸다.

② 보고서 쓰는 거 끝냈니?

③ 내 사촌은 지난 크리스마스 이후로 우리들과 함께 지내고 있다.

④ Mandy는 아직 점심을 먹지 않았다.

⑤ 그는 이미 그의 숙제를 했다.

⇨ 문제해결

①, ②, ④, ⑤는 현재완료의 완료, ③은 과거의 상황이 현재까지 이어지는 현재완료의 계속이다.

5-7

해석

5 ① 나는 그가 돕도록 할 수 있다.

② 그들은 그가 그 제안을 받아들이게 만들었다.

③ 나의 아버지는 내가 외출하는 것을 금지시켰다.

④ 내가 집까지 너를 따라가게 허락하는 게 어때?

⑤ 그는 물 속을 내려다보지 않도록 스스로를 통제했다.

6 ① 그는 오늘 평소보다 더 수줍음을 탄다.

② 그는 내가 이제까지 본 것 중 가장 작은 카메라를 가지고 있다.

③ 베니스는 세계에서 가장 아름다운 도시 중 하나이다.

④ Tom은 James보다 건강하다.

⑤ 그녀는 우리 반 학생 어느 누구보다 더 똑똑하다.

7 ① 나는 그 소설에 감동 받았다.

② 그 깨진 유리를 밟지 말아라.

③ 이집트에서 사용되는 언어는 무엇입니까?

④ 나무에 오르는 소년이 내 남동생이다.

⑤ 참전하는 것을 반대하는 많은 사람들이 있었다.

⇨ 문제해결

5 ⑤ force는 목적격보어로 to부정사를 취하는 동사이다.

6 ④ 비교급을 강조할 때는 비교급 앞에 many가 아니라 much, even, still, far 등을 놓는다.

7 ③ 말하는 언어가 아니라 말해지는 즉, 사용되는 언어라는 뜻이 되어야 하므로 수동의 의미인 과거분사를 사용한다.

◎ 어휘

forbid ~를 금지시키다　　**force** ~를 강요하다
protest ~에 항의하다

8

해석

어두워졌기 때문에 우리는 거기서 야영을 했다.

⇨ 문제해결

분사구문을 만드는 문제로, 접속사를 생략하고 주절의 주어와 종속절의 주어가 다르기 때문에 종속절의 주어 it은 그대로 둔다. 그 다음에 주절의 동사와 종속절의 동사의 시제가 같으므로 동사원형에 -ing를 붙인다.

◎ 어휘

camp 야영하다

9 **문제해결**

문의 입장에서는 잠기는 것이므로 목적격보어 자리에는 수동의 의미를 갖는 과거분사가 와야 한다.

◎ 어휘

leave 남겨두다 　　　　**unlock** 열다

10 **해석**

어떤 프로그램들은 우리가 사는 세상에 관해서 더 많이 알도록 도움을 준다.

➡ 문제해결

빈칸 다음이 완전한 문장이고 선행사가 장소이므로 관계부사 where가 와야 하고, 제한적 용법의 관계부사는 〈전치사+관계대명사〉로 바꿀 수 있다.

11 **해석**

그 점원은 손님들이 어떤 방을 이용할 수 있는지 말해주는 컴퓨터의 도움으로 방의 상태에 대한 즉각적인 업데이트 자료를 얻을 수 있다.

➡ 문제해결

ⓐ 뒤에 동사가 바로 오고 선행사가 computer이므로 주격 관계대명사 which 또는 that이 와야 한다.

ⓑ 내용상 '어떤 방'이라는 개념이 되어야 하므로 which가 되어야 한다.

◎ 어휘

clerk 점원 　　　　　　**instant** 즉각적인
situation 상황 　　　　**available** 이용할 수 있는
guest 손님

12 **해석**

① 우리가 그녀의 집을 찾는 것은 쉬웠다.
② 나는 당신이 방금 말한 것을 믿지 않는다.
③ 너는 네가 왜 웃고 있는지를 말해줄 수 있니?
④ 너는 혼자 힘으로 너의 집을 지을 수 없다.
⑤ 우리는 그 정원 식당에서 식사를 많이 했다.

➡ 문제해결

③ 간접의문문의 어순은 〈의문사+주어+동사〉가 되어야 한다.
　(→ why you are)

◎ 어휘

by oneself 혼자서 　　　　**restaurant** 식당

13 **해석**

① 우리는 아이들에게 진실을 말하도록 가르쳐야 한다.

② 나는 빠른 발걸음 소리가 나의 사무실로 다가오는 것을 들었다.
③ Mary가 6살이었을 때, 학교에 다니기 시작했다.
④ 그녀는 내일 시험이 있기 때문에 공부하고 있는 중이다.
⑤ 그는 너무 가난해서 대학에 갈 수 없었다.

➡ 문제해결

⑤ 내용상 '너무 ~해서 …할 수 없다'는 의미의 〈so ~ that 주어 can't〉 구문이 되어야 한다.

◎ 어휘

rapid 빠른 　　　　　　**approach** 다가오다

14 **해석**

훌륭한 선생님은 학생들로 하여금 그들 개인 의견을 발전시키고 새로운 방식으로 생각하도록 독려하는 법을 알아야만 한다.

➡ 문제해결

know라는 타동사가 부정사를 목적어로 가질 경우는 반드시 〈의문사+to부정사〉의 형태로 목적어를 취한다.

◎ 어휘

personal 개인적인 　　　　**opinion** 의견

15 **해석**

만일 그녀가 나를 공격하지 않았더라면 나는 그녀와 친구가 되었을 텐데.

➡ 문제해결

가정법 과거완료 구문이고, 내용상 긍정이 되어야 한다.

◎ 어휘

attack ~을 공격하다
make a friend 친구가 되다

16 **해석**

• 집을 청소하느니 오히려 공부를 하겠다.
• 그는 어렸을 때 일요일마다 낚시를 하러 가곤 했었다.

➡ 문제해결

• 〈would rather A than B〉는 'B보다 오히려 A하고 싶다'는 뜻으로 A와 B에는 동사원형이 온다.
• 〈used to+동사원형〉은 '~하곤 했었다'는 뜻이다.

17 **해석**

① 그 영화가 언제 시작하는지 아니?
② 어떤 사람들은 봄을 좋아하고, 다른 사람들은 가을을 좋아한다.
③ 요점은 그가 우리 계획에 동의할 것인지 아닌지이다.
④ 총리는 그 위기에 대해서 논평을 하도록 요청받았다.
⑤ 만약 우리가 차로 갔더라면 제시간에 거기 도착했을 텐데.

➡ 문제해결

① know는 Yes/No 대답을 요구하는 타동사이므로 의문사

가 앞으로 이동하면 안된다. (→ Do you know when ~?)

◎ 어휘

point 요점　　　　**assent** ～에 동의하다
prime minster 총리　　**comment** 논평하다
crisis 위기

18 **해석**

① 당신은 그들이 필요한 것을 주어야만 한다.
② 여기에서 볼 수 있는 많은 경치들이 있다.
③ 내가 이해할 수 없는 것은 그가 나의 제안을 거절했다는 것이다.
④ John 왕은 자신의 이름을 영국에 있는 모든 사람들이 두려워하도록 만들었다.
⑤ 어머니는 내가 곧 건강해지기 위해서 그 약을 정기적으로 먹어야만 한다고 말했다.

⇨ **문제해결**

① 조동사 다음에는 동사원형이 온다.

◎ 어휘

sight 경치　　　　**refuse** ～을 거절하다
offer 제안　　　　**fear** ～을 두려워하다
medicine 약　　　　**regularly** 규칙적으로

19 **해석**

① 저를 도와주시다니 당신은 정말 친절하시군요!
② 그의 질문은 내가 대답하기에 너무 어렵다.
③ 이 셔츠는 내가 입기에는 너무 크다.
④ 우리가 첫차를 타는 것은 불가능하다.
⑤ 나는 거기에 제때 갈 필요가 있다.

⇨ **문제해결**

① 사람의 성격을 나타내는 형용사 뒤에서는 의미상의 주어를 〈of+목적격〉으로 나타낸다.

20 **해석**

그녀는 어제 자신의 지갑을 도난당했다.

⇨ **문제해결**

사역동사 have는 목적격보어 자리에 원형부정사 혹은 과거분사를 가지는데 목적어와 목적격보어의 관계가 수동일 경우 과거분사를 사용한다.

◎ 어휘

purse 지갑

21 **해석**

(1) 그 소년은 너무 키가 작아서 문 손잡이에 손이 닿지 않는다.
(2) 그 방은 20명을 수용할 수 있을 만큼 충분히 크다.

⇨ **문제해결**

(1) 〈too 형용사/부사 to부정사〉는 〈so 형용사/부사 that 주

어 can't 동사원형〉으로 바꿀 수 있다.
(2) 〈형용사/부사 enough to부정사〉는 〈so 형용사/부사 that 주어 can 동사원형〉으로 바꿀 수 있다.

◎ 어휘

accommodate 수용하다

22-23 **해석**

나의 어린 딸이 내 무릎 위에 앉아서 거울을 보고 있었다. 몇 분 동안 거울에 비친 자신의 얼굴을 쳐다 본 후에 그 아이는 "아빠, 하느님이 아빠를 만들었나요?"라고 말했다. 나는 "물론이지, 아가야."라고 말했다. 아이는 다시 거울을 보면서, "하느님이 저도 만들었나요?"라고 말했다. "물론이지. 왜 묻는 거니?" 나는 물었다. 아이는 "제 생각에는 최근에 하느님이 일을 더 잘 하시는 것 같아요."라고 대답했다.

⇨ **문제해결**

22 ⑤ 문맥상 자신의 얼굴이 아빠보다 더 낫다는 의미이다.
23 ② 그녀가 직접 쳐다보는 것이므로 분사구문 looking이 되어야 한다.

◎ 어휘

lap 무릎　　　　　　**reflection** 영상
lately 최근에

24-25 **해석**

여가 시간은 아무 것도 하지 않는 시간 이상이다. 사실, 이러한 자유 시간 동안 할 수 있는 것이 많다. 물론 무엇이 여가인지에 대한 정해진 규정은 없다. 왜냐하면 어떤 사람에게 여가인 것이 다른 사람에게는 아닐 수도 있기 때문이다. 어떤 경우에든 여가는 사람들이 '일'이라고 생각하는 것은 아니다. 예를 들어, 많은 사람들은 골프 시합을 여가로 여긴다. 그러나 프로 골프 선수들에게 그것은 일이다. 여가를 보내는 많은 방법들은 그것을 찾는 각각의 사람들에게 달려 있다. 그리고 그들은 모두 건강한 마음과 튼튼한 신체라는 공통의 보상을 얻게 된다.

⇨ **문제해결**

24 비교급 문장으로 비교 대상이 '아무 것도 하지 않는 시간'이다. 따라서 to부정사를 사용해 비교 대상을 만든 후 비교급 표현을 사용한다.
25 내용상 '여가를 보내는 많은 방법'이라는 뜻으로 spend가 앞에 있는 명사를 수식하는 역할을 해야 하기 때문에 to부정사로 바꾼다.

◎ 어휘

set 정해진
qualify 한정하다, 자격을 주다
be up to ～에 달려 있다　　　**reward** 보상

실전모의고사 **3회**
p.160

1 ④	2 ④	3 detecting → to detect		
4 ⑤	5 ⑤	6 ④	7 ①	8 ④
9 ③	10 ⑤	11 ④	12 ④	

13 If she had not been with him, he would have felt lonely 14 ③ 15 the way how → the way / how
16 ② 17 ⓐ to do ⓑ boiling 18 ④
19 ④ 20 ② 21 ② 22 were 23 ⑤
24 ⑤ 25 ④

1 해석
나의 친구는 당신을 위해 적당한 가격의 좋은 중고차를 어디에서 얻을 수 있는지 안다.

⇒ 문제해결
④ 간접의문문의 어순은 〈의문사+주어+동사〉이다.

◎ 어휘
used car 중고차   **reasonable** 합리적인

2 해석
만약 나폴레옹이 1940년에 살아있었더라면 그는 독일인들과 싸워야 했을 텐데.

⇒ 문제해결
과거 사실의 반대를 가정하는 것이므로 가정법 과거완료 구문이 되어야 한다.

◎ 어휘
German 독일의; 독일 사람

3 해석
시각 장애인이 소리로 물건을 찾을 수 있게 하는 장치가 최근 개발되었다.

⇒ 문제해결
'~가 …할 수 있게 하다'라는 뜻의 구문은 〈enable+목적어+to부정사〉이다.

◎ 어휘
device 장치   **detect** ~를 찾다
object 물건

4
⇒ 문제해결
15명 중 3명을 제외한 나머지 모두를 지칭하는 것이므로 the others가 되어야 한다.

◎ 어휘
competitor 경쟁자

5 해석
그는 해외에서 본 사람들과 물건들에 대해서 이야기했다.

⇒ 문제해결
⑤ 선행사가 사람과 물건이므로 that이 되어야 한다.

◎ 어휘
abroad 해외에

6 해석
만약 네가 그 기회를 잡지 못하면 후회할 것이다.

⇒ 문제해결
⑤ 부사절에서는 현재 시제가 미래를 대신하기 때문에 don't catch를 고른다.

◎ 어휘
chance 기회   **regret** ~을 후회하다

7 해석
그들은 학교에 있을 때 좋은 친구였다.

⇒ 문제해결
내용상 '~할 때'라는 시간을 나타내는 when을 고른다.

8 해석
① 그녀는 의지할 친척이 전혀 없다.
② 그는 그의 모든 친구들에 의해 사랑받고 존경 받았다.
③ 이것은 내가 만든 최악의 식사이다.
④ 지난 3년 연속으로 강수량이 낮았다.
⑤ 만약 David가 정직했다면, 그 기회를 잡았을 텐데.

⇒ 문제해결
① 이중 부정의 문장이 되므로 doesn't를 지운다.
② 수동태 문장이기 때문에 loved and respected를 was loved and respected로 바꾼다.
③ bad의 최상급은 the most worst가 아니라 the worst이다.
⑤ 가정법 과거의 종속절 동사가 be동사일 경우에는 was가 아니라 were를 쓴다.

◎ 어휘
relative 친척   **depend on** ~에 의지하다
successive 연속적인   **rain fall** 강수량

9 해석
이것이 내가 찾던 그 차다.

① 그가 천재라는 것을 믿을 수가 없다.
② 나는 그에게 회의에 참석할 수 없다고 말했다.
③ 이것이 당신이 맨 처음 해야 하는 것이다.
④ 저 검은색 컴퓨터는 고장 났다.
⑤ 내가 있는 곳으로 오는 게 그렇게 힘드니?

⇒ 문제해결

주어진 문장의 that은 목적격 관계대명사이다.

◎ 어휘

unbelievable 믿을 수 없는　　　**genius** 천재

10 **해석**

① 너는 그가 너를 보았는지 아니?
② 나는 이삿짐 회사에서 일을 했었다.
③ 그의 동료들은 그녀가 노래를 부르게 했다.
④ 몇 가지 이유 때문에 나는 그녀를 만나지 않는 것이 낫다.
⑤ 내 친구들은 가능한 빨리 달렸다.

⇒ 문제해결

1형식 문장이기 때문에 quick을 부사 quickly로 바꿔야 한다.

◎ 어휘

colleague 동료
moving company 이삿짐 회사

11 **해석**

① 비가 오지 않는다면 나는 외출할 수 있을 텐데.
② 너는 즉시 시작하는 것이 좋다.
③ 우리는 그 동물이 밖에서 뛰어다니는 것을 발견했다.
④ 모든 학생들이 그의 연설을 들었다.
⑤ 내가 칼을 갖고 있다면, 너에게 그것을 빌려줄 텐데.

⇒ 문제해결

④ listen to가 타동사구이기 때문에 수동태에서도 to가 있어야 한다.

◎ 어휘

at once 즉시　　　　**hop** 뛰다
possess ～을 소유하다, 가지다

12 **해석**

그녀의 심장이 평소처럼 강하게 뛰고 있지 않았고, 그녀는 지치고 늙었다는 것을 느꼈다.

⇒ 문제해결

〈as 원급 as〉 구문이고, 앞에는 1형식 완전한 문장이므로 〈as ~ as〉 사이에 부사가 와야 한다.

◎ 어휘

weary 지친

13 **해석**

그들은 서서히 트럭에 올랐고, 그는 시동거는 소리를 들었다. 그리고는 그 트럭이 낮은 속력으로 멀리 떠나가는 소리를 들었다. 만약 그녀가 그와 같이 있지 않았다면 그는 외로웠을 텐데.

⇒ 문제해결

가정법 과거완료 문장이 되어야 하므로 〈if 주어+과거완료, 주어 would+현재완료〉의 형태로 만든다.

◎ 어휘

lonely 외로운

14 **해석**

화석 연료는 재활용될 수 없다. 그것들은 일단 사용되면 영원히 사라지게 된다.

⇒ 문제해결

'재활용되어질 수 없다'는 내용이 와야 하기 때문에 현재 시제 수동태 문장을 고른다.

◎ 어휘

fossil 화석　　　　**fuel** 연료
once 일단 ～하면

15 **해석**

이것이 그가 그 문제를 해결한 방법이다.

⇒ 문제해결

관계부사 how는 선행사 the way와 함께 사용하지 않는다.

16 **해석**

① 나는 내가 살 큰 집을 찾고 있는 중이다.
② Tim은 어떤 양복을 입어야 할 지 궁금했다.
③ 시끄럽게 짖고 있는 개가 나의 개다.
④ 네가 묵고 있는 호텔 방으로 들어와라.
⑤ 그녀는 사전을 쓰려고 하는데, 그 사전은 내 것이다.

⇒ 문제해결

② 의문형용사를 제외하고 나머지는 모두 관계대명사이다.

◎ 어휘

suit 양복　　　　**bark** 짖다
loudly 시끄럽게

17 **해석**

• 그 회사는 오래된 기계를 폐기하기로 결정했다.
• 주전자에서 끓고 있는 물에 손가락을 넣지 마라.

⇒ 문제해결

• decide는 to부정사를 목적어로 취하는 타동사이다. (→ to do)
• 끓고 있는 물이기 때문에 진행의 의미를 갖는 현재분사로 고친다. (→ boiling)

◎ 어휘

do away with ～를 제거하다
machinery 기계　　　**kettle** 주전자

18 **해석**

① 나는 그가 그 소포를 점검하도록 시켰다.
② 다음에 무슨 일이 생길지 너는 아니?

③ 필요로 하는 것보다 많은 돈을 지니지 마라.

④ 비가 오기 시작했다. 그래서 그녀는 집으로 향해 떠났다.

⑤ 여러 미국인 관광객들이 택시 운전자들에게 맞았다.

⇒ 문제해결

① 목적어와 목적격보어의 관계가 능동이기 때문에 원형부정사로 바꾼다.

② '무엇이 발생할 지'라는 뜻으로 that을 선행사를 포함하는 what으로 바꾼다.

③ 비교급 문장이므로 most를 more로 바꾼다.

⑤ beat의 과거분사형은 beaten이다.

◎ 어휘

package 소포　　　　**leave for** ～을 향해 떠나다

tourist 여행객

19　해석

① 큰 밀짚모자를 쓰고 있는 저 소녀는 누구니?

② 나는 너에게 나를 소개하고 싶다.

③ 나는 그가 성공할지 확신하지 못한다.

④ 12시이기 때문에 우리는 더 이상 기다리지 않을 것이다.

⑤ 너는 네가 필요한 정보를 어떻게 찾는지 알고 있다.

⇒ 문제해결

① 소녀가 모자를 쓰고 있는 능동의 의미이기 때문에 worn을 wearing으로 고친다.

② 문장의 주어와 목적어가 동일한 인물이기 때문에 me를 myself로 고친다.

③ 의문사가 없는 간접의문문의 어순은 〈if/whether+주어+동사〉이다.

⑤ what은 선행사를 포함하는 관계대명사이다. 앞에 선행사가 있으므로 목적격 관계대명사 that이나 which로 바꾼다.

◎ 어휘

make it 성공하다, 시간이 되다

introduce ～를 소개하다　　　**straw** 밀짚

no longer 더 이상 ～않는

20　⇒ 문제해결

ⓐ '어떠한 ～도'의 의미를 지니는 것은 any이다.

ⓑ it은 책을 지칭하는 대명사이고, 책 자체가 재미있는 것이므로 현재분사 interesting이 되어야 한다.

21-22

해석

태양이 없다면 어떤 일이 일어날까? 사람들은 살아남는 방법을 찾을 수 있을까? 아마 사람들은 원자를 쪼개서 열을 얻을 수 있고, 인공 식품을 만들어 먹을 수도 있고, 아니면 새로운 태양을 만들어 낼 수도 있다. 아마 새로운 태양이 많이 만들어져서 각 도시마다 태양이 하나씩 있고, 고속도로를 따라서 인공 별이 있어서 사람들이 한 장소에서 다른 장소로 움직이게 할 수 있을지 모른다. 태양을 한 번도 본 적이 없는 사람들로 가득 찬 세상

을 생각해 보라. 태양이 사라지기 전의 세상이 어떠했는지에 대한 이야기 때문에 조부모들은 존경을 받게 될 것이다.

⇒ 문제해결

22 주절의 동사가 would happen으로 가정법 과거 문장임을 알 수 있다. 따라서 will be를 were로 바꾼다.

◎ 어휘

survive 생존하다　　　**split** 쪼개다

freeway 고속도로　　　**tale** 이야기

23-24

해석

가족은 남녀가 결혼하게 되면서 생긴다. 그 가족은 아이들이 태어남에 따라 커지게 된다. 마지막 아이가 태어날 때부터 첫 아이가 집을 떠날 때까지 가족의 크기는 안정적인 상태를 유지한다. 아이들이 일자리나 결혼 때문에 집을 떠나게 되면서 가족의 크기는 점차 축소되어 원래의 두 사람으로 돌아가게 된다. 궁극적으로는 부모 중 한 사람 그 다음 다른 사람이 죽으면서 가족은 마지막에 이르게 된다.

⇒ 문제해결

23 결혼과 함께 가족이 생겨났다가 부부가 죽음으로써 그 가족이 마지막에 이르게 되는 가족의 순환을 다루고 있다.

24 ⑤ 부모는 두 사람이므로 한 사람이 one, 나머지 한 사람은 the other로 표현해야 한다.

◎ 어휘

come into being 태어나다, 생성되다

stable 안정적인　　　**employment** 취업

shrink 줄다, 감소하다　　　**gradually** 차츰

eventually 궁극적으로

come to an end 끝나다

25　해석

그는 긴 복도에서 들려오는 바람 소리와 창문을 두드리기 시작하는 첫 빗방울 소리를 들으면서 자신의 방으로 올라갔다. 그는 먼 곳에서 천둥이 점점 더 가까이 다가오는 것을 들을 수 있었다. 그는 점점 더 불안감을 느끼며, 옷을 반쯤 걸친 채로 침대로 들어가 창문에 부딪히는 바람 소리와 점점 더 가까워지는 천둥소리를 들으면서 누웠다. 마침내 그는 잠이 들었지만 매우 불쾌하게 잠을 잤으며 악몽을 꾸었다.

⇒ 문제해결

④ 지각동사 listen to 뒤의 목적어가 the thunder이고 목적격보어 자리에는 원형부정사나 현재분사 형태가 와야 한다. (→ get / getting)

◎ 어휘

hallway 복도　　　**thunder** 천둥

asleep 잠든

memo

상위 5%를 위한

뽀개기 2
LEVEL

정답 및 해설

내신 완벽대비

중학교 교과과정에서 요구하는 핵심 문법을 쉽고 간단하게 정리
내신 만점을 위한 다양한 유형의 단계별 TEST
수능 문법의 기초를 확립할 수 있는 CONTENTS
학습한 문법을 독해와 회화에 적용, 통합적인 영어 실력 향상

중학 영문법 뽀개기 시리즈

Level 1   Level 2   Level 3

NEXUS makes your next day
www.nexusEDU.kr | 책에 대해 궁금한 사항은 넥서스에듀 홈페이지 1:1 고객상담 게시판을 이용하세요.

www.nexusEDU.kr
넥서스 초·중·고등 사이트

넥서스 중등 영어 시리즈

Reading 시리즈

Reading 공감
Level 1~3

After School Reading
Level 1~3

THIS IS READING
1~4
전면 개정판

Smart Reading Basic
Level 1~2
Smart Reading
Level 1~2

Listening 시리즈

Listening 공감
Level 1~3

After School Listening
Level 1~3

The Listening
Level 1~4

도전! 만점 중학 영어듣기 모의고사
Level 1~3

공든탑 Listening
유형편, 적용편
실전모의고사 1·2

리스닝 본능
Level 1~4

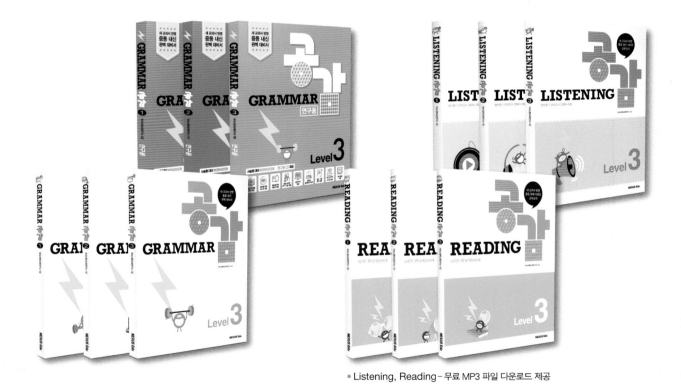